ALEJANDRO DUJOVNE

A pátria portátil

uma história do livro judaico na Argentina

TRADUÇÃO:
Joyce Palha Colaça
Phellipe Marcel

OBRA PUBLICADA NO ÂMBITO DO PROGRAMA "SUR" DE APOIO ÀS TRADUÇÕES DO MINISTÉRIO DE RELAÇÕES EXTERIORES E CULTO DA REPÚBLICA ARGENTINA

OBRA EDITADA EN EL MARCO DEL PROGRAMA "SUR" DE APOYO A LAS TRADUCCIONES DEL MINISTERIO DE RELACIONES EXTERIORES Y CULTO DE LA REPÚBLICA ARGENTINA

SELB
ARQUIVO DOS LIVROS uff
mórula EDITORIAL

Publicado originalmente na Argentina pela Siglo XXI Editores (na Colección Metamorfosis) em 2014

TÍTULO ORIGINAL
Una historia del libro judío: la cultura judía argentina a través de sus editores, libreros, traductores, imprentas y biblioteca

Laboratório de Publicações Lima Barreto (Selb-Uerj)
Arquivo dos Livros: Disciplinarização de um Campo (ArqLiv-UFF)

TRADUÇÃO
Joyce Palha Colaça
Phellipe Marcel da Silva Esteves

CONTRIBUIÇÃO NA TRADUÇÃO
Raianne Negreiros
Ronald Monteiro
Vitor Calebe A. Souza

EDIÇÃO
Phellipe Marcel (Selb/ArqLiv)

REVISÃO
Iuri Pavan

PROJETO GRÁFICO
Patrícia Oliveira

Aos meus pais, Adela e Adolfo,
mestres da vida e da liberdade

Aquilo que as grandes religiões apregoaram, o povo de fala iídiche dos guetos praticava dia após dia. Eles eram o povo d'"O Livro" no sentido mais pleno da palavra.

ISAAC BASHEVIS SINGER, FRAGMENTO DO DISCURSO DE PREMIAÇÃO DO NOBEL DE LITERATURA, 8 DE DEZEMBRO DE 1978

CIP-BRASIL. CATALOGAÇÃO NA PUBLICAÇÃO
SINDICATO NACIONAL DOS EDITORES DE LIVROS, RJ
Elaborado por Camila Donis Hartmann — CRB 7/6472

D914p

Dujovne, Alejandro
A pátria portátil : uma história do livro judaico na Argentina / Alejandro Dujovne ; tradução Joyce Palha Colaça, Phellipe Marcel. - 1. ed. - Rio de Janeiro : Mórula; Selb, 2021.
320 p. ; 21 cm

Tradução de: Una historia del libro judío : la cultura judia Argentina a través de sus editores, libreros, traductores, imprentas y bibliotecas
"Obra publicada no âmbito do programa 'sur' de apoio às traduções do Ministério de Relações Exteriores e culto da República Argentina"
Inclui bibliografia
ISBN 978-65-86464-41-2

1. Publicação judaica - Argentina. 2. Judeus - Argentina - Civilização - História - Século XX. I. Colaça, Joyce Palha. II. Marcel, Phellipe. III. Título.

21-70805 CDD: 070.50882960982
CDU: 002(=411.16)(82)

Rua Teotônio Regadas 26 sala 904
20021_360 _ Lapa _ Rio de Janeiro _ RJ
www.morula.com.br _ contato@morula.com.br
/morulaeditorial /morula_editorial

SUMÁRIO

PREFÁCIO

ENTRE PÁGINAS, RUAS E LIVRARIAS: A PÁTRIA AMBULANTE

Minha pátria é minha língua.
FERNANDO PESSOA

— Toma, e guarda, com cuidado, é a carta de liberdade de Joana. Meu pai [índio] não sabia ler; de agradecido beijou as mãos daquela fera [branca]. Abraçou-me, chorou de alegria, e guardou a suposta carta de liberdade. [...] Nunca a meu pai [índio] passou pela ideia, que aquela carta de liberdade era uma fraude [do branco] [...] Fiquei [filha de negra com índio] só no mundo, entregue ao rigor do cativeiro [do branco].
MARIA FIRMINA DOS REIS, A ESCRAVA, 2020 [1887]

Este livro compreende um paradoxo. Ou, ao menos, uma contradição. Nas palavras da crítica literária francesa Pascale Casanova (2002 [1999], p. 53), "o capital literário é nacional. Por meio de seu vínculo constitutivo com a língua — sempre nacional porque necessariamente 'nacionalizada', isto é, apropriada pelas instâncias nacionais como símbolo de identidade —, o patrimônio literário está ligado às instâncias nacionais". A história a ser lida nas páginas a seguir não se liga necessariamente à instância nacional de um povo, embora signifique a trajetória de um objeto, o livro, dentro de um espaço nacional. Mais que qualquer coisa, talvez este livro demonstre como é possível que um capital literário — e editorial — exceda a instância nacional.

Ao mesmo tempo, *A pátria portátil* também é uma exceção à regra de que há um vínculo constitutivo entre literatura (entendida aqui em sentido largo) e língua nacional(izada). As flutuações, tensões, assimetrias e conflitos entre as línguas que representaram diferentes projetos político-religioso-culturais judaicos asseveram que hebraico, iídiche, inglês e espanhol, entre outras, foram línguas, se não nacionalizadas, incorporadas ao caráter pátrio dos judeus. Não que as línguas não *importassem* — muito pelo contrário, todas se relacionam naquele espaço de enunciação, conforme se poderá ler neste livro —, mas elas *permitiram* a materialização de diferentes posicionamentos frente à produção literária judaica e às grandes questões enfrentadas por esse povo na Argentina ao longo de todo o século XX. Nesse sentido, como mostra o sumário do livro, aqui se conta uma história transnacional, mas também translíngue, que, agora corroborando o argumento de Casanova (2002 [1999], p. 424), desafia "a realidade da desigualdade de acesso ao universo literário". Se o espaço literário-editorial da Argentina é crescentemente rico no período abarcado por este livro — que vai da década de 1910 até a de 1970 —, não é sem muito esforço que os empreendedores judeus furam, a princípio, a hegemonia da língua castelhana para oferecer aos correligionários leituras em iídiche e em hebraico.

Em *A pátria portátil*, Alejandro Dujovne faz significar a máxima de Pessoa em toda sua beleza, trazendo ainda mais complexidade às palavras. Por mais contraditória que seja a ideia de "pátria", que se constituiu a partir de um imaginário de fronteiras, a pátria como organização social desafia os limites e nos permite repensar suas diferentes configurações. Ampliando a noção de pátria do autor português, por esta obra, podemos dizer que minha pátria — a pátria de algum povo — são meus livros, as ruas e instituições culturais por onde suas histórias foram contadas página a página. A história de todo um bairro que metaforiza toda uma pátria: o Once, que marca limite ao mesmo tempo que expande as fronteiras de um não lugar. Ao ler o livro e ter a oportunidade de traduzi-lo, pudemos conhecer cada rua, nos familiarizar com a(s) história(s) e tradição(ões) dos judeus na Argentina e entender como se prolonga uma pátria sem fronteiras físicas ou políticas, em espaços às vezes não tão favoráveis.

"Ser é ser nomeável." Assim inicia Milner o capítulo "Da língua" de seu belíssimo *O amor da língua*, que acreditamos sintetizar a relação entre Dujovne e a história que conta. O povo judeu, nas diversas diásporas pela América Latina contadas pelo autor, vai nomeando aquilo que é, aquilo que faz, aquilo que ama, por meio de seus livros: inicialmente parte da bagagem dos judeus em translação, depois produto mesmo de sua tentativa de preservação, divulgação ou assimilação cultural; sobretudo, produto de muito trabalho. Dujovne narra uma história na qual se constitui também como sujeito, autor e personagem, que, em suas linhas, nomeia parte da história de um povo e suas culturas no território argentino. O autor possibilita entender a cultura judaica na Argentina pelo que é, por sua descrição e pelo amor que por ela demonstra. Ao escrever *Una historia del libro judío*, título original desta obra, o autor a faz significar, permite que nomes circulem e deixem circular sentidos sobre as produções literária, editorial e livreira, sobre as academias e institutos de difusão da cultura judaica no país latino-americano e sobre os sujeitos da produção literária. Nomear é, de fato, significar. Através das páginas, em outro lugar, faz-se "A pátria portátil", aquela que não tem o objetivo de representar uma suposta pátria primeira, mas faz transpor suas partes para formar um outro traçado, um outro espaço de convivência e de enunciação sobre o "ser judeu", agora em território americano. Um transbordo de pátria.

Transitar pelo livro de Dujovne significou fazer um passeio pela cultura judaica, na companhia de letras que se apresentavam em nomes, livros, revistas e editoras. O bairro Once, espaço onde se concentravam as instituições, livrarias e editoras de difusão das tradições judaicas, foi se fazendo conhecido ao longo da obra, como a história de cada livreiro, editor, impressor, jornalista, homem de letras representado neste texto que mostra o amor pela palavra, cultura e tradição, em que o autor mergulhou porque nesta se constituiu.

Esse amor pelos livros, que constituem simbolicamente o lar desse povo, do povo judaico, se dá na palavra. Dujovne vai desenhando, nas ruas do Once e nas instituições partidárias ora do sionismo, ora do bundismo, ora do antissionismo (essas perspectivas não são necessariamente excludentes), os cenários em que, paulatinamente, as línguas da diáspora — sobretudo o iídiche, mas também o hebraico — vão perdendo espaço para o castelhano argentino nas gerações, o que vai se vendo na edição de livros:

> A sensível redução do número de novas publicações periódicas exclusivamente em iídiche entre 1950 e 1953, bem como o gradativo encerramento das existentes, evidenciou o momento em que o ídiche passa a ceder, na balança idiomática, ao castelhano. [...] Esse deslocamento idiomático estava em parte ligado aos combates ideológicos e políticos entre defensores do iídiche, do hebraico e do castelhano (p. 84).

Para nós, tradutores do livro e também interessados, em nossos percursos acadêmicos, por questões que envolvem políticas linguísticas, essa disputa descrita pelo autor, que ocorre numa dialética entre falantes e instituições publicadoras (de periódicos a livros), é indispensável para que se compreenda como uma língua, ainda que tenha passado por um processo de renovação, valorização e estímulo, pode se ver, se não morrendo, ao menos se enfraquecendo ante a força da planificação linguística do Estado, mesmo no silêncio. Em outras palavras, não é necessário que haja uma política linguística legal, explícita, de combate a uma língua minoritária. Não obstante processos de resistência, o Estado vai interpelando os indivíduos a aceitarem uma língua como se se resumisse a uma aceitação voluntária, como se fosse tão somente a escolha consciente tomada por (quase) toda uma geração. Ainda mais: não se pode aqui falar apenas do Estado nacional argentino, mas de um Estado como aparelho que se articula a outros Estados, no âmbito do capitalismo internacional, do pós-Segunda Guerra Mundial, do durante-Guerra Fria. Ainda segundo Dujovne,

> O iídiche que os jovens colonos deixavam para trás quando, nas primeiras décadas do século XX, partiam para a cidade em busca de um título universitário não era o mesmo que os filhos dos imigrantes poloneses abandonariam nas décadas de 1940, 1950 e 1960. Se, no começo do século XX, os jovens colonos se distanciavam de uma língua que os remetia fundamentalmente ao velho império czarista e a seus pais imigrantes, os segundos se rebelavam contra uma língua já renovada por expressões literárias modernas, carregada de um novo valor ideológico como marco de identidade nacional e identificada como a língua falada pelas vítimas do Holocausto. Mas, à mesma época, também ressignificada pelo poderoso confronto do sionismo (p. 85).

Trata-se, portanto, de uma disputa que se materializa na escolha linguística a ser feita nas sinagogas, nos lares, nas instituições de ensino, nas ruas e também nos livros. A tríade iídiche (dissociada do sionismo), hebraico (associado ao sionismo) e castelhano (relacionado à assimilação) se apresenta num cenário público de debate-silêncio, pondo-nos a questionar as noções de Estado, pátria, monolinguismo, plurilinguismo, língua de herança, língua de cultura etc. Isso se dá de tal forma que, quando o autor nos fornece os números da queda vertiginosa das publicações em iídiche ao longo das décadas na Argentina, não propõe uma chave de leitura única, mas aponta para múltiplas variáveis que tornam a história do livro judaico nesse país um caso singular, sobre o qual incidem muito mais aspectos do que no estudo de outros livros. Seguindo a recomendação de Darnton (2010 [2009], p. 189ss), Dujovne faz uma história do livro de modo holístico, considerando os indispensáveis agentes/atores envolvidos com o objeto, as circunstâncias, a política local, nacional e internacional etc.

E é com esse paradigma holístico que o autor de *A pátria portátil* vai delineando como diversas casas editoriais judaicas surgiram em Buenos Aires, às vezes de modo planejado, às vezes fruto do acaso, agregando interesse econômico (de sobrevivência) e interesse intelectual. Um dos personagens mais notáveis é o fundador da Biblioteca de Temas Judíos [Biblioteca de Temas Judaicos], Manuel Gleizer:

> Manuel Gleizer nasceu em 1889 no povoado de Ataki, na então Bessarábia, nos confins do Império Russo. Chegou à Argentina em 1906, com sua mãe e quatro irmãos, e com eles se instalou na colônia agrícola de Narcisse Leven, na província de Entre Ríos. Depois de se casar, Gleizer deixa o vilarejo em 1918, fixando-se na cidade de Buenos Aires. Dedicou-se por um tempo à venda ambulante a crédito e depois à venda de bilhetes de loteria. Para saldar uma dívida contraída nessa atividade, pôs à venda seus livros e descobriu assim, por acaso, as possibilidades comerciais do livro. Dois anos depois, montou uma livraria no número 556 da Triunvirato (hoje, Avenida Corrientes) e, em 1921, mudou-se para o número 537 da mesma rua (muito próximo da atual Avenida Scalabrini Ortiz), no bairro de Villa Crespo (p. 148).

O acaso é importante na história de alguns desses personagens. Como Gleizer, de modo geral, dedicaram-se à atividade editorial, no pós-Segunda Guerra Mundial, como modo de *reconstruir algo* e mesmo de *combater ideias*. Essa era uma demanda inescapável. Fazer livro judaico na Argentina, talvez no mundo, em meados do século XX, não podia levar a qualquer outro lugar que não à (re)construção de uma memória e à luta antinazista.

> [...] qualquer tentativa de abordar a cultura iídiche do pós-guerra deve contemplar o Holocausto. No caso da edição, devemos considerá-lo em pelo menos dois sentidos. Em primeiro lugar, significou a aniquilação física da maior parte dos escritores, editores, tradutores, revisores, gráficos, livreiros etc. que viviam nos países do Leste arrasados pelo nazismo; e, junto com eles, o desaparecimento da maior concentração histórica de leitores nessa língua. [...] Por esse motivo, o universo cultural iídiche se reduziu sensivelmente, e sua geografia editorial precisou se adequar à perda de seu centro histórico (p. 99).

Não há forma mais fácil de falar isso: o Holocausto executou pessoas, mas também impediu que esse lar ambulante do judeu, essa pátria portátil, continuasse a ser produzida. Matou quem fazia livros, quem fazia a casa dos judeus. Com isso, o trabalho de judeus com livros mundo afora deixa de ser apenas uma opção profissional, um anseio intelectual, para se tornar uma tarefa. Adverte-nos Dujovne (p. 99): "o Holocausto também se manifesta de outra forma, menos objetiva, como 'dever de memória' (Jurt, 2007a, p. 86)". Fazer livros é um dever de memória, e na Argentina, grande recebedora de judeus da diáspora, isso se materializa com a existência de diversos selos editoriais judaicos. Assim, o livro que o leitor tem em mãos dá um passo além da categorização de editores, tradutores e gráfico-impressores na posição de "intelectuais mediadores" ou de "*passeurs*" (Gomes; Hansen, 2015), no sentido de sujeitos que usam de um saber intelectual justamente na transmissão de outros saberes, efetuando escolhas que se configuram como gestos políticos diante das condições de produção sócio-históricas. Nossa proposta aqui é pensar os profissionais de cujas histórias Dujovne fala como intelectuais *tout court*, uma vez que, em suas atuações, produzem essa memória ao entrarem em embates públicos, ao se inscreverem em redes de solidariedade internacionais, ao permitirem a circulação de discursos e de contradiscursos que dizem respeito à (sobre)vivência judaica. São os artífices do lar judaico, o livro.

O movimento sionista no país teve como objetivo participar das ações políticas e culturais, dentre as quais o combate ao antissemitismo figurava como uma pauta importante. Entretanto, esse direcionamento foi se reorganizando, e o seu papel educativo foi ganhando destaque no cenário nacional argentino. Conjuntamente a esse investimento no sistema educativo, a produção editorial se reorganizou. Nas palavras de Dujovne,

> Os projetos que participaram da nova oferta editorial foram de diversos tipos: desde autoedições e pequenos selos de existência efêmera; passando por exercícios editoriais de instituições e forças políticas judaicas, locais e internacionais, e empreendimentos privados orientados de maneira exclusiva à publicação de temas judaicos; até empresas não judaicas que, mediante coleções ou de forma isolada, publicaram livros considerados de interesse judaico (p. 170).

O trabalho do autor nos mostra um panorama extremamente detalhado de como a produção judaica editorial na Argentina se enlaçou a outras questões importantes para a conformação daquela comunidade no período estudado. Por meio de sua pesquisa, é possível compreender como questões linguísticas, educacionais, editoriais e políticas se imbricaram num projeto de organização social do povo judaico nas diversas línguas em que se promoviam e pela criação de diferentes instituições que visavam à luta contra o antissemitismo, mas também ao enraizamento e aceitação do judeu no espaço nacional argentino, bem como à manutenção de sua integração com a nação mais ampla: a identificação judaica.

Os detalhes da pesquisa empreendida por Dujovne podem parecer marginais, sobretudo se tentamos estabelecer conexões com a história do Brasil — a questão dos livros em território nacional não nos parece simbolicamente tão marcante quanto na Argentina, justamente por conta de nossos distintos processos históricos, culturais, civilizatórios; ao mesmo tempo, o modo como o elemento judaico se constitui numa suposta brasilidade também é muito diverso do modo como se dá na Argentina, ainda que saibamos da enorme importância dos judeus nas universidades e na *intelligentsia* brasileiras —, mas nos dão o panorama de um belo ensaio histórico ricamente ilustrado com dados, amplamente documentado. Um trabalho de arquivo que dá muitas lições a nós, pesquisadores brasileiros interessados por questões que envolvem o livro, mas também os Estudos Culturais. Escassas são iniciativas como este livro, e como fazem falta no Brasil, uma vez que não temos, apenas para dar um exemplo, uma história minuciosa do livro afro-brasileiro (considerando que essa é nossa diáspora mais relevante), ainda que por diversos motivos diferentes. Talvez não tenhamos nem mesmo uma história do livro dos colonos não portugueses, como europeus germânicos radicados no Brasil que fizeram parte fundamental de algumas de nossas primeiras iniciativas editoriais de sucesso, como a editora Laemmert, levada a cabo por dois irmãos, que, chegando ao Brasil, mudam seus nomes para adaptá-los às línguas faladas no país e lançam uma série de títulos exitosos. Nem mesmo temos, de forma ampla, estudos que mostrem como o estatuto da cidadania ao (ex-)escravizado demora a chegar em muito porque não lhe são acessíveis livros, periódicos, jornais, revistas... nem mesmo a leitura de documentos, como tragicamente narra, num conto, Maria Firmina dos Reis na epígrafe, cujas cores da dominação restituímos. Se pouco se fala sobre a racialização da leitura no Brasil, necessário se faz mostrar a cor de quem lê e escreve, e engana e domina ao ler e escrever.

O trabalho de Dujovne, que, como veremos já no próximo capítulo, é inspirado por um encontro acidental, se torna extremamente relevante também para pensarmos em como determinadas materialidades históricas sucumbem diante do discurso dominante, mas podem ser recuperadas e reconstituídas quando disponibilizadas e consideradas pertinentes aos olhos do pesquisador. Esses olhos devem estar não apenas atentos, como qualquer filosofia da ciência defenderá, mas também interessados em enxergar borrões, falhas, amassões, manchas e marcas de borracha em papel velho.

O autor faz um movimento de compreensão do período histórico mundial, mas principalmente de como esse contexto se localiza na Argentina, onde a produção editorial se vincula às instituições de difusão da cultura judaica e o interesse pelas chamadas obras de "interesse judaico" vai significando e se diversificando entre o iídiche, o hebraico e o castelhano, estabelecendo outros desafios para a prática editorial na nova "pátria". Assim, *A pátria portátil* se conformou pela criação do Mes del Libro Judío [Mês do Livro

Judaico], pela Associação Mutual Israelita Argentina (Amia), Delegação de Associações Israelitas Argentinas (Daia) e demais instituições que foram organizando os modos de "ser judeu" e possibilitando o enriquecimento, apesar da disputa entre as línguas, da cultura editorial judaica na Argentina. Vale dizer, neste ponto, que não existe espaço de línguas sem disputas e que toda comunidade é, em si, plurilíngue. Nesse sentido, não imaginamos, desde nosso lugar teórico, uma relação sem embates e acreditamos ser esta a característica das sociedades interculturais. O que se busca é o diálogo dentro da diversidade, e, no caso da obra sobre a qual nos debruçamos, parece-nos importante apontar que Dujovne pôs em relação todas essas diferenças e desenhou um caminho que nos permitiu compreender como elas foram fundamentais na construção de um imaginário sobre o ser judaico na Argentina.

Por fim, parece-nos importante afirmar que as instituições sempre tiveram um papel fundamental na difusão do conhecimento dos diversos povos, línguas, culturas e tradições, e também nesta obra que toma corpo, resultado de um trabalho coletivo e de parceria entre instituições. Ao tratar da institucionalização e disciplinarização na área dos Estudos da Linguagem, Guimarães e Orlandi (2002, p. 7) nos ensinam que "no decorrer da história da ciência pode-se observar o quanto a produção de conhecimento científico se faz em condições históricas específicas. Entre elas estão as condições institucionais em que o trabalho de pesquisa se desenvolve". Por essa perspectiva, foi fundamental a relação estabelecida entre a Universidade do Estado do Rio de Janeiro (Uerj), por meio do Laboratório de Publicações Lima Barreto (Selb), a Universidade Federal Fluminense, pelo seu projeto Arquivo dos Livros: Disciplinarização de um Campo (ArqLiv), e a Universidade Federal de Sergipe (UFS), por meio do projeto Tradução e Divulgação do Conhecimento Científico e Enciclopédico: O Discurso entre Línguas e Culturas. O desenvolvimento interinstitucional mostra como é rico o trabalho nas universidades públicas brasileiras e como o fomento às múltiplas atividades no ensino superior possibilita a produção e a circulação do conhecimento científico, cultural, linguístico, enciclopédico, entre outros.

Os projetos mencionados articularam ensino, pesquisa e extensão de modo a participar da produção deste livro de sua sondagem até a revisão de tradução, e ainda no processo de coedição com a Mórula Editorial, contando com a colaboração de alunos que, no vaivém do ofício tradutório-editorial, aprenderam a lidar com publicações e descobriram um novo mundo que se descortinava diante de seus corpos em trabalho: o dos livros latino-americanos, em suas diversas facetas. Nesse sentido, foi indispensável o auxílio à tradução fornecido pelo Ministério de Relações Exteriores e Culto argentino, através do Programa Sur. Embora os projetos universitários não tenham, ainda, uma longa vida nas instituições de que fazem parte, a instância governamental argentina não impôs impedimentos à candidatura, o que só nos coloca a saudar iniciativas como o Programa Sur para a divulgação de literaturas nacionais, em sentido lato, atendendo a uma vasta variedade de perfis de editores, leitores e autores.

Joyce Palha Colaça e Phellipe Marcel da Silva Esteves
OS TRADUTORES
Novembro de 2020

REFERÊNCIAS

CASANOVA, Pascale. *A república mundial das letras*. Trad. Marina Appenzeller. São Paulo: Estação Liberdade, 2002 [1999].

DARNTON, Robert. *A questão dos livros*: passado, presente e futuro. Trad. Daniel Pellizzari. São Paulo: Companhia das Letras, 2010 [2009].

GOMES, Angela de Castro; HANSEN, Patricia Santos (org.). *Intelectuais mediadores*: práticas culturais e ação política. Rio de Janeiro: Civilização Brasileira, 2015.

GUIMARÃES, Eduardo; ORLANDI, Eni. "Apresentação". *In*: ______; ______ (org.). *Institucionalização dos estudos da linguagem*: a disciplinarização das ideias linguísticas. Campinas: Pontes, 2002.

MILNER, Jean-Claude. *O amor da língua*. Trad. Paulo Sérgio de Souza Jr. Campinas: Editora UNICAMP, 2012.

INTRODUÇÃO

Assim como um caracol com antenas alertas diante da ameaça, o judeu levou a casa do texto em suas costas.
Que outra residência lhe foi permitida?

GEORGE STEINER, "EL TEXTO, TIERRA DE NUESTRO HOGAR" [O TEXTO, TERRA DE NOSSO LAR], 1991 (EM *PASIÓN INTACTA* [PAIXÃO INTACTA], 1997)

Hebe Goldenhersch me perguntou se eu tinha alguns minutos, se poderia me mostrar algo. Concordei. Não imaginei, nesse momento, nem ao longo do ano seguinte, que o pedido pessoal que ela me faria continha um problema cativante, que eu tomaria para mim. Uma questão que, como tentarei demonstrar neste livro, passa pelos substratos do judaísmo moderno e atravessa como poucas a história judaica argentina.

Estávamos em julho de 2004, e a entrevista com Hebe, uma renomada professora universitária de Economia,[1] concluía meu trabalho de campo. Tratava-se do último encontro antes de eu levar a cabo o texto sobre o clube judaico de esquerda de Córdoba, que eu pesquisava à época. E eu me atreveria a lhe negar esses minutos depois da paciência generosa com que ela havia respondido a cada uma de minhas perguntas, que insistentemente lhe remetiam a sua juventude de ativismo? Ela me levou até o cômodo contíguo, onde ficava sua biblioteca, e apontou para três caixas:

1 Hebe Goldenhersch faleceu em 28 de dezembro de 2012, aos setenta anos. Era doutora em Ciências Econômicas pela Universidade Nacional de Córdoba (UNC). Em 1976, foi exonerada do cargo de professora pela ditadura militar, posição à qual regressaria em 1983, com o retorno da democracia. Foi decana da Faculdade de Ciências Econômicas durante três períodos, entre 1995 e 2003. Entre 2007 e 2010, ocupou o cargo de secretária de Assuntos Acadêmicos na reitoria da UNC e, de 2010 até sua morte, foi vice-reitora. Era uma forte candidata para suceder a então reitora nas eleições universitárias do início de 2013.

"Preciso que me faça um favor: que veja a quem posso doar esses livros." Pegamos um deles aleatoriamente e folheamos. Minha intuição me dizia que aquelas letras hebraicas eram, na verdade, iídiche, mas não podia ter certeza. Entretanto, Hebe confirmou antes mesmo que eu pudesse perguntar. Logo pegamos outro livro, e outro, e seguimos assim até que a pilha de livros velhos começou a desmoronar. Enquanto me sinalizava título e autor de cada volume (posteriormente aprendi não apenas um pouco da língua, mas também que praticamente todos os volumes em iídiche registram, na segunda capa, o título da obra e o nome do escritor no idioma do país em que foram publicados), ela explicava que esses livros, todos de capa dura e excelente qualidade, haviam pertencido a sua mãe, falecida havia pouco tempo. Garanti a ela que faria o possível para entregá-los a uma biblioteca que os valorizasse e soubesse conservá-los.

Tal compromisso se revelou mais difícil do que o esperado. Na verdade, poderia entregá-los a alguma das poucas bibliotecas judaicas que ainda funcionavam na cidade de Córdoba, mas — como é o caso com muitos livros nessa língua — talvez terminassem esquecidos, sem que alguém chegasse a procurá-los. Essa dificuldade de encontrar um espaço adequado para os trinta e tantos livros — o que fez com que eles repousassem na casa dos meus pais além do desejado — me remetia vez ou outra à imagem da biblioteca do clube que visitava todas as segundas-feiras em meu trabalho de campo. As reuniões do conselho diretor, das quais participava como observador, se realizavam nessa biblioteca. Suas prateleiras de madeira altas e delicadas, que, segundo me diziam, datavam das primeiras décadas do século XX, pareciam mais com refinadas sepulturas de livros que com bibliotecas consultadas com frequência. O pó acumulado por anos e uma certa desordem situavam essas centenas de obras e esses magníficos móveis num passado de glória irremediavelmente perdido: já nessa época, pouquíssimas pessoas sabiam decifrar o iídiche.

Pelo tempo em que ficaram em meu poder, e na medida em que essa língua adquiria cada vez mais peso na investigação em que trabalhava, minha curiosidade por esses livros só aumentava. Com o auxílio de um dicionário, abria cada vez mais caixas para repassar alguns dados básicos: local e ano de publicação, título, autor, nome da editora, nome da gráfica e sumário. Essas observações começaram a oferecer um panorama da biblioteca da mãe de Hebe, uma mulher judia nascida em Buenos Aires, mas que, quando muito jovem, havia se mudado para o povoado serrano de Mina Clavero, onde morava seu noivo e onde viveu quase a vida inteira. Os livros haviam sido publicados em Vilna (hoje Vilnius), Varsóvia, Nova York e Buenos Aires entre as décadas de 1930 e 1960. Havia novelas, romances, contos e ensaios de crítica literária com um viés político marcado. Os escritores eram nomes clássicos para aqueles que já haviam tido acesso a suas versões em castelhano, como Sholem Aleijem[I] e Itzak Leibush Peretz. Entretanto, as dúvidas começavam a se acumular: que sentimentos e interesses mobilizaram essa mulher e seu marido na escolha de tais obras? O que esses livros significaram para os dois? Será que teriam lhes permitido prolongar, no tempo e no espaço, seus sentimentos de pertencimento à comunidade, reafirmando sua identificação com a cultura judaica? E, se assim fora, de que tipo de identidade se tratava? Que universos políticos e culturais se escondiam por trás desses volumes? E, por outro lado, como esses livros chegaram ao país? Em outras palavras, que instituições, canais e agentes intercederam para que esses volumes viajassem de lugares tão longínquos até aquela pequena cidade serrana onde, segundo minha entrevistada, só havia outra família judaica além da dela?

Essas e outras perguntas, que se multiplicavam enquanto eu voltava a essas páginas velhas, não pareciam ter respostas evidentes. Assim, sem querer, esses livros, que, durante muitas décadas, funcionaram como uma ponte entre esse casal de Mina Clavero e a cultura judaica daquelas grandes cidades a muitos quilômetros de distância, foram a origem desta obra.

Desde Maomé, que definiu hebreus e cristãos como "povos do livro", até George Steiner, que recupera as palavras de Heinrich Heine ao destacar que a Torá é a "pátria portátil" do povo judeu, sustentou-se a existência de uma relação estreita dos judeus com "O" Livro e, por extensão, com "os" livros. O que a recorrência dessa imagem revela com o tempo? É possível falar de um vínculo especial entre os judeus e os livros? E, se assim for, o que isso nos diz sobre a cultura judaica em geral e, especificamente, sobre a cultura judaica argentina? De todo modo, minha questão não é aceitar a caracterização de Maomé ou suas variações como um atributo essencial do judaísmo, mas sim tomar essa representação e sua longevidade como ponto de partida possível para indagar as manifestações históricas do vínculo entre a cultura judaica e os livros.

O judaísmo antigo atribuiu um caráter revelado à Torá, o conjunto de textos que relata sua história como povo e seu vínculo inseparável com Deus e que impunha normas que regulavam a vida individual e coletiva. Mais tarde, o judaísmo rabínico, a principal corrente do judaísmo posterior à destruição do Segundo Templo de Jerusalém (ano 70 da Era Comum, doravante EC), elaborou, ao longo de vários séculos (III-VI EC), uma coleção de livros que conhecemos como Talmude ("Ensinamento" em hebraico). Ela reunia a tradição oral de interpretações bíblicas, sistematizava o corpus de leis e funcionava como marco de sentido para interpretar o passado e o presente dos judeus na diáspora. Em torno desses textos, foram desenvolvidos rituais, tradições e práticas singulares de estudo.

O sábio Yohanan Ben Zakai conseguiu escapar do cerco de Jerusalém — que resultou na já mencionada destruição do Segundo Templo — e negociou com os romanos a possibilidade de fazer do povoado vizinho de Yavne um novo centro de culto e estudo. Com essa decisão, acaba o monopólio do Templo de Jerusalém como única instância de culto e ensino, e inaugura-se uma relação distinta dos judeus com o espaço e com o saber: o vínculo que conjugava a prática de culto e estudo dos textos sagrados com a geografia de Jerusalém e a espacialidade do Templo, que havia organizado a vida judaica até aquele momento, se via substituído agora por um laço unicamente simbólico. Talvez sem que soubesse, Yohanan Ben Zakai estabeleceu as condições para a continuidade do judaísmo. Dali em diante, o lugar de residência dos judeus em sua dispersão, qualquer que fosse, passava a ser um local de formação e prática religiosa em potencial. Assim, o Livro adquiriu um papel central na sobrevivência do judaísmo em sua diáspora, ao atuar como o centro de referência que sustentava a unidade do povo judeu no tempo e no espaço. Tornou-se sua "pátria portátil".

A ausência de poder político (que leva à perda de um território próprio) reforçou a importância da Torá e do Talmude como princípios de autoridade. O estudo, a erudição e a argúcia na interpretação se converteram em traços muito valorizados e em fundamentos sociais de poder de rabinos e eruditos. E foram exatamente essas esferas letradas, por meio das práticas de estudo e interpretação desses livros, que desenvolveram redes de comunicação que sustentaram a unidade na dispersão.

Com o ingresso dos judeus na modernidade europeia, que se deu entre os séculos XVIII e XIX, a relação com os livros, já em sentido amplo, adquiriu modalidades e significados novos. Essa etapa se iniciou com a ruptura da hegemonia do gueto e da comunidade tradicional judaica, além de com o esvaziamento da autoridade religiosa, resultantes tanto das pressões externas quanto da vontade de abertura para trocas culturais e políticas com o entorno propiciadas pelo Iluminismo. Um dos aspectos mais importantes desse processo foi o surgimento de uma nova espécie de homem letrado: o intelectual secular, que alcançou uma forte ascensão social a partir de outros princípios de saber com os quais disputou, a despeito da autoridade religiosa tradicional, o controle sobre os significados do judeu. O conhecimento religioso foi relido com outras lentes ou diretamente contestado pela introdução e apropriação de saberes filosóficos, científicos ou políticos.

Apesar disso, a cisão com o domínio religioso não supôs a dissolução dos significados e práticas em torno da palavra escrita carregados pela tradição judaica. O sociólogo Victor Karady (2000) explica que o intenso estudo dos textos religiosos que se exigia dos homens judeus durante a Idade Média os obrigou a ter um precocíssimo e alto grau de alfabetização e que, devido à grande proporção de tempo que ocupava na vida dos homens, esse mesmo estudo forjou um "ideal intelectualista" que contribuíra para que a cultura judaica concedesse um alto status social aos portadores de um saber letrado após o declínio do gueto e da comunidade tradicional. Tal ideal e herança cultural encontrariam, em breve, uma nova expressão no processo de integração que pareciam prometer os Estados e as sociedades modernas. Karady aponta que o choque com os preconceitos de ordem antissemita levou os judeus a implementar práticas compensatórias associadas a essa configuração cultural, para assim superar as barreiras sociais impostas pelas sociedades ao redor: pesado investimento no estudo, grande esforço para destacar-se em suas profissões, forte tendência de busca e criação de espaços sociais, culturais e políticos não fechados etc.

Assim, não foi por acidente que uma parte fundamental das disputas culturais e políticas que marcaram a transição para o judaísmo moderno tenha se resolvido no âmbito da palavra impressa. Incentivada por distintas convicções, a edição foi um dos cenários privilegiados de confronto entre as posições que competiam para impor o conceito definitivo de "o judeu". Nesse sentido, a experiência judaica moderna é inseparável do livro e, consequentemente, impensável fora do universo social de escritores, leitores, impressores, editores, caixeiros-viajantes, livreiros, tradutores e fora das geografias de produção e circulação do impresso a que deram vida.

Com a chegada de judeus provenientes da Europa às principais cidades da América Latina desde o final do século XIX em diante, tal processo também encontrou expressão nessa parte do mundo — especialmente em Buenos Aires, onde fincou raízes a comunidade judaica mais numerosa e influente da região. As políticas de Estado argentinas quanto a imigrantes e minorias, o caráter majoritário e hegemônico do catolicismo, as tradições políticas existentes, o idioma, a distância dos principais centros judaicos etc. conferiram ao caso argentino um aspecto singular dentro da experiência de "modernização" do conjunto da diáspora judaica. E, bem como nos grandes centros judaicos europeus e norte-americanos, o livro ocupou um lugar-chave no desenvolvimento de sua vida cultural e em seu processo de integração ao país.

A imigração judaica em grande escala para a Argentina se iniciou em 1889 e pode ser dividida em três grandes ondas. A primeira se estendeu de 1889 a 1914 e foi formada majoritariamente por judeus de fala iídiche do Império Russo e, em número menor, por migrantes de fala alemã e húngara da Europa Central e sefarditas de língua árabe do Oriente Médio e do norte da África. Parte considerável daqueles que chegaram dos confins ocidentais do Império Russo (territórios hoje ocupados pela Romênia, Ucrânia, parte da Polônia, Lituânia e sul da Rússia), escapando da pobreza e da violência, foi ajudada com o intermédio da Associação de Colonização Judaica (JCA), organização filantrópica que promovia a colonização agrária no país. Entre 1918 e 1933, a segunda onda dá entrada, formada, dessa vez, majoritariamente por imigrantes oriundos da Polônia e, em menor escala, por pessoas da Hungria, Tchecoslováquia, Marrocos e Síria. A partir de 1933, outra frente de violência, dessa vez sob o signo da suástica, originou a terceira corrente. Desse ano até o início da década de 1950, chegaram judeus provenientes da Alemanha, Europa Oriental e Itália.[2]

---

2 Dos 225 mil judeus que chegaram à República Argentina entre o fim da década de 1880 e 1940, aproximadamente a metade chegou antes de 1914 (FEIERSTEIN, 1999).

Não existem números precisos quanto à evolução da presença judaica no país; contamos apenas com dados aproximados. Em 1895, havia cerca de 7.500 judeus, entre imigrantes e nascidos na Argentina, a maior parte nas colônias agrícolas de Entre Ríos.[3] Por volta de 1909, o número aumenta para 50 mil, e, desses, mais de um terço vivia em Buenos Aires. Já nos anos 1920, 1930 e 1936, as estimativas sugerem, respectivamente, 120 mil, 200 mil e 230 mil pessoas (Sofer, 1982). Se, em 1909, pouco mais da metade da população judaica vivia na capital argentina e nas províncias agrícolas desta, de Santa Fe, de Entre Ríos, de Córdoba e de La Pampa, em 1934, a cidade de Buenos Aires, por si só, já reunia igual proporção (cerca de 52%). Aos novos migrantes que tinham como destino direto a capital somavam-se os colonos descontentes e os jovens que chegavam com a missão de trocar "o arado pelo diploma universitário" (Shatzky, 1952, p. 16). Com o passar das décadas, o processo de concentração na capital e seus arredores se intensificou até chegar a representar, em 1960, por volta de 80% do total (Avni, "Comunidad Judía en la Argentina", 1970 *apud* Feierstein, 1999, p. 122).

A primeira concentração residencial judaica de Buenos Aires, anterior ao início da imigração massiva, se situava ao redor da Plaza Lavalle, na região central da cidade. Esse núcleo atraiu para tal localidade os imigrantes da Europa Oriental que chegaram no final do século XIX e no começo do século XX. Contudo, isso durou pouco tempo. O aumento do valor dos imóveis e, portanto, dos aluguéis deu um novo destino aos recém-chegados, que passaram a ir a bairros mais acessíveis, em especial para a região do Once,[II] não muito longe dali. Entre 1900 e 1930, esse bairro concentrou cada vez mais imigrantes da Europa Oriental e instituições comunitárias e, assim, se converteu em sinônimo da presença judaica: segundo Enrique González Tuñón (1926), na altura do Once, a Calle Lavalle seria um pedaço da Judeia em Buenos Aires, onde um portenho pareceria um forasteiro.

---

[3] O trabalho em curso do sociólogo Yaacov Rubel (2012) mostra os enviesamentos no censo desse ano inicial por meio de uma análise cuidadosa dos formulários preenchidos pelos recenseadores, enviesamentos esses que nos levam a duvidar da exatidão de tais números.

Na terceira década do século, começaram a crescer a população e o número de instituições judaicas em Villa Crespo, um bairro bem distante do Once, a noroeste.[4] Em 1936, cerca de 30 mil judeus viviam ali, o que contava aproximadamente 25% do total da população israelita de Buenos Aires (Sofer, 1982, p. 79). Entre 1936 e 1947, a presença judaica se consolidou nesses bairros, ao mesmo tempo que se dava um lento movimento para outras áreas da cidade. Apesar da firme presença judaica em Villa Crespo, a geografia do Once continuou abrigando as principais instituições comunitárias.

Ainda que longe de ser um processo homogêneo, em termos gerais, era possível distinguir quatro momentos na inserção socioeconômica dos judeus no país (Feierstein, 1999, p. 131-132). Entre 1889 e 1910, a atividade agrícola foi predominante, mas, na cidade de Buenos Aires, o trabalho braçal era majoritário. Desde o início da segunda década do século XX até o começo da quarta, verifica-se uma forte presença no segundo setor (inicialmente artesãos, mas depois operários industriais ou pequenos proprietários de empresas têxteis) e no terceiro setor (comércio) da economia. Nesse último, grande importância é desempenhada pela figura do *cuéntenik* (o neologismo é iídiche), vendedor ambulante que opera com compras parceladas. A terceira etapa, entre 1945 e o começo da década de 1960, é marcada pela concentração nas atividades comerciais, estabilidade nas industriais e um significativo crescimento das categorias profissionais, empresariais e gerenciais. O último período, entre o começo dos anos 1960 e 1990, mostra uma consolidação, por um lado, no âmbito do setor profissional e administrativo e, por outro, nas atividades comerciais e de pequenas empresas. Esse processo de crescimento socioeconômico viu seu correlato na criação e estabelecimento de algumas instituições e no enfraquecimento de outras, cujas funções eram ligadas às necessidades

4 De acordo com Francis Korn (1974, p. 168), em 1923, a comunidade israelita apresentava uma propensão para a formação de associações consideravelmente superior à de outros grupos nacionais, especialmente na categoria "culturais, sociais e desportivas". O contraste com grupos maiores é expressivo. Enquanto a comunidade judaica contava com aproximadamente 20 associações "culturais, sociais e desportivas" e 10 associações de "ajuda mútua e caridade", a comunidade italiana tinha 13 na primeira classificação e 11 na segunda, e 20 numa categoria sem especificação, ao passo que a comunidade espanhola possuía 6 na primeira e 15 na segunda.

sociais e profissionais de um momento muito incipiente da comunidade.

Paralelamente a esses processos, uma intensa atividade editorial foi crescendo. O setor da comunidade judaica que dominou a publicação e circulação de livros foi o dos asquenazes, ou seja, o formado pelos imigrantes da Europa Central e Oriental e seus descendentes.[5] Apesar de a proporção demográfica dessa fração — em torno de 80% do total dos imigrantes judeus — ser, por si só, um dado importante, não implica apenas uma questão quantitativa: os asquenazes detêm maior visibilidade e dinâmica no espaço público judaico graças à fundação das principais instituições comunitárias, partidos políticos, entidades culturais, publicações periódicas etc. e também eram mais inclinados à atividade editorial. Enquanto o mundo sefardita tendeu a concentrar seus interesses nos livros de orientação religiosa, o asquenaze criou um espaço de palavra impressa muito ativo e diversificado política e culturalmente: conferiu à produção e circulação de periódicos e livros um papel fundamental para a construção da vida judaica na Argentina e para a criação de sentimentos comunitários. Como já mencionado, desde os movimentos fundacionais da vida em comunidade, asquenazes e sefarditas conferiram formas diferenciadas a seus âmbitos sociais e culturais. Contudo, isso não redundou na inexistência de espaços e práticas em comum, especialmente nas gerações posteriores às da imigração, quando os contrastes culturais perderam força.

Esta obra trata do mundo do livro judaico de Buenos Aires desde suas primeiras experimentações editoriais, no final dos anos 1910, até o momento de declínio de seu apogeu no pós-guerra, entre as décadas de 1960 e 1970. Ao remontar a esse mundo, que, nos dias de hoje, é apenas recordado em fragmentos desconexos, este livro estuda uma parte substantiva da vida cultural judaica de Buenos Aires, conferindo visibilidade a um

---

5 "Asquenaze" é um topônimo bíblico que foi usado com alguma liberdade durante a diáspora judaica europeia para circunscrever a área da cultura germânica. Consequentemente, os judeus que vieram daquela região e que, em algum momento, deram forma a um sistema de padrões culturais distintos e a uma língua (o iídiche) foram chamados de "asquenazes".

universo formado por editores, intelectuais, tradutores, impressores, mecenas, associações culturais, partidos políticos, entre outros agentes e instituições. Esta pesquisa também explora as condições sociais que definiram os modos de recepção e circulação locais das ideias produzidas nos principais centros da cultura judaica, assim como as mudanças nos modos como essa comunidade se vinculou com eles e que lugar ocupou quando os centros europeus desapareceram. De um ponto de vista mais geral, esta obra retoma um tema central na história da modernidade judaica: a tensão entre a busca de continuidade da cultura judaica e as políticas de homogeneização social e cultural características da etapa de afirmação dos Estados nacionais. Como veremos ao longo destas páginas, a produção e a circulação de livros em iídiche e hebraico, e de "temas de interesse judaico" em castelhano, foram algumas das ações empreendidas por uma parcela da elite intelectual para adequar parte substancial dos esquemas culturais do judaísmo argentino aos parâmetros ideológicos dominantes no país e se apresentar para os não judeus, especialmente os círculos letrados, em prol de se integrar à nação e assegurar a continuidade de sua própria cultura.

Há três justificativas para se aventurar no estudo da cultura judaica argentina do século XX por meio do livro e da edição. Em primeiro lugar, os judeus argentinos produziram e consumiram um extraordinário volume de material impresso, e os livros, publicados no país ou no exterior, ocuparam uma parcela importante de tal volume. Essa produção se diferenciou, em maior ou menor escala, do restante das publicações periódicas e livros da Argentina em função da língua, nos casos do iídiche e do hebraico, e dos temas tratados, quando em castelhano. Considerando-se as dimensões da comunidade judaica, o volume e a extensão temporal da oferta impressa se destacaram frente ao empreendido por outras comunidades mais numerosas, como a italiana ou a espanhola (Korn, 1974). Em segundo lugar, o arco dessas publicações periódicas e livros abarca uma diversidade notável de posições culturais e tendências ideológicas, que funciona como uma porta por onde se adentra no heterogêneo e conflituoso cenário político e cultural judaico. Em último lugar, desde os temas e autores publicados, passando pela origem dos recursos econômicos e pelas instituições que os promoviam, até seus modos de circulação, a edição judaica de Buenos Aires foi altamente integrada a uma extensa geografia transnacional que lhe dava uma faceta singular no âmbito da produção e circulação editoriais argentinas.

Consideramos "livro judaico" toda obra publicada por um selo especializado em temas judaicos em sentido amplo, o que inclui obras tanto em castelhano quanto em iídiche e hebraico. Como veremos, o idioma utilizado é um dado essencial, tanto pelo público-alvo em potencial quanto pelos modos e geografias de circulação transnacional. Por "livro judaico" também entendemos toda obra em castelhano que, por sua temática ou autor, foi considerada como tal pelos escritores, jornalistas e ativistas políticos e culturais judeus, independentemente da editora responsável pela publicação, e que, assim, entrou no repertório cultural dessa comunidade. O período abarcado aqui começa em 1919, com a primeira tradução para o castelhano e publicação em livro de um texto em língua iídiche, e se estende até meados da década de 1970, momento em que se torna patente o progressivo declínio desses projetos editoriais. O período em questão, extenso em termos historiográficos, é indispensável para fazer conhecer as tendências e transformações na produção e circulação de livros, questões que, doutro modo, passariam despercebidas. Como se sabe, durante esse período, houve grandes mudanças em nível mundial e nacional que afetaram de modo decisivo a trajetória da edição judaica. Trataremos desses processos e acontecimentos quando necessário for.

Esta obra se inscreve no campo dos estudos do livro e da edição e, aí, na trilha aberta por autores como D. F. McKenzie, Roger Chartier, Robert Darnton, Pierre Bourdieu, Patricia Willson e Gustavo Sorá. Frente à abordagem clássica empreendida pela bibliografia e pela teoria literária sobre o livro, que procurava desentranhar o sentido último dos textos a partir da intencionalidade do autor, de certas regras formais ou do funcionamento da linguagem, para esses autores, a análise dos livros e dos significados que carregam supõe lhes restituir o tecido e a dinâmica sociais que os produziram. Em outras palavras, entre o momento em que o escritor redige o texto até o momento em que, transformado em livro, ele chega às mãos do leitor, há uma série de processos dos quais distintos agentes participam (editor, eventualmente um tradutor, designer, impressor, publicitário etc.), e eles, com maior ou menor consciência disso, modificam os sentidos do texto com sua ação. Nessa perspectiva, o texto é tão relevante para o estudo do livro como, por exemplo, o design de capa, o prólogo, o mercado editorial em que circula ou a trajetória do editor. Ademais, esses autores todos colocam em questão como o estudo quantitativo foi excessivamente enfatizado e imperou nas primeiras levas da história do livro e da edição. Em seu ponto de vista, a quantificação da produção editorial, o nível de alfabetização, os tipos de leitores, seu poder aquisitivo etc. funcionam como base inicial para avançar para outro tipo de problemas, como a relação entre o impresso e as formas de representação social do mundo e as disputas entre distintos grupos em torno das formas legítimas de categorização do real.

Analogamente, o estudo da função dos significados atribuídos à tradução ocupa um lugar-chave para abordar a circulação de ideias entre espaços culturais e idiomáticos distintos. A perspectiva sociológica adotada neste livro se distancia da abordagem literária, interessada, antes de tudo, na textualidade e em seus significados, assim como se distancia da abordagem econômica, que reduz os livros a mercadorias produzidas e consumidas segundo a lógica mercantil (Heilbron e Sapiro, 2007). Na esteira de Bourdieu (2000b), Gustavo Sorá (2003, p. 36) sustenta que estudar a tradução de livros supõe compreender os fundamentos sociais da escolha dos textos a serem importados — ou seja, supõe analisar os marcos sociais e culturais de produção e recepção, assim como os mediadores e os gestos de escolha, apropriação, transferência, estabelecimento e imposição de sentidos (o que se traduz?, quem traduz?, quem publica?). Nesse mesmo compasso, Patricia Willson (2004) propõe a análise da entrada de obras traduzidas no novo marco idiomático a partir do "aparelho importador", isto é, desde a organização em coleções e a inclusão de prólogos, posfácios, textos de orelha etc. até outros dispositivos paratextuais, como resenhas, notas biográficas ou peças publicitárias (Genette, 2001).

Em seu clássico *Comunidades imaginadas*, Benedict Anderson (2000) chamou a atenção para o papel decisivo da imprensa e da circulação capitalista de periódicos e livros no nascimento e na consolidação das nações e do nacionalismo. Segundo ele, a difusão massiva de bens impressos numa língua vernácula inaugurara (e propiciara) o desenvolvimento de sentimentos e de uma consciência de pertença a uma comunidade sobre a base de um idioma partilhado por centenas de milhares ou milhões de pessoas, inicialmente de modo relativamente espontâneo e logo como estratégia consciente das forças políticas e do Estado.

A partir desse primado, autores como Itamar Even-Zohar (1986, 1996), Anne-Marie Thiesse (2000), Joseph Jurt (2007b) e Pascale Casanova (2001) destacaram a centralidade da língua e da literatura nos nacionalismos do século XIX e de parte do século XX. Toda nação que se prezasse se identificava com uma língua, que, apresentada sob o título de "língua nacional", veiculava novos significados políticos e culturais. Durante o século XIX, o surgimento de filólogos, gramáticos, lexicógrafos e literatos especializados, a publicação de dicionários, gramáticas oficiais e histórias das línguas e das literaturas, empreendidas por instituições e academias com aval oficial, e o impulso dado à literatura nesses idiomas tomaram parte nos projetos políticos de valorização e expansão das línguas nacionais. Em nível internacional, esse fenômeno se traduziu como desequilíbrio entre línguas consagradas politicamente por nações fortes, línguas nacionais com menor poder e línguas marginalizadas ou privadas de respaldo político-nacional, menosprezadas e até mesmo reduzidas a "dialetos" ou "falas".[III]

Essa série de entradas teóricas nos permite identificar e compreender aspectos-chave do desenvolvimento da diáspora judaica dos séculos XIX e XX. Como minoria carente de território e dotada de uma porção de idiomas próprios não amparados por estruturas de Estado (o hebraico, o iídiche e o judeu-espanhol, também chamado de ladino, foram os principais), os judeus deviam fazer frente à reorganização política e cultural do mundo em esquemas nacionais que exigiam um pertencimento exclusivo e a adoção das línguas dominantes em detrimento das suas próprias. E o fizeram elaborando não apenas uma, mas muitas respostas — e, nisso, a eleição da língua e o valor atribuído a ela ocuparam um lugar primordial —, desde reformas que deram lugar a novas vertentes religiosas até variantes singulares do nacionalismo, do liberalismo e do marxismo, entre outras. A história judaica argentina também pode ser abordada desse ponto de vista. De fato, os modos de participação e integração na sociedade argentina, as mudanças idiomáticas intergeracionais, as disputas ideológicas em torno do uso de uma ou de outra língua, assim como as maneiras como isso se expressou e se resolveu no plano editorial, podem ser interpretadas a partir desses processos gerais.

No ainda jovem mas próspero campo da história e da sociologia do livro e da edição na Argentina, dois temas têm sido privilegiados: a consolidação e modernização do espaço editorial[6] e a relação entre projetos editoriais e público leitor.[7] Porém, nos últimos anos, verificam-se uma ampliação temática e, sobretudo, uma interessante renovação dos enfoques. Entre outros, há um maior interesse nos suportes materiais, nos agentes, nas trocas e nas lógicas de produção e circulação, além das oposições e disputas no espaço editorial.[8] O presente trabalho objetiva fortalecer esse campo de estudos em vários sentidos.

Em primeiro lugar, enfatiza uma minoria que não só somou um elevado valor cultural à palavra impressa, como também, mais tarde, viu parte substantiva de sua história se resolver nesse plano. Do mesmo modo, mostra como Buenos Aires, além de poderoso centro editorial de língua castelhana, foi também um importante polo de língua iídiche integrado a uma geografia cultural e espacial muito distinta em relação à América hispânica. Em último lugar, os projetos editoriais que percorreremos nas próximas páginas questionaram certa ideia de integração dos imigrantes do final do século XIX e da primeira metade do século XX como um processo mais ou menos linear, cuja única resistência se baseava no tempo necessário para aprender castelhano. Por meio dos livros, mesmo que não exclusivamente, um rol de instituições, grupos e indivíduos apostou na afirmação e no apoio, ao longo do tempo, de sua singularidade cultural, sem, com isso, deixar de lado ou rechaçar a busca de integração ao país.

---

6 Um balanço geral da historiografia do livro e da edição na Argentina pode ser encontrado em Sorá (2011). Dois títulos clássicos nesse sentido são Buonocore (1974) e Rivera (1998). A compilação organizada por Diego (2006), que abrange mais de um século de publicação na Argentina (1880-2000), representa um excelente trabalho de sistematização e exposição. Entre outros, cabe mencionar as recentes e importantes contribuições de Judith Gociol (2012) e Gociol, Bitesnik, Ríos e Etchemaite sobre o Centro Editor de América Latina ou a Editora Universitária de Buenos Aires (EUDEBA).

7 Três textos fundamentais que abordam essa relação são os de Prieto (2006), Romero (1990) e Sarlo (2011).

8 *Traduzir o Brasil*, de Gustavo Sorá (2003), por um lado, e *La constelación del Sur*, de Patricia Willson (2004), por outro, colocam o problema da tradução e da edição de livros nos contextos sociais que lhes dão origem, restituindo, assim, o complexo jogo entre agentes, interesses, competências e operações que aí interagem.

Outro campo com que este livro dialoga diretamente é o dos estudos judaicos. Seria equivocado afirmar que a presença judaica no país passou despercebida no que tange à pesquisa acadêmica. Somando-se ao palpável número de estudos históricos e de crítica literária empreendidos nas décadas passadas, os últimos anos produziram um crescente volume de teses e livros que contribuiu com a ampliação da agenda de problemas e perspectivas de análise. Em certo sentido, esta obra toma parte dessa renovação.[9] Desse modo, aborda um tema ainda encoberto e se propõe a fazê-lo duma perspectiva inovadora para esse campo de estudos.

No âmbito do corpus de investigações históricas sobre o judaísmo argentino, a palavra impressa foi considerada mais como fonte que como objeto de análise.[10] E, entre os agentes que dão forma ao mundo do livro, os escritores e intelectuais despertaram mais interesse que os editores, tradutores ou outras figuras menos visíveis, mas centrais para o desenvolvimento da cultura judaica, como os impressores, gráficos, livreiros ou mecenas. Nos poucos trabalhos existentes sobre editores, a atenção se orientou exclusivamente para figuras que se destacaram no processo de modernização do campo editorial e literário argentino em geral (Samuel Glusberg, Jacobo Samet e Manuel Gleizer), deixando de lado quem concentrou sua atividade na seara específica da cultura judaica.[11] Por sua vez, a crítica literária e os estudos culturais contribuíram relevantemente para o conhecimento e a interpretação da literatura judaico-argentina em castelhano e, em menor medida, da em iídiche.

Não obstante, na maior parte dos casos, os aspectos materiais e sociais que marcam a produção e a apropriação dos livros analisados permanecem relegados a um longínquo segundo plano. Se é verdade que esta obra bebe

---

9 Para um estado atual do campo dos estudos judaicos latino-americanos e da agenda pendente de tópicos, consultar a leitura crítica realizada pelos historiadores Lesser e Rein (2008).

10 Mesmo os estudos dedicados integralmente a uma determinada publicação periódica a abordam a partir do seu conteúdo, relegando os seus aspectos materiais e sociais a um lugar meramente informativo. Podemos mencionar alguns desses trabalhos: Fainstein (1990), Bacci (2004-2005) e Visacovsky (2007).

11 Os trabalhos mencionados são os de Lindstrom (1997) e Tarcus (2002). Embora Manuel Gleizer e Samuel Glusberg tenham participado da vida cultural e editorial judaica de diferentes modos, o foco dos estudos não era especialmente nessa dimensão.

da fonte das precedentes, também é verdade que propõe uma abordagem muito distinta. Não apenas atende à dimensão material da cultura judaica, mas também adota um ponto de vista a partir do qual observa um espaço heterogêneo de agentes, instituições e circuitos, locais e transnacionais, assim como os princípios estruturantes e processos a longo prazo do mundo judaico argentino.

Uma das críticas mais frequentes aos estudos judaicos aponta para certa tendência de construir objetos de investigação conectados apenas com os contextos nacionais nos quais essas realidades se inserem. De acordo com essa perspectiva, tal propensão levou, entre outras coisas, a perder de vista problemas e zonas onde os limites entre judeu e não judeu são menos nítidos, e, justamente por isso, tais limites são centrais para compreender a complexidade da história judaica argentina. Além de sua pertinência em termos gerais, essa crítica é especialmente relevante aqui, uma vez que seria impossível entender as preocupações, dilemas e tensões dos intelectuais e ativistas que impulsionaram as principais iniciativas editoriais sem atender aos contextos históricos em que eles atuavam e aos modos como esses contextos eram interpretados. Nesse sentido, e em virtude das limitações de extensão próprias a um livro com essas características, optamos por dar ora maior ora menor relevância às referências e processos políticos, econômicos, sociais e culturais argentinos em função de sua pertinência para a análise dos problemas específicos, em vez de recuperar os contextos gerais. Por outro lado, notamos que — à diferença da imprensa periódica judaica, onde os acontecimentos políticos nacionais encontram uma expressão muito visível e cotidiana —, no caso da produção editorial, esses constam menos como temática. Antes de fazê-lo com os próprios textos, deve-se indagar como o contexto nacional e suas transformações fizeram parte dos fatores que condicionavam as posições ideológicas que motivaram os distintos projetos de edição.

Esta obra propõe uma "leitura distante" de um repertório de livros (Moretti, 2000), uma leitura menos preocupada com arrancar os significados de um ou mais títulos a partir de sua textualidade que com questionar, a partir de um conjunto amplo de livros, os mundos sociais e projetos políticos e culturais aos quais pertenceram. Com essa finalidade, combina diferentes estratégias de análise: qualitativa e quantitativa, estrutural e histórica, estudos de caso e trajetórias. A extensa tarefa de levantamento e sistematização de informação de um período de pouco mais de 60 anos (selos, títulos publicados, autores, línguas de origem, tradutores, inscrições políticas, gêneros, patrocínios, livrarias, gráficas etc.) sobre o qual se funda este trabalho busca não somente nos permitir dar um panorama objetivo do espaço da edição judaica de Buenos Aires, como também nos alicerçar com princípios que estruturaram a produção editorial e compreender as ideias que guiavam as distintas apostas editoriais. As fontes são muito diversas: catálogos de bibliotecas e de livreiros antiquários, bibliotecas privadas, arquivos pessoais e hemerotecas, livros de memórias e entrevistas.

Cada um dos capítulos que integram este livro propõe temas, escalas e aproximações que permitem oferecer, em conjunto, uma análise abrangente dos fundamentos sociais da produção e circulação de livros judaicos em Buenos Aires. Apesar de ter sido concebida para a pesquisa desse objeto em especial, essa proposta teórico-metodológica pretende ir mais além, para, assim, contribuir com a ampliação do horizonte de debates no campo de estudos sobre o livro e a edição. Os capítulos seguem uma sequência lógica que responde a esse propósito, mas contam com autonomia suficiente para serem lidos de modo isolado.

O primeiro traça um panorama sintético de alguns aspectos-chave da história judaica moderna e, em especial, da edição judaica na Europa. Essa entrada não é meramente contextual. Como tentaremos demonstrar ao longo do livro, os princípios que organizam a produção e circulação de livros judaicos de Buenos Aires não podem ser compreendidos sem que sejam inscritos numa geografia transnacional e numa história de longa duração. Sobre o pano de fundo delineado no capítulo 1, os três posteriores reconstroem a história da edição judaica em Buenos Aires entre o final da década de 1910 e meados da década de 1970. O capítulo 2 estuda o panorama editorial em língua iídiche, prestando especial atenção aos efeitos do Holocausto nas lógicas de produção e circulação de livros e no reposicionamento de Buenos Aires na geografia transnacional da cultura iídiche. Os capítulos 3 e 4 focam nos livros judaicos em língua castelhana. Enquanto o terceiro aborda o entreguerras, examinando as preocupações e ideais que estimularam os primeiros experimentos com traduções, o quarto descreve uma etapa marcada pela ascensão do antissemitismo: a Segunda Guerra Mundial, o Holocausto e a criação do Estado de Israel. Essa etapa começa no final dos anos 1930 e se conclui em meados dos anos 1970, com o já mencionado declínio dos principais projetos de edição. Entre outros aspectos, os capítulos 2, 3 e 4 analisam os modos como as iniciativas editoriais de Buenos Aires funcionaram como mediadoras e difusoras da produção cultural proveniente dos centros estadunidenses, europeus ou israelenses.

O capítulo 5 acresce uma camada a mais para a compreensão da formação de repertórios editoriais. Nesse caso, analisamos, a partir da experiência de uma editora específica, as formas como os percursos sociais dos editores se entremearam às escolhas de temas, autores e obras e, consequentemente, se materializaram num projeto político-cultural. Essa aproximação se propõe a inserir e destacar o papel decisivo desses agentes no quadro mais extenso da edição, cujas escalas transnacional e local descrevemos nos capítulos anteriores.

O capítulo 6 volta a tomar distância para, assim, identificar e compreender o papel de outros agentes fundamentais do mundo do livro. Esse novo ponto de vista nos permite reinserir editores e casas editoriais dentro das tramas que possibilitaram a produção e circulação de livros judaicos e descobrir um espaço diferenciado, com seus próprios agentes e lógicas, dentro do espectro editorial argentino mais amplo. Fazendo parte dessa análise, o capítulo insere alguns desses atores no plano urbano da cidade a fim de dar visibilidade à dimensão espacial do universo do livro e ponderar a importância de sua relação com a produção cultural.

Por fim, o sétimo capítulo se concentra num evento anual fundamental para nossa análise: o Mês do Livro Judaico. Seu estudo durante um período de pouco mais de duas décadas nos possibilita questionar a dinâmica política e as mudanças idiomáticas, assim como as controvérsias em torno da definição de "livro judaico", que caracterizaram a vida dessa comunidade em Buenos Aires durante os 25 anos posteriores ao Holocausto.

Este trabalho toma o livro como via de acesso à cultura judaica argentina do século XX, como meio de recuperar figuras e mundos culturais perdidos e ressuscitar batalhas políticas que atualmente estão apenas no plano das lembranças, mas que, ao longo de décadas, apaixonaram muitos e definiram os destinos da comunidade. Por esse caminho, nos aproximamos, ao menos um pouco, das sensibilidades e interesses de um universo anônimo de leitores que se alimentaram de temas e autores longínquos; inclusive, como os pais de Hebe, numa língua hoje em dia igualmente longínqua. Além disso, o trabalho se ocupa do livro em si mesmo, da fé depositada nele como emblema e veículo de valores políticos e culturais, da crença em suas páginas como meio inigualável de recriar e afirmar uma identidade e das práticas que se deram em torno dele. Como bem aponta Robert Darnton (1992), os livros não se limitam a contar a história, eles também a fazem.

As pessoas e instituições que me ajudaram, primeiro na tese de doutorado e, em seguida, na transformação desta em livro, são muitas. A pesquisa inicial foi possível graças à bolsa de doutorado do Conselho Nacional de Investigações Científicas e Técnicas (Conicet), bem como o abrigo institucional acadêmico do doutorado em Ciências Sociais do Instituto de Desenvolvimento Econômico e Social da Universidade Nacional de General Sarmiento (Ides-Ungs). Meu primeiro e muito especial agradecimento vai para Gustavo Sorá, orientador, professor e amigo excepcional. Também agradeço de modo igualmente especial a Elizabeth Jelin, que me ofertou suas ideias sempre inteligentes e estimulantes desde o dia de meu ingresso no doutorado até o momento do envio da última versão do manuscrito à editora.

Agradeço a meus companheiros e amigos do Núcleo de Estudos Judaicos do Ides, especialmente a Emmanuel Kahan e Malena Chinski. Outro grupo importante no início da pesquisa foi o do Seminário de História Intelectual do Centro de Documentação e Investigação da Cultura das Esquerdas (CeDInCI). Um de seus membros, Martín Bergel, trocou muitas ideias comigo, em numerosas horas de estudo e café, sobre as vicissitudes de meu trabalho. Minha tarefa teria sido impossível sem a ótima prontidão das bibliotecas e arquivos judaicos de Buenos Aires. Agradeço, nesse sentido, a Ana Weinstein, diretora do Centro Marc Turkow da Associação Mutual Israelita Argentina (Amia), cujas leituras foram muito importantes; à diretora do arquivo do Instituto Judaico de Pesquisa (IWO), Silvia Hansman, e à sua ex-bibliotecária, Débora Kacowicz; e à diretora da biblioteca do Seminário Rabínico Latino-Americano, Rita Saccal, bem como a Jana Mlynski, por sua colaboração na tradução dos textos em hebraico. Igualmente, rendo graças a Tamara e Ruth Kamenszain e Osvaldo Vainstoc, que, antes de doarem as bibliotecas de seus pais, as puseram à minha total disposição para que nelas fizesse meu trabalho de imersão e registro.

O rumo tomado pela pesquisa me levou a explorar materiais imperscrutáveis no país. Para ter acesso a essas fontes, contei com o apoio de Raanan Rein, da Universidade de Tel Aviv; David Foster, da Universidade do Arizona; Silvia Schenkolewski-Kroll, da Universidade Bar Ilán (Israel); Shlomo Berger, da Universidade de Amsterdã; e Zachary Baker, encarregado pelo setor de livros judaicos da biblioteca da Universidade de Stanford. Agradeço também às produtivas sugestões de Judit Bokser, da Universidade Autônoma do México, e de Leonardo Senkman, da Universidade Hebraica de Jerusalém.

Tive, em diferentes momentos, a sorte de contar com as leituras e estimulantes críticas de pessoas de distintas universidades e regiões do globo terrestre, cujo trabalho admiro, como Carlos Altamirano, Perla Sneh, Mariano Plotkin, Diego García, Ariel Wilkis, Heber Ostroviesky, Leopoldo Brizuela, Natalia Cosacov, Alan Astro, Monica Szurmuk, Patricia Willson, José Luis de Diego, Eliahu Toker z"l e Avraham Noverstern. Agradeço, além desses, a Ricardo Forster e Daniel Goldman, que me guiaram em minhas primeiras leituras sobre a história e o pensamento judaico moderno; e a Jacobo Kovadloff z"l, por seu afeto e constante estímulo intelectual. E a Adrián Gorelik, que, para além de suas observações incisivas, me convenceu a transformar a extensa tese num livro. Nesse ponto, devo meu total reconhecimento a Carlos Díaz, Yamila Sevilla, Caty Galdeano e Luciano Padilla, profissionais extraordinários do mundo da edição. E, claro, a Marcelo Dujovne, meu primo, por tantas conversas.

De todos os apoios, o mais decisivo veio (e vem) de meus pais, Adela e Adolfo, e de meus irmãos, Diego e Gabriel, que estenderam seu suporte em todos os momentos e de todas as maneiras imagináveis.

NOTAS DOS TRADUTORES

I Na tradução, optamos por manter a grafia castelhana dos antropônimos. A transliteração de nomes judaicos para o português brasileiro não raro passa pela língua inglesa, nem sempre correspondendo a uma grafia fonológica ou a uma escrita etimológica. Parece-nos também mais plausível preservarmos a grafia dos nomes de escritores, editores, tradutores, gráficos etc. *na forma em que o autor deste livro os conheceu.*

II Once de Septiembre, sub-bairro do bairro de Balvanera.

III Notemos como, ao longo do livro, o próprio autor vai chamando "línguas" de "falas" — "fala iídiche", por exemplo.

1 HISTÓRIA E GEOGRAFIA TRANSNACIONAIS DO LIVRO JUDAICO

Antes da guerra, a Polônia era o centro da vida literária judaica, o eixo em torno do qual giravam as letras e as inquietudes espirituais [...] *Já existia, é verdade, um núcleo de certa importância nos Estados Unidos, mas que ainda não havia adquirido a consciência de sua própria autonomia espiritual; continuava a depender do velho centro europeu. A guerra veio para mudar bruscamente essa situação.*

SALOMÓN RESNICK, *CINCO ENSAYOS SOBRE TEMAS JUDÍOS* [CINCO ENSAIOS SOBRE TEMAS JUDAICOS], 1943

A epígrafe acima consubstancia duas chaves fundamentais para interpretar a história da cultura judaica argentina em geral e a do livro em especial. Em primeiro lugar, os limites geográficos do país não são o suficiente para compreender a trajetória da produção e circulação de livros em Buenos Aires: é indispensável adotar uma perspectiva transnacional. Em segundo lugar, aparentemente, a cultura judaica não pode ser compreendida se não for contemplada através de uma lente capaz de capturar a estabilidade e tanto os deslocamentos lentos quanto as transformações radicais. Como se sustenta ao longo deste volume, só é possível tornar visíveis os princípios e processos que organizaram o mundo da cultura impressa judaica se levamos em consideração períodos históricos extensos.

Tendo tais premissas em mente, este capítulo se propõe a revisitar uma série de aspectos gerais da história da edição judaica desde a invenção da imprensa, detendo-se particularmente no período entre o final do século XIX e meados do século XX, momento da gênese e primeiro desenvolvimento da edição judaica na Argentina. Inicialmente, serão abordados os marcos culturais e ideológicos que organizaram o mundo judaico e que atribuíram valores e funções diferenciados à língua hebraica, ao iídiche e às línguas não judaicas. Mais à frente, serão analisados os principais deslocamentos geográficos das atividades de edição e impressão de livros em iídiche e em hebraico, com o objetivo de identificar os fatores políticos, culturais e econômicos subjacentes ao auge e à queda dos distintos polos de edição. Por fim, será proposta uma primeira aproximação com as experiências editoriais em línguas não judaicas nos Estados Unidos e na Alemanha, dois países centrais para este estudo, a fim de levar em conta as consequências da produção editorial judaica nos idiomas distintos do iídiche e do hebraico.

OS JUDEUS E AS LÍNGUAS

Desde a invenção da imprensa, a expansão do livro no Ocidente esteve estreitamente ligada a fenômenos de ordens muito distintas. As mudanças tecnológicas, a expansão capitalista, a ampliação dos setores alfabetizados, a aparição de novos gêneros literários, a afirmação dos Estados nacionais, as políticas de homogeneização idiomática, entre outros fatores, condicionaram o curso da história do livro. Embora o livro judaico não tenha ficado alheio a esses acontecimentos, a singularidade política e cultural dos judeus europeus instituiu traços distintivos em sua produção e circulação. É necessário, por isso, examinar os complexos vínculos que o livro judaico sustentou com os fenômenos da nação, do nacionalismo, da língua e da literatura na Modernidade.

BILINGUISMO INTERNO, MULTILINGUISMO EXTERNO

Entre os séculos XI e XV, as populações judaicas assentadas de norte a sul do território europeu sofreram, em diferentes momentos, a perseguição dos distintos poderes monárquicos cristãos, que as forçaram a sucessivos deslocamentos (ver mapa 1). A direção desses movimentos geográficos sempre se guiava por uma mesma e evidente orientação: escapar das zonas de risco, a caminho de lugares mais seguros. Assim como os judeus sefarditas chegaram à tolerante Holanda após serem expulsos primeiro da Espanha (1492) e depois de Portugal (1496-1497), os da Europa Central (Alemanha, Hungria e Áustria) migraram progressivamente para o leste do continente, contribuindo com o desenvolvimento do maior núcleo demográfico judaico da Europa e do mundo até os tempos do Holocausto.

MAPA 1 | Expulsões dos judeus na Europa Central e Oriental entre os séculos XI e XV

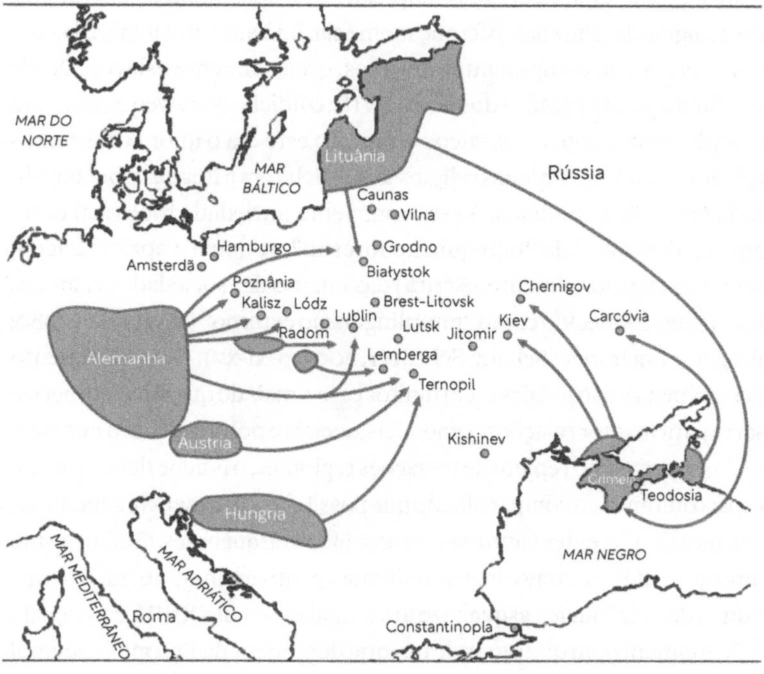

FONTE: Elaboração própria baseada em atlas históricos.

Ao longo do extenso período que vai do século XI ao XVIII, a vida dos judeus europeus se organizou em comunidades dotadas de um status diferenciado dentro da rígida e hierarquizada ordem medieval cristã. Assim como no mundo que circundava essas populações, a religião funcionava como o sistema que organizava seus valores, crenças e práticas.[1] Durante essa extensa etapa, a diáspora judaica pôde preservar certo grau de unidade graças às redes formadas pelas esferas letradas ligadas aos textos religiosos, que conservavam o sentido da continuidade histórica do "povo judeu", e também graças aos circuitos comerciais.

A língua iídiche se origina no norte do território alemão durante o século XI, no contato de seus habitantes judeus com os povos ao redor.[2] Com o passar dos séculos e os sucessivos deslocamentos geográficos, essa língua alargou suas diferenças em relação à sua raiz alemã, uma vez que incorporou componentes diversos, especialmente eslavos. Desde sua fundação até meados do século XVIII, o iídiche conviveu de maneira complementar com o hebraico:[3] enquanto este era o idioma dos textos religiosos e das cerimônias religiosas, o iídiche era a língua popular utilizada para a fala cotidiana. A essa complementariedade funcional entre ambas, denominada "bilinguismo interno", se soma a aprendizagem oral (e, excepcionalmente, escrita) das línguas das sociedades vizinhas, fenômeno conhecido como "multilinguismo externo" (Weinreich, 1980; Berger; Pomerance; Schatz; Schrijver, 2003, p. vi-xv). O conhecimento dessas línguas não judaicas (em muitos casos, mais do que uma) era necessário para manter relações comerciais, sociais e políticas com o entorno.

Assim, mesmo repleto de variações regionais, o iídiche delimitou um espaço idiomático compartilhado que possibilitou o desenvolvimento de vínculos de diferentes naturezas entre os judeus asquenazes. O bilinguismo interno e o iídiche como língua comum se mantiveram como traços constantes da vida judaica asquenaze até o final do século XVIII, começo do XIX, momento em que a grande maioria dos judeus da Europa Ocidental

---

1 Max Weinreich (1980) observa que o modo de vida pré-moderno do judaísmo asquenaze, ou seja, até o início da emancipação no século XVIII, foi definido pela inexistência de uma fronteira entre as esferas religiosa e não religiosa. Na verdade, a noção de religião não é apropriada para caracterizar esse modo de vida, já que toda a existência de judeus asquenazes era regida de uma forma ou de outra pelo Talmude.

2 Alguns linguistas localizam a origem do iídiche na região do Danúbio, ao redor dos centros judaicos de Ratisbona, Nuremberg e Rotemburgo, enquanto outros apontam para uma origem posterior (KATZ, D., 2004).

3 Dovid Katz (2004) sustenta que aqui se deve incluir também o aramaico, o qual tinha um status superior ao do hebraico e era utilizado por uma elite mais restrita de letrados.

e uma parcela igualmente grande dos da Europa Central substituíram o iídiche como língua cotidiana pelas línguas dominantes dos recentes Estados-nação. Por outro lado, a Europa Oriental continuaria sendo o coração da cultura dessa língua até o Holocausto.

Embora, durante a Idade Média, a vida judaica na Europa não tenha jamais sido um fenômeno homogêneo, as diferenças entre as realidades judaicas das Europas Ocidental, Central e Oriental ficaram cada vez mais claras de meados do século XVIII em diante.

Durante a primeira metade do século XVIII e o século XIX, o surgimento dos Estados-nação modernos e a paulatina expansão das políticas de emancipação das minorias judaicas levaram os israelitas das Europas Ocidental e Central a redefinirem seu modo de organização social e suas representações e práticas culturais. Em outras palavras, essas comunidades se viram frente a uma entidade política que reivindicava para si o monopólio da esfera pública, as políticas de homogeneização cultural e idiomática de base territorial e a expansão das ideias de universalismo secular e cidadania nacional (Karady, 2000, p. 48). Essa transição não foi simples nem pacífica. Na maior parte dos casos, os projetos de nacionalização cultural significaram para os judeus uma imposição que os convocava a aceitar as pautas culturais dominantes e, consequentemente, modificar ou logo se livrar das próprias. A pretensão de preservar a singularidade lhes garantia a discriminação política ou social que os identificava como estrangeiros.[4] A decisão de se integrar à sociedade dominante podia ser experimentada como um meio de deixar para trás pautas de vida tradicionais que recusavam, ou então, alternativa ou concomitantemente, como uma saída libertadora diante de um entorno não judaico adverso; como um modo nem sempre bem-sucedido de escapar dos estigmas impostos pelo exterior e muitas vezes internalizados.

4 O lugar do judeu como estrangeiro foi uma imagem recorrente na literatura política moderna, até mesmo na sociologia. Georg Simmel (2002), por exemplo, o considera o estrangeiro por excelência.

MAPA 2 | Emancipação judaica na Europa, entre 1789 e 1930, anos a partir dos quais se concedeu igualdade legal a judeus

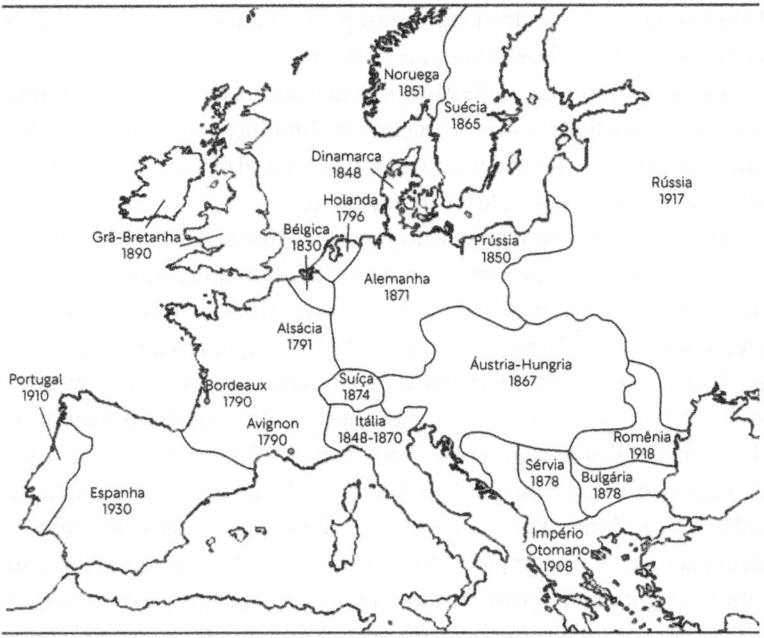

FONTE: Elaboração própria baseada em atlas históricos.

Entretanto, antes da emancipação política formal, uma série de expressões aflorou dentro do judaísmo, numa busca por adequar o pensamento e as práticas tradicionais judaicas às sociedades europeias. Uma das experiências mais importantes, por suas derivas posteriores, foi o movimento da Haskalá ("Iluminismo" em hebraico), que teve seu epicentro em Berlim por volta do final do século XVIII para logo se alastrar pelo restante da Europa. Tal movimento buscava a abertura para a cultura secular, a adoção dos valores do Iluminismo e a adaptação dos fundamentos e práticas religiosas judaicas para alcançar uma melhor integração para as culturas europeias. Nessa busca, Moisés Mendelssohn, seu principal inspirador, junto a seus primeiros apoiadores, estabeleceu como uma das tarefas básicas do movimento a conversão do hebraico como única língua judaica e do alemão, sendo a língua culta do país de residência, como idioma que abriria as portas para a elevação cultural e a integração social. Frente à alta valorização do hebraico, que procuravam modernizar para abarcar gêneros e ideias seculares, para além das religiosas, o iídiche não era valorizado, como se fosse um linguajar desprezível concernente ao passado.

Em seu processo de expansão geográfica, a Haskalá deslocava sua preferência pelo alemão em direção às línguas nacionais das regiões em que habitavam seus adeptos. Consequentemente, eles elaboraram e difundiram ativamente uma ideologia que propunha uma ressignificação do status e das funções das línguas judaicas e não judaicas; assim, rompia-se com a complementariedade funcional entre hebraico e iídiche, que havia organizado a vida judaica europeia por séculos.

O Leste Europeu apresentava um cenário distinto. A Polônia, lugar em que se encontrava o principal núcleo habitacional judaico do mundo, foi dissolvida diante das sucessivas divisões ocorridas durante o século XVIII. O território polonês, que, nesse período, abarcava o que é hoje a Lituânia e parte da Bielorrússia e da Ucrânia, foi dividido e anexado por seus vizinhos, Prússia, Áustria e Rússia, em 1772, 1793 e 1795, respectivamente. Isso significou que os habitantes judeus se viram, repentinamente, sob o domínio de novos poderes que lhes impuseram condições sociais e legais de existência muito diferentes entre si.

Entre esses, o Império Russo foi o que sancionou a legislação mais hostil. Ao longo do século XIX, os czares estabeleceram, ao Oeste, uma faixa territorial conhecida como "zona de residência": estendia-se do mar Báltico, ao norte, até o Mar Negro, ao sul. Com exceção de duas décadas, e sob condições muito específicas, os judeus foram proibidos de emigrar dessa região. E, dentro da própria "zona", foram sujeitos a muitas restrições de deslocamento. As regulações de assentamento e as limitações socioeconômicas foram se tornando mais leves a partir de 1882, por meio de leis que gradualmente excluíram os judeus de várias atividades profissionais e econômicas. Somaram-se a esse ambiente desfavorável numerosos rompantes de violência antijudaica, conhecidas como pogrons e empreendidos com a anuência das autoridades.

Ao longo do século XIX, os judeus da "zona de residência" observaram um crescimento demográfico exponencial. Em 1791, esse território contava com cerca de 750 mil judeus, enquanto, em 1897, pouco mais de cem anos depois, a cifra alcançava 4.900.000, de acordo com a *Encyclopaedia Judaica* [Enciclopédia Judaica] (2007, p. 577-580). As crescentes restrições e perseguições levaram muitos judeus a identificarem, como solução para seus problemas, a emigração tanto rumo às Europas Central e Ocidental quanto rumo à América.

A expansão das ideologias seculares pela Europa Oriental debilitou o domínio religioso tradicional da vida judaica, mas isso não significou o desaparecimento das expressões religiosas tradicionais. Pelo contrário, no mesmo momento histórico em que o Iluminismo judaico e suas derivas seculares e religiosas liberais começavam a tomar forma no centro do continente, no Leste Europeu se desenvolviam distintas correntes religiosas que hoje conhecemos como "ortodoxas".

O enraizamento do iídiche na "zona" (de acordo com o censo de 1897, 97% da população judaica declarava falar o idioma) e os limites intransponíveis à integração dos judeus à sociedade e à cultura dominante no império czarista impuseram um sério desafio à propagação oriental da Haskalá. Para difundir suas ideias, os ativistas se viram obrigados a usar o iídiche. Assim, a partir do começo do século XIX, os adeptos do Iluminismo judaico na Europa Oriental iniciaram, sem que isso fosse sua intenção inicial, um processo de modernização da língua por meio da inclusão de numerosos gêneros, temas e saberes das línguas ocidentais, desde obras sobre higiene e textos de geografia até ensaios críticos sobre o hassidismo,[5] movimento religioso que era, nessa região, junto a outras vertentes religiosas judaicas, uma de suas grandes concorrentes. Mas foi a violência aberta contra os judeus nos anos 1880 que obrigou muitos intelectuais e ativistas a repensarem seu otimismo esclarecido, provocando uma reviravolta em direção a uma nova forma de politização da vida judaica dessa área da Europa.

---

5 O movimento hassídico surgiu na Bielorrússia e na Ucrânia no século XVIII como reação contra a tendência elitista e "acadêmica" que regia a tradição religiosa judaica e rejeitava a espiritualidade como expressão da religião. Essa oposição, acrescentada à concepção de que qualquer judeu podia alcançar Deus através do seu amor por Ele e pelos Seus componentes místicos, resultou numa rápida adesão dos setores médios e populares do judaísmo. A partir desse sucesso inicial, o hassidismo alcançou uma grande expansão nos séculos XIX e XX.

MAPA 3 | A "zona de residência" no Império Russo

FONTE: Elaboração própria.

De todas as expressões políticas surgidas nas últimas décadas do século XIX, os movimentos mais importantes foram o sionismo e o bundismo. Essas correntes, que concorriam pela adesão de judeus, sobretudo os da Europa Oriental, sustentavam pontos de vista inconciliáveis sobre uma série de questões. Muito embora o ideal sionista moderno de se instalar na Palestina surja e se organize na Europa Oriental durante os primeiros anos da década de 1880, ele nasce como organização política moderna, com uma ideologia formalizada, no âmbito do Primeiro Congresso Sionista, organizado na Basileia, Suíça, em 1897. Dentro em breve, desprendem-se de seu seio distintas correntes internas orientadas mais à esquerda, mais ao centro e mais à direita. O sionismo perseguia não apenas a "volta" a *Eretz Yisrael* ("a terra de Israel"), onde se fundará o "lar nacional", como também uma profunda transformação da existência judaica. Em 1897, também se realiza o congresso fundacional da Bund, a Liga dos Trabalhadores Judeus da Rússia, Lituânia e Polônia. Em seus primeiros anos de existência, a Bund se esforçou para que os trabalhadores de fala iídiche aderissem ao socialismo sem nenhuma reivindicação nacional firme. Entretanto, com o passar dos anos, o partido assumiu e tornou causa sua a especificidade cultural e linguística do proletariado judaico da região, combinando, dessa maneira, objetivos de classe e nacionalistas.

A geografia e o status político do lugar onde devia residir a solução da "questão judaica" opunham ferozmente os dois partidos. O sionismo encontrava a resposta no "retorno normalizador" à terra de Israel, onde ergueria um Estado próprio, ao mesmo tempo que considerava "anômala" a vida judaica nos países da diáspora. O "novo homem" sionista, resultado do domínio de uma terra própria, devia se diferenciar de seu semelhante da diáspora, que considerava fraco, incapaz de se defender pela força, inepto para o trabalho com a terra e superintelectualizado. Nesse jogo de representações, a língua da diáspora, o iídiche, vivia o mesmo destino. Fazendo oposição a essas imagens, o futuro Estado de Israel e o hebraico seriam os atributos básicos e positivos da nacionalidade. Em contrapartida, o bundismo via a solução nos vários países de residência da diáspora — ainda que, na prática, se pensasse na Polônia —, desde que os judeus pudessem adquirir neles autonomia cultural e algum tipo de autonomia política, que não seria de caráter territorial.

Ao longo do mesmo período, um número considerável de judeus aderiu às distintas correntes progressistas e revolucionárias — socialistas, comunistas, anarquistas —, nas quais "o judeu" enquanto tal não aparecia como bandeira de luta.[6] Como o historiador Ezra Mendelsohn (1993) explica, o discurso ideológico não somente vinculava a fraqueza e a ruína do povo judaico a um poderoso movimento internacional, como também tendia

[6] Os movimentos nacionalistas russo, polaco ou lituano não eram, de modo geral, uma opção para os judeus, uma vez que, para essas expressões políticas, os judeus eram inimigos da nação.

a se opor ao crescente antissemitismo das Europas Oriental e Central.[7] Por isso, ao menos durante esse período, os judeus viram nesse campo ideológico seus aliados naturais.[8]

A POLÍTICA JUDAICA MODERNA E A QUERELA DAS LÍNGUAS

Ao longo do século XIX, o binômio nação-língua se impôs como um dos princípios organizadores excludentes da experiência política europeia. Isso implicou um sério desafio para aqueles que buscavam a afirmação do povo judeu como nação: se os judeus constituíam uma nação, então deviam possuir, como toda nação moderna, uma língua própria. Os movimentos políticos judaicos modernos reivindicaram ora o hebraico, ora o iídiche, e promoveram a modernização dessas línguas com o objetivo não somente de triunfar diante de seus opositores, como também de alcançar seu reconhecimento internacional como línguas nacionais modernas. Com a exceção de algumas expressões sionistas socialistas que defendiam o uso do iídiche na diáspora e do hebraico no futuro Estado judaico, o sionismo, como um todo, adotou o hebraico como língua nacional, enquanto o bundismo o fez com o iídiche.

A ausência de um Estado que, com fronteiras próprias, tomasse para si as tarefas de salvaguarda, padronização e imposição desses idiomas por meio de academias de língua, escolas, universidades etc. dificultou arduamente essas pretensões. Além disso, os judeus habitavam em Estados que favoreciam suas próprias línguas e culturas nacionais.

Mesmo com esses obstáculos, entre o final do século XIX e as três primeiras décadas do século XX, desenrolaram-se as ações que fomentaram

---

7 Durante o século XIX, na "zona de residência", formou-se um proletariado com características especiais, constituído por trabalhadores empregados em pequenas oficinas, a maioria pertencente a outros judeus, que, por sua vez, eram trabalhadores. Além disso, falavam a mesma língua. Ao contrário das elites judaicas, que procuravam a assimilação às culturas e sociedades nacionais dominantes, aceitando a sua língua e rejeitando o iídiche, os trabalhadores judeus da Polônia e da Rússia eram fundamentalmente falantes desse idioma (KARADY, 2000).

8 Para uma análise da relação dos judeus com a esquerda na Europa, ver Mendelsohn (1984), Karady (2000), Traverso (1996) e Löwy (1997).

o fortalecimento do iídiche e que renovaram e multiplicaram a produção e a circulação de obras. Os intelectuais e ativistas bundistas contribuíram sobremaneira para esse processo, mas não foram os únicos. De fato, seria difícil abordar a rápida afirmação política e cultural dessa língua sem a modernização literária empreendida por três escritores: Méndele Moijer Sforim (1835-1917), Sholem Aleijem (1859-1916) e Isaac Leib Peretz (1852-1915). O corolário e, talvez, ao mesmo tempo, o ocaso dessa tradição literária foi a entrega do Prêmio Nobel de Literatura a Isaac Bashevis Singer (1904-1991) em 1978.

Um dos acontecimentos mais relevantes e representativos desse processo foi a Conferência para a Língua Iídiche, realizada em 1908 em Czernowitz, cidade de forte presença judaica situada hoje na Ucrânia, próxima da fronteira com a Romênia. Convocada e liderada por intelectuais e escritores de renome, a conferência tinha como objetivo o reconhecimento tanto interno quanto externo do iídiche como língua nacional judaica.[9] Entretanto, essas expectativas não foram alcançadas conforme desejado. As clivagens e enfrentamentos que atravessavam o mundo asquenaze se presentificaram, e, na fala de encerramento, defendeu-se que o iídiche devia compartilhar a definição de língua nacional com o hebraico. Em 1925, é fundado, em Berlim e Vilna, o Instituto Judaico de Pesquisa (conhecido como Yivo ou como IWO, a sigla adotada por sua sede argentina), uma instituição com vocação de representação universal que procurará avançar na normalização do iídiche (em 1936, propõe uma padronização ortográfica) e, em parte como resultado disso, lançar o idioma na hierarquia internacional de línguas nacionais.

Por sua vez, o desenvolvimento da língua e da literatura hebraicas modernas recebeu um impulso crucial com o movimento protossionista dos anos 1880, que se esforçou no sentido de uma adaptação do idioma como meio de comunicação cotidiana e língua literária moderna. Ainda que, entre o fim do século XIX e as primeiras décadas do século XX, tenha havido produção literária em hebraico na Rússia e nos Estados Unidos, desde 1880, a expansão dessa literatura esteve fundamentalmente associada à experiência dos "pioneiros", ou seja, dos imigrantes que chegavam

---

9 Sobre a Conferência de Czernowitz, ver Nath (1998), Joshua A. Fishman (1991, p. 231-290), Goldsmith (1997, p. 183-222) e David E. Fishman (2005, p. 1-79).

à Palestina para construir, desde o trabalho com a terra, as fundações do novo Estado. A figura central do processo de modernização idiomática, alçada à condição de mito pelo sionismo, foi a do intelectual e ativista Eliezer Ben-Yehuda. Uma vez na Palestina, aonde chegou em 1881, Ben-Yehuda se concentrou em fornecer regras gramaticais e, sobretudo, em introduzir um novo vocabulário para que essa língua pudesse dar conta do mundo contemporâneo e, portanto, das necessidades de seus falantes. Do mesmo modo, garantiu a criação de uma estrutura institucional — escolas, textos escolares, o Comitê da Língua Hebraica etc. — para seu desenvolvimento. Uma das conquistas desse esforço se deu no ano de sua morte, em 1922, quando o Mandato Britânico reconheceu o hebraico, junto ao árabe e ao inglês, como uma das línguas oficiais da Palestina.

GEOGRAFIAS HISTÓRICAS DA IMPRENSA E DA EDIÇÃO HEBRAICAS E IÍDICHES

A modernização política e cultural da língua e da literatura hebraicas e iídiches teve seu correlato também no plano da imprensa e da edição. Além disso, a palavra impressa foi um dos principais cenários onde se desenrolaram a renovação e a expansão dessas línguas e onde se colocaram em jogo as possibilidades e limites de sua existência.

A PALAVRA IMPRESSA ATÉ A PRIMEIRA GUERRA MUNDIAL

Apesar de, desde o século XVI até mais para a frente no século XIX, a cena editorial judaica ter sido dominada pelo hebraico, em particular por textos religiosos, o livro em iídiche desfrutou de um mercado em expansão e de crescente popularidade (Berger, 2004, p. 55). O primeiro impresso que se conhece nessa língua é uma canção de *Pessach* (Páscoa judaica) publicada em Praga em 1526, enquanto o primeiro livro é um dicionário de hebraico-iídiche de termos em hebraico editado na Cracóvia em 1534. Por volta de meados do século XVII, começam a circular as primeiras coleções de súplicas (*tjines*) em iídiche, gênero voltado ao público feminino e, em muitos casos, escrito por mulheres (Kay, 2004, p. 3-13). Essas obras — junto a textos homiléticos, morais, rituais, poéticos e narrativos que se multiplicaram durante o século XVIII — deram forma ao que hoje se conhece como a antiga literatura iídiche.

O enfraquecimento dos polos editoriais de língua hebraica e iídiche na Itália e na Polônia, donde havia saído o grosso dos livros até então, bem como a contínua demanda do público judeu da Europa Oriental, possibilitou que, até meados do século XVII, a Holanda se elevasse a centro-chave de edição e impressão. Apesar de considerável, o volume de produção editorial em iídiche ocupava um lugar secundário em relação ao em hebraico. A experiência prévia das comunidades sefarditas em Amsterdã, a existência de tipos móveis em hebraico, o clima tolerante da cidade, os baixos custos de impressão em relação ao núcleo polonês e a chegada de judeus da Alemanha e da Europa Oriental foram fatores que favoreceram o desenvolvimento desse que foi o centro editorial judaico mais importante da época. De todo modo, na mesma medida em que seu aparecimento se ligou ao recrudescimento dos centros polonês e italiano e seu crescimento se ligou ao consumo do público do Leste Europeu, no final do século XVIII, o ressurgimento da impressão no Leste do continente levou ao declínio da preponderância de Amsterdã. Isso implicou, entre outras coisas, uma mudança na incidência das variantes linguísticas utilizadas: o iídiche ocidental usado na Holanda, que se estendia até a Europa Oriental por meio dos livros, foi substituído por variantes orientais.

A partir da década de 1780, proliferaram as gráficas hebraicas e iídiches nas regiões da Polônia e da Lituânia. Essa expansão foi estimulada pelo contexto econômico e legal proporcionado pelas elites estatais e locais, que buscavam promover a produção da zona restringindo a importação de livros judaicos, assim como por fatores que incrementaram a demanda, tais como a explosão demográfica, a polvorosa religiosa e, provavelmente, a queda do preço do livro. Esse impulso se detém em 1836, com a decisão do Império Russo de fechar a grande maioria das gráficas judaicas. Em consequência, a produção se reacomodou com a afirmação de novos centros regionais em distintos povoados e cidades do que hoje são os territórios da Moldávia, Romênia, Ucrânia e Hungria. A eliminação das restrições gerais à atividade gráfica judaica na "zona de residência" em 1863, ainda que a censura se mantivesse, permitiu que a edição voltasse a florescer, em especial nas regiões da Polônia e da Lituânia e nas cidades de São Petersburgo e Odessa (Moss, 2008).

Paralelamente aos movimentos na geografia da produção, ocorreram distintas mudanças no volume e na configuração da oferta. Por volta do fim do século XIX, ela se ampliou e se diversificou em função do crescimento do número de obras religiosas de orientação hassídica, das pertencentes à vertente Haskalá.[10] Esse movimento também se deveu ao crescente interesse que os leitores judeus mostravam tanto pelos avanços e descobrimentos científicos e geográficos provenientes do mundo não judaico quanto pelos gêneros narrativos, como novelas de cavalaria, indisponíveis em hebraico (Gries, 2007). Essa confluência deu forma a um atrativo mercado do livro em hebraico e, especialmente, em iídiche. Em contraste com o contexto rígido que limitava o uso do hebraico, o iídiche ofereceu desde cedo um canal mais aberto para a introdução de novos gêneros e temáticas.[11]

Paralelamente a esses gêneros e temáticas, surgiram os primeiros projetos comerciais voltados à literatura iídiche moderna. Em meados dos anos 1870, apareceram os romances populares, que chegaram a dominar o mercado na década seguinte. De fato, a partir dessa década, a literatura iídiche secular começou a se diferenciar de outras expressões literárias e deixou de se subordinar à produção em outras línguas. Mas só depois, com o sucesso comercial do escritor Sholem Aleijem na época da Primeira Guerra Mundial, é que o mercado de ficção alcançou uma projeção maior (Berger; Pomerance; Schatz; Schrijver, 2002-2003). De todo modo, não devemos perder de vista que essa expansão editorial foi concomitante à crescente tendência de editar obras direcionadas ao público judeu em línguas não judaicas (inglês, alemão etc.), sobretudo nas Europas Central e Ocidental e nos Estados Unidos.

A reorganização do mapa editorial na Europa Oriental do fim do século XIX, com Vilna e Varsóvia na dianteira, e a reorientação do tipo de obras

---

10 A literatura ética, gênero que se desenvolveu marcadamente ao longo desse período, é, por sua vez, composta de inúmeros gêneros diferentes: testamentos éticos, manuais de conduta, hagiografias, epístolas, antologias de máximas, provérbios, sermões, polêmicas e comentários de livros da Bíblia que poderiam oferecer algum tipo de recomendação moral. Para uma análise detalhada desse tipo de literatura, ver Gries (2007).

11 Berger, Pomerance, Schatz e Schrijver (2002-2003, p. x) salientam, nesse sentido, que "o ídiche era a língua que traduzia o mundo externo e servia como língua judaica de renovação dentro dos limites do sistema cultural judaico".

publicadas foram marcadas pela irrupção do sionismo e do bundismo. No primeiro caso, os ativistas utilizaram, em paralelo ou intercalados, o iídiche e o hebraico, enquanto, no segundo caso, o iídiche foi mobilizado quase exclusivamente. No confronto aberto entre ambas as forças, as línguas guardavam um valor simbólico e, ao mesmo tempo, instrumental. Assim, apesar de setores do sionismo considerarem o hebraico como língua nacional judaica, o cálculo político os levava a difundir sua mensagem na língua acessível às massas judias da Europa Oriental. Em 1897, ano da fundação da Bund em Vilna e do sionismo político na Baliseia, 97% dos 5.215.000 judeus no Império Russo responderam que sua língua materna era o iídiche, e somente 26% afirmaram saber ler em russo (Fishman, D., 2005, p. 6). Por sua vez, em contraste com as sociedades nacionais nas quais habitava, essa população se caracterizava por uma forte cultura letrada.

O fracasso da Revolução Russa de 1905 contribuiu para colocar Vilna num lugar-chave dentro da geografia cultural e política iídiche das primeiras décadas do século. A desilusão decorrente dessa tentativa malograda levou um grande número de bundistas e sionistas a deixarem de lado a atividade política mais direta e preferir o ativismo cultural. Isso permitiu que Vilna se alçasse a centro editorial de literatura judaica modernista, ao contrário de Varsóvia, cujas editoras e gráficas tinham orientação privilegiada para a literatura de massa em iídiche (Estraikh, 2003, p. 137-138). Nesse contexto, Vilna viu sua atividade sendo complementada pelas cidades de Minsk e Kiev, dois centros secundários, mas de importante vida intelectual em língua iídiche.

No início da década de 1890, a atividade editorial em hebraico deu um salto qualitativo e quantitativo graças ao que se conheceu como *ha-mahalaj he-jadash*, o "novo movimento", que reuniu escritores e intelectuais comprometidos com o ativismo cultural hebraico. Com isso, surgiu a primeira experiência editorial importante do sionismo: a primeira editora hebraica moderna, a Ahi'asaf, fundada em 1893 em Varsóvia. Sua atividade se concentrou na publicação de periódicos e obras de pensamento sionista, instrumentos para o aprendizado do hebraico, literatura contemporânea, traduções de literatura e de divulgação científica, assim como algumas obras em russo e iídiche e uma revista literária nessa última língua.

A Revolução Russa e a construção da URSS

O triunfo bolchevique trouxe consigo a eliminação definitiva das predisposições antissemitas do czar e, ao menos na primeira década da Revolução, um decidido apoio à cultura em língua iídiche.[12] Trata-se, entretanto, de um respaldo condicionado. A vida judaica devia se ajustar ao quadro político e ideológico imposto pelo novo governo: as organizações comunitárias, as estruturas religiosas e os partidos políticos foram dissolvidos, e, em contrapartida, criou-se a Seção Judaica do Partido Comunista (Ievseksia), que existiu entre 1918 e 1929 e cujo objetivo primordial era a difusão da doutrina soviética entre a população de fala iídiche. A BUND se dividiu em duas: uma parte aderiu ao processo revolucionário e passou a integrar o Partido Comunista, a outra precisou fugir para o Oeste. Essas imposições fizeram dos territórios polonês e lituano, independentes com o colapso do império czarista, o coração da vida política e cultura iídiche não comunista no entreguerras.

A disputa entre os partidários do hebraico e do iídiche em território comunista foi decidida em favor dos segundos pela intervenção do Estado: o hebraico foi erradicado nos primeiros anos da Revolução por ter sido considerado a língua da reação burguesa (em referência tanto ao sionismo quanto à religião), enquanto o iídiche, após ter sido definido, em 1919, como língua nacional da minoria judaica, foi promovido de diversas formas,[13] sempre e quando as publicações nessa língua atendiam aos conteúdos impostos pelas diretrizes soviéticas. De fato, tanto os selos de livros religiosos em língua iídiche quanto os editores e ativistas que não apoiaram o regime refundaram suas empresas em Varsóvia, Tel Aviv, Nova York ou Berlim. Essa aguda reorganização permitiu que Moscou se transformasse num centro de cultura iídiche relevante pela primeira vez

---

12 Nesse ponto, seguimos Dovid Katz (2004), Estraikh (2006), Shneer (2003), David E. Fishman (2005), Greenbaum (1998) e Moss (2008).

13 O breve governo de Kerensky precedeu o de Lênin no reconhecimento do iídiche como língua nacional dos judeus russos. Nas décadas de 1920 e 1930, a União Soviética era o único Estado do mundo que financiava casas editoriais, grupos de escritores, tribunais e conselhos municipais, e um sistema escolar iídiches.

em sua história (Fishman, D., 2005, p. 83) e que, no começo da década de 1920, Kiev se tornasse o centro editorial iídiche mais importante da URSS.[14] Contudo, por volta do fim dos anos 1930, até essa relativa autonomia foi gradativamente cerceada pelas sucessivas ondas de reação antissemita do período stalinista, pelo fomento a uma progressiva russificação e pelo desmantelamento do apoio estatal.

Entretanto, as autoridades soviéticas intervieram não apenas nos conteúdos, mas também no que diz respeito à própria língua. Por meio das políticas de planificação linguística, removeram os "hebraísmos" do iídiche; em outras palavras, substituíram a forma de escrita hebraica dos termos provenientes do hebraico e do aramaico por uma ortografia fonética iídiche. Descartaram também as letras finais de certas grafias, mudança afim a uma reforma concomitante da língua russa. Nos primeiros anos da década de 1930, alguns comunistas judeus da Ucrânia buscaram, sem sucesso, latinizar o alfabeto, deixando de lado os caracteres hebraicos (Greenbaum, 1998).

A afirmação da capital russa como centro cultural de língua iídiche avançou na mesma medida que a consolidação dos velhos polos de Vilna e de Varsóvia e a implementação de outros novos núcleos, como Berlim e Nova York. Depois da guerra, Varsóvia se impôs como o principal produtor de títulos nessa língua, publicando, em 1923, 70% do total mundial. As gráficas e editoras iídiches superavam em número as hebraicas, e o gênero dominante era o romance de sensações (que relegava o livro religioso, e isso revelava certa estagnação dele). Em 1931, ano do último censo antes da Segunda Guerra Mundial, 3.137.000 judeus residiam na Polônia, número que representava 9,8% da população do país. As difíceis condições econômicas e a pressão oscilante, mas sempre presente, sobre as minorias levaram tanto iidichistas quanto hebraístas a lutarem contra as forças combinadas da polonização e da pobreza para sustentar um

[14] O maior florescimento do iídiche se deu na Ucrânia independente (1917-1920), onde existiu um efêmero Ministério de Assuntos Judaicos, que foi sucedido por uma organização multipartidária guarda-chuva para a cultura iídiche, a Kultur-Lige (Liga da Cultura).

mercado editorial.[15] Além disso, deram lugar a uma importante corrente migratória para o Oeste, que incluiu a Argentina como destino.

Entre os anos da Primeira Guerra Mundial e os imediatamente posteriores a ela, dezenas de milhares de judeus chegaram à Berlim da Europa Oriental, o que incrementou notavelmente a população de fala iídiche nessa cidade (Cf. Fritzsche, 2008). Dos 172 mil judeus que lá moravam, 25% eram imigrantes (Estraikh, 2006, p. 108). Entre esses, incluíam-se escritores, editores e artistas em número suficiente para situar Berlim no centro da geografia cultural judaica durante alguns anos. Na década de 1920, a cidade alemã oferecia melhores condições que a Polônia ou a Palestina para a publicação de obras em iídiche e hebraico. Com efeito, em sintonia com a quantidade de homens e mulheres ligados ao mundo da palavra impressa, Berlim oferecia a conveniência de técnicas de impressão e de ausência de censura. Entretanto, a variável que mais atraía a atividade editorial para essa cidade era o excepcional baixo custo de impressão. Além disso, a estabilização e a revalorização da moeda alemã alcançadas entre 1924 e 1925 provocaram a emigração de editores e escritores, bem como o consecutivo declínio do lugar alcançado como grande centro produtor e exportador de obras em língua iídiche. Muitos editores e intelectuais mudaram seus empreendimentos culturais para fora do país entre o final dessa década e o início da década de 1930. Por fim, a deterioração da situação econômica, a ascensão do antissemitismo e a chegada de Hitler ao poder tornaram insustentável a própria existência do microcosmo iidichista em Berlim.

Tal renovação do ativismo cultural em língua hebraica havia começado a tomar forma no fim da primeira década do século. Ainda assim, o desenvolvimento mais significativo se produziu sob a República de Weimar, nos primeiros anos da década de 1920. O historiador Michael

[15] A Polônia independente que surgiu após a Primeira Guerra Mundial era um Estado multinacional, composto por dois terços de polacos e um terço de alemães, ucranianos, rutenos, bielorrussos e judeus. Nos acordos internacionais assinados após a guerra, a Polônia garantiu às minorias plenos direitos civis e políticos, bem como liberdade cultural e religiosa. Apesar desse compromisso, o governo polaco tendeu a violar essas cláusulas. Isso não foi fácil para os judeus, que — ao contrário de outras minorias nacionais — não se identificavam nem contavam com o apoio de um Estado ou de uma região vizinha.

Brenner (1996, p. 198) assevera que, assim como, antes da Primeira Guerra Mundial, Berlim fora "um" centro de cultura hebraica, nesses poucos anos entre 1920 e 1924, se tornou "o" centro. Nesse breve lapso, criou-se um conjunto de editoras e revistas nessa língua.

Contudo, a praça que se firmou como o novo centro determinante da cultura iídiche foi Nova York: "Em muitos sentidos, a Nova York do entreguerras era de fato a capital da cultura iídiche, ao mesmo tempo que Varsóvia mantinha a coroa simbólica da literatura, e Vilna a tradição acadêmica", afirma o sociolinguista Dovid Katz (2008, p. 11). De acordo com os cálculos da época, 1.765.000 judeus moravam em Nova York em 1927, e parte significativa deles era imigrante da Europa Oriental de fala iídiche. Esse número representava 25% do total da população da cidade. Entretanto, como vimos, em 1931, estimava-se que viviam, dentro das fronteiras da Polônia, 3.028.837 judeus e, em sua capital, 333.354, de acordo com o *American Jewish Year Book* [Anuário Judaico Estadunidense] (1938-39, p. 534-574). Diferentemente da estagnação econômica experimentada em Varsóvia e Vilna, os judeus de Nova York começavam a viver uma paulatina ascensão socioeconômica.

A cidade estadunidense foi, desde cedo, um polo de atração para muitos intelectuais, escritores, poetas e ativistas culturais de língua iídiche. De fato, a maior parte dos grandes escritores nessa língua presentes nos Estados Unidos, se não todos, provinha do centro da cultura iídiche europeia. Alguns chegaram como autores consagrados — o caso de Sholem Aleijem —, e outros, como Isaac Bashevis Singer, se consagraram na cidade. Mesmo assim, o iídiche como língua de expressão cotidiana ou literária não estava, à semelhança do caso argentino, dentro do horizonte de expectativas da maior parte dos imigrantes nem de seus filhos. A integração à vida estadunidense e a aprendizagem do inglês eram, em contrapartida, anseios muito disseminados. Isso significa que as possibilidades de continuidade do iídiche no tempo como língua coletiva estavam fundamentalmente atadas à vida e à renovação das gerações de imigrantes.

O Holocausto, a criação do Estado de Israel e a luta política soviética

Em pouco mais de uma década, três acontecimentos reorganizaram o mapa da cultura judaica de modo drástico e irreversível: o Holocausto, a criação do Estado de Israel e, por fim, a política soviética stalinista.

Por volta do final da Segunda Guerra Mundial, a Comissão para a Reconstrução da Cultura Judaica Europeia constituiu um grupo de pesquisa especial encarregado de recensear os bens culturais judaicos destruídos pelo nazismo.[16] Ao dar por concluída sua tarefa, a última das listas publicadas enumerava os selos de língua iídiche e hebraica e de temática judaica em línguas não judaicas, que publicaram nos anos imediatamente anteriores à guerra nos países ocupados pelo nazismo (Baron, 1948). Essa "lista provisória" nos oferece uma boa imagem do universo editorial que desapareceu com o Holocausto e da inequívoca densidade cultural da Polônia como um todo e de Varsóvia especificamente. O número de selos por país, sem considerar aqui o tipo de editora nem seu tamanho, era o seguinte: 54 na Alemanha (36 em Berlim), 20 na Áustria, 5 na Bélgica, 5 na Bielorrússia, 7 na Tchecoslováquia, 2 na Cidade Livre de Danzigue, 2 na Dinamarca, 20 na França, 6 na Holanda, 7 na Hungria, 4 na Itália, 5 na Letônia e 3 na Lituânia. Vilna era considerada parte da Polônia, que contava com 302 selos, dos quais 190 funcionavam em Varsóvia. Também havia 27 na Romênia, 9 na Ucrânia e 3 na Iugoslávia.[17]

O censo polonês de 1931 informava que 80% dos mais de 3 milhões de habitantes judeus da Polônia reconheciam o iídiche como sua língua materna. A população judaica do restante dos países da Europa Oriental que, junto à Polônia, formavam o centro nevrálgico da língua iídiche (Ucrânia, Romênia, Bielorrússia, Lituânia, Letônia e a região noroeste da Rússia) perfazia, nos anos anteriores à Segunda Guerra Mundial, outros 3 milhões, aproximadamente. Não é fácil estimar o número de falantes de

---

16 A Comissão para a Reconstrução da Cultura Judaica Europeia (CEJRC) foi fundada por Morris Cohen e pelo historiador Salo W. Baron em 1944. Para mais informações, ver <http://www.aim25.ac.uk/cats/104/7869.htm>.

17 O relatório também menciona Moscou, mas, apesar de a Rússia ter sido invadida pelos nazistas, não é muito claro até que ponto as casas editoriais dessa cidade podem ser incluídas aqui, porque ela não chegou a ser ocupada.

iídiche que residiam nesses países às vésperas da Segunda Guerra Mundial, mas pode-se certamente afirmar que o centro demográfico, cultural e simbólico inequívoco da cultura iídiche foi violentamente eliminado. A reorganização geográfica pós-Holocausto foi qualitativamente diferente de todos os deslocamentos anteriores. Além de o vazio deixado não poder ser preenchido novamente, o próprio direcionamento da criação literária e intelectual se modificou. Desse modo, por exemplo, a memória surgiu como tema central na produção cultural iídiche, possibilitando gêneros literários específicos.

A criação do Estado de Israel em 1948 é tão incontornável quanto o Holocausto para se compreender a história judaica do pós-guerra. Se, bem antes dessa fundação, Tel Aviv já ocupava um lugar de crescente importância para a cultura judaica, a partir de 1948, o novo Estado se converteu num centro de indiscutível influência sobre o conjunto das comunidades judaicas do mundo. Esse êxito modificou inédita e radicalmente a lógica que imperara até então: com Israel, surgiam, pela primeira vez na história moderna, um Estado judaico e, ao mesmo tempo, um centro munido de recursos simbólicos (e, com o tempo, também materiais) superiores a todos os precedentes para difundir e sustentar a visão sionista da cultura judaica, marginalizando a diáspora.

Nos anos de organização coletiva da vida judaica na Palestina anteriores à criação do Estado, a concepção sionista que situava a dupla iídiche-diáspora no lado negativo da balança se materializou em distintos tipos de ação. Aos esforços para modernizar e difundir a língua hebraica que lá se exerciam desde as primeiras décadas do século XX, somou-se a ação de gangues que, às vezes com métodos violentos, buscavam dissuadir escritores que produziam em iídiche de continuar expondo publicamente sua língua e sua obra (Katz, D., 2004). No ato da criação do Estado, em 1948, a disputa já estava encerrada, mas a animosidade para com o iídiche continuava a se manifestar por meio de limitações à sua difusão mais ou menos veladas. Isso não impediu que, depois da chegada dos refugiados que escaparam ou sobreviveram ao nazismo, se desenvolvesse um número de empreendimentos culturais nessa língua, cuja possibilidade de existência dependia de não batalharem politicamente pelo iídiche.

No caso da União Soviética, o roteiro se prenunciara já na década de 1930. A crescente pressão que o governo soviético havia exercido sobre as expressões culturais em língua iídiche nessa década foi arrefecida durante a Segunda Guerra Mundial, mas se reavivou em 1948, quando o Estado voltou a restringir os limites de liberdade. Analogamente, o acontecimento que marcou a extinção da criação cultural nessa língua foi a execução, em 1952, de uma parcela dos mais famosos escritores, poetas e intelectuais iídiches, após terem sido condenados por "cosmopolitismo" e outras denúncias em distintas sentenças do indiscutível tribunal antissemita.

A EDIÇÃO DE "LIVROS JUDAICOS" EM LÍNGUAS NÃO JUDAICAS

Ao longo do século XIX e de parte do século XX, as políticas de nacionalização cultural empreendidas tanto nos países do Oeste e do Centro Europeu quanto nos de imigração americanos impulsionaram uma significativa parcela dos imigrantes e de seus filhos — judeus ou não — a buscarem ativamente a integração cultural por meio da assimilação idiomática. Fazer parte das línguas nacionais dos países em que habitavam, deixando de lado a própria língua, era considerado um primeiro e necessário passo para se aspirar a posições sociais e culturais de maior reconhecimento. Aliás, ainda que esse desejo não fosse tão poderoso, o aumento da interação social produzido pela paulatina entrada em distintas esferas da vida nacional levou ao deslocamento idiomático de uma geração a outra. Já a Europa Oriental oferecia uma paisagem outra. Como vimos mais atrás, até o Holocausto, essa região concentrava o núcleo histórico do iídiche, com uma alta densidade de falantes dessa língua e um entorno social e político pouco disposto a aceitar judeus em sua vida comunitária. Essas condições propiciaram o surgimento e desenvolvimento de uma ideologia que fazia do iídiche um princípio de afirmação nacional. Isso não impediu, contudo, que as línguas polonesa e russa avançassem sobre boa parte dos judeus, tanto pela atração que exerciam quanto pela inexistência de escolas públicas que ensinassem iídiche ou hebraico.

Como a queda de uma nova Babel, a travessia do iídiche rumo a uma multiplicidade de idiomas rompeu com a unidade idiomática que havia possibilitado a existência de uma geografia cultural transnacional judaica asquenaze. Novas fronteiras linguísticas, em consonância com as geografias dos Estados-nação em que esses processos de assimilação idiomática se deram, irrompiam desfazendo o território simbólico delimitado pelo iídiche. A atividade editorial foi um dos espaços em que essa mudança se materializou: a circulação direta de livros através das fronteiras foi substituída pela ação de editores e tradutores, que atuavam como mediadores ou *gatekeepers*. Com seu poder de traduzir e publicar, viabilizavam a passagem das obras de uma língua a outra, de uma geografia a outra.

As mudanças idiomáticas das edições do *Sefer HaChaim* (o Livro da Vida), de Simón Frankfurt — texto de literatura ética publicado pela primeira vez em Amsterdã em 1703, voltado a auxiliar os que cuidavam de enfermos e aconselhavam quem lidava com a morte —, são um bom exemplo da dinâmica desse fenômeno na Europa. Enquanto, no século XVIII, esse texto teve 15 edições bilíngues iídiche-hebraico, 2 em iídiche e 8 em hebraico, no século seguinte, a demanda reorientou as decisões editoriais, e foram publicadas três edições bilíngues hebraico-alemão, uma em hebraico-holandês, uma em hebraico-inglês, uma em hebraico-iídiche e outras nove em hebraico. Mesmo com as dúvidas do historiador Zeev Gries (2007) sobre a exatidão dessa informação, o contraste é contundente. A língua culta se mantinha como língua de referência, mas a de uso cotidiano — a língua popular, o iídiche — perdeu terreno dramaticamente diante da afirmação de outras identidades idiomáticas.

Nesse sentido, as experiências da Alemanha e dos Estados Unidos são fundamentais para observar esse deslocamento idiomático no espaço editorial. Alguns países acumularam uma notável produção literária judaica original em suas respectivas línguas, bem como um importante trabalho de tradução a partir do hebraico e do iídiche, que, como veremos nos capítulos 3 e 4, os transformou em referências poderosas para a cultura judaica argentina em língua castelhana.

A ALEMANHA

Dos 36 selos existentes em Berlim antes da Segunda Guerra Mundial e na supracitada lista elaborada pela Comissão para a Reconstrução da Cultura Judaica Europeia, as três editoras de língua alemã mais importantes foram a Jüdischer Verlag (Editora Judaica), a Philo Verlag (Editora Fílon) e a Schocken Verlag (Editora Schocken). A oferta da temática judaica em alemão encontrou um público em expansão depois da ascensão do nazismo ao poder em 1933. Entre esse ano e o final da década, os judeus assimilados mostraram um interesse crescente — precisamente — pelo judeu, decorrente tanto das restrições culturais impostas como da vontade de opor uma resistência espiritual, intelectual, ao nazismo. Apesar de suas diferenças, os três selos foram tratados de modo equânime em 1938, ano de seu encerramento. A barbárie antissemita que se desencadeou no que se conheceu como a Noite dos Cristais Quebrados impôs um limite intransponível.

A Jüdischer Verlag foi fundada na Berlim de 1902 a pedido de um grupo de intelectuais e ativistas sionistas: entre eles, o filósofo Martin Buber e aquele que seria o futuro primeiro presidente de Israel, Jaim Weizmann. Em 1907, a Organização Sionista, entidade que conduzia os destinos do movimento, se encarregou da editora. O selo publicou textos acadêmicos de temas judaicos, literatura judaico-alemã, obras religiosas e de pensamento sionista, assim como uma multiplicidade de traduções de literatura em hebraico e iídiche. Em 1919, a Associação Central Alemã de Cidadãos de Fé Judaica, uma instituição não sionista de perfil político e social liberal (de grande presença no meio cultural judaico-alemão), cujo objetivo primordial era o combate ao antissemitismo, cria seu próprio selo, o Philo Verlag (assim chamado em homenagem a Fílon de Alexandria, filósofo judeu-grego da Antiguidade). Seu catálogo reunia obras de combate ao antissemitismo e publicações populares sobre diversas áreas do conhecimento judaico, como filosofia, religião e arte.

Mas a Schocken Verlag foi, dentre as três empresas, a que mais transcendeu. Salman Schocken (1877-1959), seu fundador e diretor, foi um importante magnata, dono de uma cadeia de negócios, assim como famoso filantropo, bibliófilo, colecionador de arte e militante sionista. Em 1931, depois de ver as distintas tentativas de concretizar uma iniciativa editorial do movimento sionista alemão fracassarem, criou seu próprio selo, que, desde o início, foi mantido com seu patrocínio. Sua vocação filantrópica, convicção sionista e interesse pela literatura hebraica se refletiam, por exemplo, no generoso e constante apoio econômico que rendeu ao escritor hebraico S. Y. Agnon (Nobel de Literatura de 1966), que, na época, estava em Berlim. Em seus sete anos de existência, a editora publicou, na cidade, 225 títulos, ou seja, pouco mais de 30 por ano. Em seu catálogo, encontram-se os grandes nomes da filosofia judaica contemporânea alemã

(Martin Buber, Franz Rosenzweig e Hermann Cohen), obras de poesia hebraica clássica e moderna, textos educativos etc. Ademais, em função da legislação nazista que proibia que editores não judeus publicassem obras de autores judeus, e vice-versa, Schocken obteve os direitos da obra de Franz Kafka.

A Schocken Verlag foi encerrada pelos názis em 1938, depois de anos resistindo a uma legislação muito hostil e a crescentes doses de violência. À procura de um cenário mais propício para sua atividade cultural, Salman Schocken partira para a Palestina em 1934. Apesar de ter criado um novo selo em Tel Aviv e da sua fervorosa convicção sionista, anos depois, não tendo encontrado um clima receptivo para seu empreendimento no país recém-nascido, decidiu emigrar novamente. Dessa vez, o destino foi Nova York (McNamara, 2001).

OS ESTADOS UNIDOS

Por volta da segunda metade do século XIX, intelectuais, rabinos, profissionais liberais e comerciantes judeus dos Estados Unidos começaram a expressar um marcado interesse pela publicação de obras de temática judaica em inglês. Nesse interesse, dois fatores se conjugavam: a firme vocação política e cultural de difundir certas concepções do judaísmo e a atração comercial exercida pela expansão de um mercado de leitores judeus anglófonos. Assim, criaram-se instituições culturais e selos comerciais que foram introduzindo diversos temas, autores e tradições literárias judaicas na oferta literária estadunidense. De todos os selos, três merecem um olhar mais atento: a Bloch & Co., a Sociedade Estadunidense de Publicações Judaicas e, novamente, a Schocken.

Em 1855, Edward Bloch, um imigrante judeu da Boêmia que chegara adolescente ao litoral norte-americano uma década antes, funda, na cidade de Cincinnati, a gráfica e editora Bloch & Co. (Singerman, 1994-1995).[18] Quase meio século depois, em 1901, com a empresa consolidada e quando Nova York já havia tornado inquestionável seu domínio sobre

[18] A editora identifica seu ano de fundação como 1954, fazendo-o coincidir com a publicação do semanário *The American Israelite*, que manteria durante anos.

o conjunto da vida judaica norte-americana, Bloch e seu filho decidem fazer a mudança de seus negócios para essa cidade, onde se encontram até hoje. Pelo perfil de suas publicações durante ao menos o século XIX, o nome da Bloch & Co. foi identificado com o movimento reformista, corrente religiosa liberal originada na Alemanha. Assim, além de publicar um semanário em inglês dirigido pelo cunhado (o rabino Isaac Mayer Wise), Bloch editou, nesse idioma e para o movimento reformista, livros educativos, obras litúrgicas, de preces e de comentários religiosos. A demanda por esse tipo de obras se relacionou diretamente ao avanço de tal corrente religiosa nos Estados Unidos. Mas seus interesses comerciais como gráfica o levaram a ampliar seu trabalho para além dos livros e do próprio judaísmo. Entre suas vendas, incluem-se desde calendários judaicos e certidões de casamento exigidas pela tradição até envelopes e recibos comuns do cotidiano. De fato, seu maior sucesso comercial do século XIX foi a impressão de bandeiras. A abertura à língua oficial do país em que morava estava em consonância com a tradição religiosa reformista e, previamente, com a tradição do Iluminismo judaico.

Em outra cidade da Costa Leste, a Filadélfia, criou-se, em junho de 1888, a Sociedade Estadunidense de Publicações Judaicas, conhecida como JPS. Essa associação sem fins lucrativos tinha por objetivo editar literatura judaica em inglês, assim como as sociedades das distintas comunidades cristãs protestantes faziam com sua própria literatura. O movimento que desembocou na fundação dessa sociedade foi impulsionado por membros da elite judaica estadunidense, formada por migrantes da Europa Central, principalmente alemães. Também aí a matriz religiosa liberal de raiz iluminista alemã esteve presente desde o começo. Notadamente, a própria editora aponta a primeira tradução e edição judaica da Bíblia hebraica para o inglês em 1853 como um dos antecedentes fundamentais de sua existência. Já nos primeiros anos do catálogo, encontramos uma combinação de história judaica (em termos acadêmicos modernos), traduções de textos religiosos e literatura. Recém-chegado, o sionismo se fez presente, não isento de controvérsia, em 1941, com a edição de *Harvest in the Desert*, de Maurice Samuel. Até meados da década de 1960, a JPS evitou publicar títulos que tratassem do Holocausto, mas então sua postura mudou e passou a editar distintos volumes sobre o tema. As primeiras traduções de literatura iídiche para o inglês foram feitas por esse selo.

A menção da terceira editora, a Schocken Books, nos faz voltar à figura de Salman Schocken. Em 1940, ele chega aos Estados Unidos com parte de sua família e, cinco anos mais tarde, assim que faz contato com os círculos intelectuais formados por judeus alemães refugiados, decide fundar um novo selo. Seus primeiros editores foram dois membros desses círculos: Nahum Glatzer e Hannah Arendt. Uma parte substancial do fundo editorial inicial foi constituída por traduções para o inglês de títulos e autores de seu catálogo alemão, entre eles Martin Buber, Gershom Scholem, Franz Rosenzweig, Franz Kafka e Shmuel Yosef Agnon. Mas, a partir de algum momento dos anos 1950, seu acervo começa a ampliar a oferta para além do estritamente judaico (textos pedagógicos, história, crítica literária, estudos feministas e livros sobre ioga e "vida natural"). Essa decisão parece ter sido fruto de problemas financeiros que a empresa atravessava, já que, nessa ocasião, não contou com o auxílio financeiro de suas lojas. De acordo com Altie Karper, diretora editorial do selo, nas décadas de 1960 e 1970, quando Schoken já havia morrido, somente entre 30 e 40% das publicações eram compostas por livros de interesse judaico (McNamara, 2001).

A primeira e mais imediata razão para evocarmos aqui o caso da Alemanha e dos Estados Unidos como forma de nos aproximarmos da edição em línguas não judaicas é a influência que ambos tiveram sobre parte importante da diáspora. Os selos judaicos em língua alemã e inglesa foram atores fundamentais na consagração internacional de autores, livros e correntes culturais. E, como veremos nos próximos capítulos, seu crescimento também se projetou durante algumas décadas na trajetória da edição judaica em castelhano na Argentina. O segundo motivo, menos evidente, remete ao tipo de universo cultural subjacente, que ofereceu as condições para o surgimento de projetos editoriais em línguas não judaicas. Na gênese dos selos alemães e estadunidenses estudados, descobrimos uma matriz religiosa e ideológica liberal de tradição centro-europeia que permitiu a adoção das línguas de cada Estado-nação por parte dos judeus.

Nossa trajetória demonstra a força decisiva do Estado e da economia na produção e circulação de livros, para facilitar essas ações ou limitá-las. Ao lado das restrições estatais à edição, a vida cultural judaica se viu afetada de forma irreversível por acontecimentos políticos mais gerais (os pogrons, as guerras, o Holocausto e a criação do Estado de Israel). Além das condições econômicas e políticas favoráveis, para se elevar a polo de produção editorial, uma cidade ou região dependiam da existência e da dimensão de uma população judaica de leitores em potencial e de uma massa crítica de atores com saberes e capitais específicos. As correntes religiosas, os movimentos culturais e ideológicos e os partidos políticos também impulsionaram essas reorientações.

Com a substituição do iídiche pelas línguas dos Estados-nação nos quais viviam, os judeus asquenazes perderam pouco a pouco os laços idiomáticos em comum, e uma nova geografia editorial passou a prosperar, com outros centros e lógicas. Isso demandou um novo tipo de tradutores e editores, decisivo para sustentar a circulação de livros em meio a espaços linguísticos diferentes. Buenos Aires foi um dos cenários — às vezes, periférico; noutras vezes, central — em que esse complexo e dinâmico mapa se construiu.

2 O LIVRO IÍDICHE EM BUENOS AIRES

A Argentina está longe, longe do grande mundo judaico, longe dos grandes centros judaicos da Europa e da América do Norte, distância que se percebe pela imagem que fazem de nós, e distância que percebemos também em nós mesmos.

JOSÉ MENDELSON, INTRODUÇÃO À PRIMEIRA ANTOLOGIA LITERÁRIA ARGENTINA EM LÍNGUA IÍDICHE, 1919 *APUD* TOKER E WEINSTEIN, 2004

O desenvolvimento cultural e as atividades nas comunidades judaicas apresentam duas tendências discerníveis: um esforço deliberado para reter os valores culturais trazidos dos centros europeus e um movimento que busca uma amálgama bem-medida das culturas hispano-americana e judaica comparável à tendência à síntese ocorrida nos Estados Unidos. O centro produtivo desse esforço é Buenos Aires, com seus periódicos em iídiche e em espanhol de conteúdo judaico, e casas editoriais em ambas as línguas.

RELATÓRIO SOBRE A ARGENTINA DE 1945-1946, *AMERICAN JEWISH YEAR BOOK*, V. 47

A Argentina se tornou o principal centro da atividade editorial iídiche em escala mundial.

RELATÓRIO SOBRE A ARGENTINA DE 1954, *AMERICAN JEWISH YEAR BOOK*, V. 55

Fomentada pela onda imigratória que chegou ao país nas décadas de 1920 e 1930, a cena política e cultural portenha em língua iídiche viu uma rápida expansão durante o entreguerras. Tal avanço, desenvolvido em contato próximo com os centros judaicos de Varsóvia e Nova York, e cuja vitalidade se estendeu até pelo menos meados da década de 1950, teve na palavra impressa uma de suas manifestações mais conspícuas. Assim, o estudo do livro e das editoras de língua iídiche permite que adentremos numa parte essencial desse universo, assim como em suas conexões transnacionais: um mundo social e cultural formado por partidos políticos, escolas, instituições sociais, entidades culturais e pequenas empresas comerciais, além de por livreiros, editores, escritores, intelectuais, filantropos e mecenas. Analogamente, essa aproximação nos permite questionar as funções atribuídas ao livro como instrumento de disputa política dentro do campo judaico e como meio de preservação e afirmação de uma identidade cultural distinta.

Este capítulo se divide em três partes. Primeiramente, reconstruímos as orientações mais gerais da esfera cultural iídiche de Buenos Aires; em especial, do setor mais próximo da palavra impressa e seus modos de articulação transnacional. Partindo desse panorama, a segunda parte se concentra na edição local do livro iídiche durante o entreguerras. A terceira e última procura compreender as transformações que fizerem de Buenos Aires um dos principais polos editoriais nessa língua durante as duas décadas posteriores à Segunda Guerra Mundial.

A CULTURA IÍDICHE DE BUENOS AIRES

Este capítulo aborda o universo cultural de fala iídiche de Buenos Aires. Consequentemente, ainda que nosso tratamento aqui seja genérico, nos referimos a uma parcela da comunidade judaica. Ou seja, aos provenientes das Europas Oriental e Central, cuja língua de origem era o iídiche. Embora os judeus de origem asquenaze tenham sido majoritários na migração judaica — mais de 80% do total — e a grande maioria deles falasse iídiche, é muito difícil quantificar o número de pessoas que de fato falavam e liam nessa língua num dado momento. O arco temporal de chegada dos judeus asquenazes ao país é muito longo: desde o final do século XIX até a década de 1940, estendendo-se até além desse período, apesar de timidamente. Esses fluxos deram forma a um espaço social importante e muito visível a partir de seu deslocamento primordial nos bairros portenhos Once e Villa Crespo. A ênfase nessa corrente imigratória é fundamental para compreender esse universo, já que a vida social, cultural e política nessa língua foi condicionada pela presença de imigrantes. O que é certo é que, mesmo com os esforços educativos para reproduzir o iídiche nas novas gerações, os resultados foram limitados. A assimilação idiomática operada pela escola pública estatal e os embates entre hebraístas abalaram as possibilidades de preservação do iídiche ao longo do tempo.

O IÍDICHE NA VIDA JUDAICA ARGENTINA

Paralelamente ao uso dessa língua como veículo de comunicação cotidiano dos imigrantes, Buenos Aires contou com diversas organizações e espaços sociais, culturais e políticos que, com seus contrapontos e diferenças, ampliaram e impulsionaram a produção cultural em iídiche. Algumas dessas organizações inclusive reivindicaram e promoveram o iídiche como elemento identitário fundamental do judaísmo. A existência, as possibilidades e os limites do livro iídiche na Argentina estiveram indissociavelmente ligados à evolução de alguns desses espaços: as sociedades de conterrâneos, os partidos políticos, as bibliotecas, as redes educacionais e a imprensa.[1]

Uma das primeiras formas de organização dos judeus que se radicaram em Buenos Aires foram as sociedades de conterrâneos, ou seja, agrupações de imigrantes reunidos em função do lugar de origem. Numa primeira etapa, que se iniciou na década de 1910, as organizações se estabeleceram de acordo com o povo, cidade ou região de origem. Num segundo momento, criaram-se federações de imigrantes reunidos de acordo com regiões mais extensas da Polônia, Galícia, Lituânia e Bessarábia (atualmente, parte da Moldávia); tais federações tenderam a encampar as sociedades constituídas no primeiro período. Por último, e simultaneamente à segunda etapa, essas associações se uniram no governo do centro comunitário de origem asquenaze mais importante do país, a Jevrá Kadishá (Piedosa Sociedade de Enterros), posteriormente chamada de Associação Mutual Israelita

1 Devido à sua importância na cultura iídiche da cidade, poderíamos acrescentar o teatro a essa lista. No entanto, privilegiamos aqui as áreas que tiveram um impacto direto e substantivo na produção e circulação de livros. Sobre isso, ver Skura e Slavsky (2004) e Hansman, Skura e Kogan (2006). Sobre o teatro em geral em Buenos Aires durante os anos 1920, ver González Velasco (2012).

Argentina, a Amia, lugar donde alcançaram considerável influência sobre o conjunto da vida judaica.[2] Os judeus da Europa Oriental foram muito prolíficos na criação desse tipo de sociedade. Em 1946, por exemplo, ao lado da Sociedade Húngara Israelita na Argentina, da União Israelita da Bessárabia, da União Israelita da Galícia e da União Israelita Polonesa (a mais forte e sólida), existiam 22 uniões de residentes de distintas cidades e povoados da Polônia, de acordo com o *Guía Anual Israelita* [Guia Anual Israelita] (1946, p. 42-43). Essas associações, dentre as quais algumas se destacam, como a União Israelita Polonesa ou a futura Amia, desempenharam um papel-chave na produção editorial iídiche.

Junto a elas, consolidaram-se diferentes agrupações políticas que promoviam visões alternativas do judeu e disputavam a adesão da crescente comunidade. Criadas nas primeiras décadas do século XX, essas organizações receberam um novo impulso nos anos 1920 e 1930, com a onda imigratória da Polônia, núcleo central da política judaica moderna no entreguerras. A cena política comunitária de Buenos Aires se definiu em função dos acontecimentos e processos políticos internacionais e das mudanças de posicionamento ideológico de seus correspondentes no estrangeiro, bem como em função das disputas locais e dos vínculos com o poder político argentino. Essa dinâmica impede de reduzir tanto a história política argentina quanto a judaica e de sustentar uma definição única e invariável no tempo de cada partido e tendência. Contudo, a "*calle judía*" — a "rua judaica"[3] se caracterizou, ao menos até a década de 1950, por dois traços fundamentais. Primeiramente, pela natureza secular das ideologias dominantes. As expressões políticas religiosas de que participaram estavam muito longe de ter força e influência sobre os laicos, tanto que a vida política e cultural judaica em Buenos Aires, pelo menos até os anos 1960, se definiu mais pela marginalidade ou ausência da dimensão religiosa que por sua presença. Em segundo lugar, pela centralidade do iídiche como veículo de expressão política, ainda que seu valor como

---

2 Para uma análise das sociedades de residentes da Polônia na Argentina, ver Bargman (2011).

3 Essa denominação, extraída da experiência europeia, foi amplamente utilizada pelos judeus argentinos para designar o espaço público da comunidade onde aconteceram as principais lutas políticas e os principais acontecimentos públicos relevantes.

referente identitário fosse um dos elementos em disputa. Os periódicos, livretos e livros, importados ou publicados no país, constituíram um aspecto decisivo dos combates políticos comunitários.

As bibliotecas — um dos temas tratados no capítulo 6 — desempenharam um papel central na difusão do livro iídiche na cidade até pelo menos meados da década de 1940. Por intermédio delas, os leitores judeus de Buenos Aires, que, em sua maioria, contavam com recursos econômicos limitados, podiam ter, com relativa facilidade e a um custo muito baixo, acesso a obras literárias e políticas publicadas nos principais centros do mundo. Além disso, estava em seu alcance um repertório de atividades artísticas e literárias que contribuíam para promover a leitura e reafirmar o papel do livro como portador de cultura. Assim como as demais bibliotecas populares que se multiplicaram em Buenos Aires ao longo do mesmo século, sua criação, desenvolvimento e até mesmo desintegração estavam ligados às associações culturais, instituições sociais, escolas e partidos políticos judaicos (Gutiérrez; Romero, 2007).

Outro espaço-chave na recriação da língua e da cultura iídiches foram as escolas.[4] A partir da década de 1920, os partidos e organizações políticas sionistas, bundistas e comunistas criaram suas próprias redes educacionais, vinculadas aos centros poloneses e lituanos. De lá provinham não apenas os modelos, como também parte dos professores e dos textos. Enquanto, na rede educacional comunista, a especificidade étnica era apresentada em termos de língua e cultura, mas não de nação (ou pelo menos não diretamente), nas redes bundista e sionista, o componente nacional era um dos principais norteadores de suas ideologias educacionais. Até a década de 1960, as escolas judaicas foram complementares; em outras palavras, as aulas eram dadas à tarde, depois que os estudantes saíam de suas aulas matutinas da educação estatal. Em 1951, Buenos Aires registrava 53 escolas primárias, 2 secundárias e cerca de 28 jardins de infância (Shatzky, 1952, p. 46). É preciso elucidar que se tratava de instituições menores, nada equiparáveis às atuais. A proporção de alunos judeus, comparada ao tamanho da comunidade, não costumava ser muito elevada. Bension Benshalom, um emissário sionista ao Cone Sul, destacava que,

---

4 Uma análise exaustiva do desenvolvimento da educação judaica em Buenos Aires entre 1935 e 1957 pode ser encontrada em Zadoff (1994).

por volta de 1952, as 11 mil crianças que frequentavam o sistema escolar judaico em todo o país representavam tão somente 15% do total em idade escolar (Benshalom, 1954, p. 31). Com o fortalecimento do sionismo e dos movimentos hebraístas no país e com o paulatino declínio da força política dos defensores do iídiche depois do Holocausto, a presença dominante dessa língua e do ideal iidichista nos programas educativos da rede escolar começou a ser substituída pelo hebraico.

Em último lugar, a imprensa periódica iídiche constitui uma esfera especialmente significativa para compreender a produção e circulação de livros. Para isso, ao menos dois motivos são válidos. Além de ter funcionado como uma das pontes que uniu a vida cultural judaica iídiche de Buenos Aires com o restante do mundo, possibilitando que o leitor conhecesse os últimos desenvolvimentos e debates intelectuais e literários fora do país,[5] as redações de periódicos e revistas foram lugares privilegiados de formação e trabalho de escritores e intelectuais. Os números revelam a importância dessas obras em língua iídiche em Buenos Aires. Segundo Francis Korn (1974, p. 169), o número de publicações periódicas judaicas editadas em Buenos Aires entre 1920 e 1930 supera, em termos absolutos, a quantidade desses mesmos impressos vindos de outras origens: eram 6 diários e 18 revistas, ultrapassando, respectivamente, 3 e 15 na Itália, ou 4 e 11 na Espanha. Apesar de a língua não ser o iídiche em 100% dos casos, ela continuava tendo uma incidência determinante no conjunto. Entre 1898, ano da publicação do primeiro periódico judaico no país, e 1989, identifiquei cerca de 150 publicações periódicas dos mais variados tipos e com as mais diversas durações, exclusivamente em iídiche, e pelo menos 28 bilíngues, em iídiche e castelhano.[6]

---

5 Yehuda Levin (2009) se refere a esse ponto ao analisar os debates no seio dos conselhos diretores das bibliotecas das colônias agrícolas judaicas no início do século XX.

6 O estudo abrangeu uma vasta gama de formatos (inclusive uma porção de boletins), frequências e durações, uma significativa diversidade ideológica (integracionismo liberal, sionismo, sionismo socialista, bundismo, anarquismo, comunismo) e temática (informação geral, política, cultura, cooperativismo), que apontava para diferentes públicos (por exemplo, crianças), heterogeneidade à qual se acrescentaram tipos e graus variáveis de independência ou filiação institucional.

Em um breve relatório preparado em 1947 sobre a situação das comunidades judaicas na América Latina e sobre que passos seguir para o desenvolvimento do sionismo, Natan Bistrizky, representante de um dos fundos de arrecadação de recursos sionistas, informava que tais comunidades não dispunham de um número suficiente de intelectuais e eruditos que as guiaram e orientaram (Bistrizky, 1949, p. xii). Encontravam-se nelas, ao contrário, um culto à ostentação, uma irreprimível "necessidade de destacar-se", tanto no âmbito individual quanto no comunitário. Nesse contexto, a Argentina oferecia uma faceta um pouco menos superficial: "Por essa população ser maior e a quantidade de seus membros aumentar constantemente, ela contou com intelectuais ou pessoas de ambições superiores em proporção maior que as outras populações" (Bistrizky, 1949, p. 29). O que o país muito provavelmente presenciou durante esse período foi a intensa atividade que um conjunto de homens de letras realizava em distintos níveis da vida comunitária: na fundação e direção dos partidos, na criação de bibliotecas, no impulso à rede escolar e à formação de professores e na edição de revistas e periódicos. Com efeito, essas figuras, que podiam ser consideradas, simultânea ou alternadamente, intelectuais, escritores, jornalistas, ativistas políticos e agentes culturais, criaram uma série de instituições culturais específicas que funcionaram como espaços de socialização e bases de lançamento para seus projetos intelectuais. E, como veremos, tornaram-se fundamentais para o desenvolvimento da produção editorial iídiche no pós-guerra.

Toda cidade com uma cultura iídiche que se prezasse contava, nesse momento, com uma união de escritores ou de escritores e jornalistas. Tanto quanto as redações de jornais e revistas, destaca-se, em primeiro lugar, a Sociedade de Escritores e Jornalistas Israelitas da Argentina H. D. Nomberg. Criada em 1922, depois da visita do escritor e ensaísta Hersh Dovid Nomberg, que à época era um dos principais agentes da mítica Sociedade de Escritores e Jornalistas Judeus de Varsóvia — mais conhecida por seu endereço, Tlomatskie, 13 —, ela sobreviveu, já muito combalida em seus últimos anos, até o começo da década de 1980.

Em 1924, momento de franca expansão da imprensa iídiche e da chegada de imigrantes com mais experiência no mundo das letras, criou-se o grupo literário Zeglen (Velas de Barco), que editou revista homônima, tendo lançado apenas dois números. A relevância histórica desse grupo se baseia mais no que ele pretendia ser do que no legado efetivamente deixado. O Zeglen irrompeu no espaço cultural judaico de Buenos Aires como uma iniciativa que buscava "libertar os escritores da hegemonia dos jornalistas e a literatura da influência da imprensa, no sentido de modernizar e refinar a forma e o estilo do iídiche" (Rollansky, 1940 *apud* Prager; Greenbaum, 1982, p. 5).[7] Essa experiência joga luz sobre a vontade de alguns escritores (ou de jovens em busca de serem) de abrir caminho para a autonomização do espaço literário.[8] De fato, impediam a entrada nele de qualquer pessoa que trabalhasse na redação de algum dos jornais iídiches de Buenos Aires. O iidichista Leonard Prager explica que o encerramento da revista e o veloz desaparecimento do grupo se deveram a conflitos intergeracionais, mesmo que, destaque-se, fosse altamente questionável a exequibilidade de sua continuação com independência da todo-poderosa presença dos jornais (Prager; Greenbaum, 1982), que contavam com recursos materiais dos quais esses escritores careciam e dos quais, dadas as condições da produção cultural iídiche do momento, dificilmente poderiam prescindir.

Como foi apontado no capítulo anterior, em 1928, funda-se o IWO, instituição promovida por um grupo de ativistas que ia ao encontro dos propósitos do Instituto Científico Judaico, com sede em Vilna. Ao instituir-se como um polo de investigação e difusão acadêmica de linguística, história, sociologia e antropologia do mundo asquenaze, esse órgão se construiu como a mais elevada e inovadora expressão do iidichismo. Sua biblioteca, criada em 1939, ocupou lugar central no meio cultural iídiche de Buenos Aires.

Em 1941, fundou-se a Federação Cultural Judaica, mais conhecida como Icuf. Formada por instituições sociais e culturais vinculadas ao Partido Comunista Argentino, foi criada como expressão local da associação cultural homônima inaugurada na Paris de 1937, no calor do Congresso de Escritores Antifascistas, promovido como ação do novo posicionamento

---

7 Samuel Rollansky foi um dos criadores do grupo e o editor da revista.

8 Sobre a noção de "campo literário", ver Bourdieu (1996).

favorável a "frentes populares" levado a cabo pela Internacional Comunista em 1935. Entre os objetivos declarados no congresso de fundação da Icuf, constavam: "Preocupar-se com a ampliação, aprofundamento e enriquecimento da cultura judaica laica e progressista, bem como com o estímulo a seu crescimento, contribuindo com a justiça social e com a igualdade" (*apud* Kinoshita, 2000, p. 383-384). A eclosão da guerra implicou a mudança do Comitê Internacional da Icuf de Paris para Nova York, bem como uma maior autonomia dos comitês nacionais, entre eles o de Buenos Aires, para com o comitê central.[9]

Depois do Holocausto, a atividade cultural em língua iídiche inesperadamente decolou. Um dos motores dessa propulsão foi a seção argentina da Associação Pró-Cultura Judaica — Altveltlejer Idisher Cultur-Congres, mais conhecida por sua forma abreviada, Cultur Congres. Fundada em 1948, depois de uma convenção territorial que reuniu 50 instituições de educação e cultura judaica na Argentina, funcionou como seção local da entidade homônima criada em Nova York no mesmo ano, para onde uma delegação local liderada pelo escritor Iosef Horn havia seguido. Seu objetivo explícito era zelar e difundir a cultura e os valores do judaísmo do Leste Europeu, com vistas ao não apagamento da memória depois da Shoá. Além de seu trabalho editorial, que, por si só, lhe garantiu reconhecimento fora do país, desenvolveu uma agenda de atividades e prêmios anuais que funcionaram como instâncias de legitimação e consagração para a criação literária em iídiche.

Esse mapeamento não poderia deixar de mencionar a fundação da Jevrá Kadishá, rebatizada como Amia em 1941. Desde a sua criação, no final do século XIX, e graças ao controle sobre os enterros da crescente comunidade asquenaze, essa instituição conseguiu acumular recursos materiais e simbólicos que a destacaram do restante das entidades judaicas. Como parte de sua crescente concentração de funções, expandiu suas atividades para o campo da cultura. Um dos acontecimentos centrais dessa ampliação foi a organização, desde 1947, do Mês do Livro Judaico, ao qual nos referiremos detalhadamente no último capítulo.

---

9 Sobre a história da ICUF na Argentina, ver Nerina Visacovsky (2009) e Israel Lotersztain (2014).

Essa resenha, que se propunha a destacar as principais organizações e espaços da cultura iídiche ligados à palavra impressa, foi animada pela atividade institucional e pelo trabalho intelectual de um vasto leque de pessoas cuja heterogeneidade torna difícil delinear um perfil satisfatório. Entretanto, pode-se evitar esse obstáculo, até certo ponto, por meio da análise da informação que a bibliografia de escritores iídiche na Argentina preparada por Weinstein e Toker (2004) disponibiliza. Essa obra identifica 127 autores que publicaram pelo menos um livro de narrativa ou crítica literária em iídiche no país. Do conjunto de escritores, somente quatro nasceram na Argentina. A origem dos demais se distribui da seguinte forma: 15 da Ucrânia, 13 da Rússia, 13 da Bessarábia, 8 da Lituânia, 5 da Bielorrússia, 2 da Romênia, 1 da França e 66 da Polônia. Em outras palavras, dois terços vieram deste último país. Em consonância com as correntes migratórias, entre 1891 e 1920, chegaram 31 desses autores, em sua maioria da área oriental do Leste Europeu (Rússia, Ucrânia, Bielorrússia e Moldávia), e, desde o começo da década de 1920, predominaram os provenientes da Polônia. Por outro lado, assim como poucos foram os nascidos no país que escreveram ficção em iídiche, foram também muito poucos os que, chegados quando crianças, escreveram nessa língua. O fato de a grande maioria ter chegado com mais de 18 anos indica que a educação e a formação no ambiente iídiche europeu foram condição fundamental para que logo se dedicassem às letras nessa língua. Isso revela a dependência da vida cultural iídiche em Buenos Aires para com a imigração do Leste Europeu, ou também, o que é outra forma de dizer, a dificuldade dessa cultura de se recriar no país, além da idade dos imigrantes.

Dentre os numerosos nomes que deram forma a esse panorama da cultura iídiche, destacam-se alguns que vemos repetidos em distintas iniciativas culturais: Jacobo S. Liachovitzky (1874, Polônia-1937, Buenos Aires), Jacobo Botoshansky (1895, Bessarábia-1964, África do Sul, durante uma agenda de evento acadêmico), José Mendelson (1891, Ucrânia-1969, Buenos Aires), Samuel Rollansky (1902, Polônia-1995, Buenos Aires), Simja Sneh (1914, Polônia-1999, Buenos Aires), Marc Turkow (1904, Polônia-1983, Buenos Aires), Pinie Wald (1886, Polônia-1966, Buenos Aires), Tzalel Blitz (1909, Lituânia-1986, Buenos Aires) e Pinie Katz (1882, Ucrânia-1959, Buenos Aires). Não há uma trajetória representativa do conjunto. Contudo, alguns itinerários podem fornecer uma imagem, aproximada que seja, das formações culturais, adesões políticas e deslocamentos geográficos dessas pessoas.

Tomemos como exemplo a trajetória de Jacobo Botoshansky. Antes de chegar a Buenos Aires, participou do socialismo russo, colaborou em jornais em iídiche e russo, escreveu peças de teatro e foi preso na Romênia por sua atividade política. Chegou à Argentina em 1923, mas se radicou definitivamente em 1926 a pedido do jornal *Di Presse* (A Imprensa), onde atuava como coeditor. Foi também editor da revista literária *Oyfgang* ("Ascensões" em iídiche), escreveu tragédias, aderiu ao sionismo socialista e, entre suas diversas atividades, foi presidente da Sociedade H. D. Nomberg. Outra trajetória de destaque é a de Samuel Rollansky, que estreou como escritor com alguns contos no jornal *Di Presse* em 1923 e, no ano seguinte, participou da criação do grupo e da revista literária *Zeglen*, da qual foi diretor. Desde 1928, integrou a redação do *Di Idishe Tzaitung* (O Diário Judaico), tendo se especializado na crítica literária e teatral. Foi membro ativo da Associação de Apoio às Escolas Laicas Israelitas na Argentina, ocupando cargo de diretor entre 1933 e 1934. Foi fundador e secretário da Sociedade de Escritores e Jornalistas Judeus de Varsóvia e criou a biblioteca do IWO em 1939, da qual foi diretor por muitos anos. No período de 1957 a 1984, foi editor da coleção de livros Musterverk fun der Idisher Literatur (Obras-Primas da Literatura Iídiche) e, entre outras atividades, docente do Seminário para Professores Hebraicos da Amia.

Por fim, levando em conta a militância política, o nome que sobressai é o de Pinie Katz, que chegou à Argentina em 1906 e trabalhou desde cedo em jornais de esquerda. Exerceu diversas ocupações: foi professor das escolas da JCA; colaborou com as edições iniciais do *Di Idishe Tzaitung*, mas, em 1918, fundou o *Di Presse*, jornal concorrente de orientação progressista; esteve entre os fundadores do Icuf; e, em termos literários, foi, além de reconhecido ensaísta, um prolífico tradutor de obras do castelhano para o iídiche. Militou ativamente na esquerda pró-soviética.

1952: A CHEGADA DOS ÚLTIMOS IIDICHISTAS[10]

O mesmo emissário sionista mencionado mais atrás se surpreendera, em 1947, diante da constatação (a) de que não existia "nenhum esforço, por parte dos judeus da América Latina, de se beneficiarem nem mesmo com

---

10 Para um estudo detalhado desse caso, ver Dujovne (2011).

alguns poucos desses refugiados", em referência "ao fluxo de refugiados, entre os quais intelectuais e pessoas com instrução acadêmica, fugidos da Europa", e (b) de que somente os Estados Unidos se preocuparam em absorvê-los (Bistrizky, 1949, p. 50). Isso, até certo ponto, se reverteu de modo tardio no caso argentino, quando, em 1951, um conjunto de instituições culturais e políticas locais conseguiu, com a colaboração de uma organização internacional de migração judaica, a admissão de cerca de 30 escritores, ensaístas e jornalistas que ainda moravam em Paris como refugiados.[11]

No momento de sua chegada, a maior parte desses imigrantes tinha entre 40 e 50 anos, embora também houvesse um número substancial com mais de 50. A maioria havia nascido na Polônia, alguns em Varsóvia, mas também existiam judeus da Lituânia, Romênia e Ucrânia. Apesar de muitos terem emigrado da Argentina antes do final da década de 1950, muitos outros se radicaram definitivamente no país. Dentre as profissões e atividades que desempenharam na Europa Oriental antes da guerra, e mais tarde em Paris, destacavam-se, pela sua proporção, as de escritor, jornalista e editor. A maior parte desse grupo de imigrantes foi rapidamente integrada por diversas instituições e projetos culturais, o que redundou em maior densidade e vitalidade à cena cultural judaica local. Vejamos o percurso institucional de algumas dessas figuras desde o momento de sua chegada ao país.[12]

Pinjas F. Mintz (1895, Polônia-1962, Argentina) foi membro da Bund, do conselho da escola bundista I. L. Peretz e, nesse espaço, participou do selo Idbuj (Livro Judaico). Foi, além disso, vice-presidente do Cultur Congres e membro do conselho diretor da Amia. Por sua vez, o escritor e tradutor Abraham Zak (1891, Polônia-1980, Argentina) presidiu a Sociedade de Escritores e Jornalistas Israelitas da Argentina H. D. Nomberg e atuou no Cultur Congres. Mardoqueo W. Bernsztein (1905, Polônia-1966, Estados Unidos) foi secretário e bibliotecário do IWO e investiu um notável

---

11 A satisfação com esse feito não foi sem ambiguidade aos olhos dos judeus norte-americanos, que continuaram a ver a Argentina como um refúgio de criminosos nazistas. Ver *American Jewish Year Book* (1953, v. 54, p. 203). Para uma análise mais ampla da entrada de alemães nazistas na Argentina, ver Rein (2001).

12 Aqui nos guiamos pela informação fornecida por Weinstein e Toker (2004).

trabalho na produção cultural da Bund até que emigrasse a Nova York no final da década de 1950. O poeta Isaac Janasowicz (1909, Polônia-1990, Israel) foi secretário do Cultur Congres e presidente da mesma Sociedade de Escritores e Jornalistas. Politicamente, atuou no partido sionista socialista MAPA'I. Em 1972, emigrou para Israel. Betzalel Terkel (1909, Polônia-1961, Argentina) também militou no MAPA'I, assim como no IWO e no sindicato de escritores judeus. Meilach Ciemny (1910, Polônia-s. d., Israel), outro integrante desse contingente, foi editor da revista literária *Blitzn*, coeditor do *Di Idishe Tzaitung* e colaborador do *Di Presse*. Baruj Haguer (1898, Polônia-1985, Argentina) integrou o Departamento de Cultura da Amia e foi um dos responsáveis pelo Mês do Livro Judaico, que essa entidade promoveu por muitos anos. Em paralelo a essas atividades, todos eles, assim como outros que não mencionamos aqui, continuaram escrevendo e publicando seus textos em jornais, revistas e livros, tanto dentro quanto fora da Argentina.

INDICADORES DO DECLÍNIO DO IÍDICHE

Esse arco de espaços, instituições e agentes fomentou e propiciou a cultura iídiche em Buenos Aires. Contudo, o entorno social, cultural e econômico cotidiano em que a vida judaica se desenrolava no país, bem como a política de nacionalização idiomática lançada pelo Estado argentino desde o final do século XIX por meio da educação, deixou uma margem muito estreita para a manutenção do iídiche. De fato, como já adiantamos, a sobrevivência dessa língua se subordinava, fatalmente, à chegada de novos imigrantes. Nesse sentido, reconstruir a trajetória do livro iídiche exige ter em mente tanto as esferas nas quais essa língua ocupou um lugar primordial quanto os condicionantes estruturais que limitaram seu desenvolvimento e a temporalidade em que foi perdendo sua centralidade na vida judaica argentina.

Em seu estudo sobre a Argentina dos anos 1950-1951, Shatzky (1952, p. 51) reconhece que, nas "relações com esses hóspedes estrangeiros, se conclui logo que a juventude judaica argentina entende muito mais o idioma iídiche que a juventude norte-americana, embora não o fale". Algumas páginas à frente, fornece uma imagem um pouco menos animadora da sobrevivência dessa língua: "Depois de 60 anos de construção e desenvolvimento, o idioma iídiche e sua cultura não se converteram em bens próprios da geração nascida no país, tampouco do judeu adulto" (1952, p. 60). Tais observações correspondem com um momento crucial do processo de deslocamento idiomático coletivo. A sensível redução do número de novas publicações periódicas exclusivamente em iídiche entre 1950 e 1953, bem como o gradativo encerramento das existentes, evidenciou o momento em que o ídiche passa a ceder, na balança idiomática, ao castelhano. Shatzky (1952, p. 51) registra que, por volta de 1950, se estimava que 40% dos leitores do jornalismo judaico liam exclusivamente em iídiche e 60% em iídiche e castelhano, enquanto 40% da população judaica lia apenas a imprensa nacional, ou seja, jornais como *La Nación* [A Nação], *Crítica* ou *La Prensa* [A Imprensa]. Para além da exatidão ou não desses números, sua percepção não parece ter sido muito equivocada. Os periódicos e revistas que sobreviveram a esse período demonstram que, ao menos até meados da década de 1970, continuou a existir um núcleo de leitores em língua iídiche de relativa importância.[13] Os grandes jornais que marcaram o ritmo da vida iídiche no país, *Di Idishe Tzaitung* e *Di Presse*, pararam suas máquinas, respectivamente, em 1974 e 1993, sendo que o *Di Presse* já estava isolado e, então, era impresso apenas semanalmente.[14]

Esse deslocamento idiomático estava em parte ligado aos combates ideológicos e políticos entre defensores do iídiche, do hebraico e do castelhano. O historiador Efraim Zadoff atribui a consolidação do hebraico a uma mudança nas condições do entorno: por um lado, os alunos chegavam à escola com cada vez menos conhecimento do iídiche trazido de suas casas; por outro, era criado o Estado de Israel, com a adoção do hebraico como idioma oficial. O triunfo político e cultural do sionismo implicou

---

13 Nas suas memórias, Gregorio Fainguersch, recorda que, na sua segunda presidência na Amia, entre 1969 e 1972, pela primeira vez o castelhano começou a se misturar com o iídiche nas sessões do conselho diretor (FAINGUERSCH, 1992). Este é, sem dúvida, um sinal para uma instituição historicamente dominada por um setor que, embora fervorosamente sionista a partir dos anos 1950, fez do iídiche uma parte central da sua identidade cultural na Argentina.

14 Em 1977, o *Di Presse* começou a publicar um semanário em castelhano, *Nueva Presencia* [Nova Presença], cujo nome é lembrado pelo seu compromisso com os direitos humanos durante a ditadura militar de 1976-1983.

a imposição dessa língua na rede educacional e sua elevação a marco identitário nacional de uma ampla fatia dos judeus argentinos, o que acelerou o afastamento do iídiche. De todo modo, apesar dessas disputas e investimentos materiais a favor do hebraico, a verdade é que não parece ter existido, a longo prazo, uma margem real para que o iídiche sobrevivesse ante o castelhano.

A oposição à língua dos pais foi uma causa recorrente das rupturas e disputas intergeracionais ao longo do tempo, mesmo que somente em certo sentido tenham equivalido. O iídiche que os jovens colonos deixavam para trás quando, nas primeiras décadas do século XX, partiam para a cidade em busca de um título universitário não era o mesmo que os filhos dos imigrantes poloneses abandonariam nas décadas de 1940, 1950 e 1960. Se, no começo do século, os jovens colonos se distanciavam de uma língua que os remetia fundamentalmente ao velho império czarista e a seus pais imigrantes, os segundos se rebelavam contra uma língua já renovada por expressões literárias modernas, carregada de um novo valor ideológico como marco de identidade nacional e identificada como a língua falada pelas vítimas do Holocausto. Mas, à mesma época, também ressignificada pelo poderoso confronto do sionismo. Enquanto, no primeiro caso, a oposição ao iídiche se fundava sobre a busca de uma integração rápida e bem-sucedida à cultura e à sociedade argentinas, no segundo caso, a oposição era, em partes, uma das formas da militância sionista. Assim, na década de 1960, os jovens sionistas argentinos eram capazes de interromper a gritos uma reunião ou evento quando um orador ousava falar na velha língua da Europa Oriental.[15]

A LITERATURA IÍDICHE NO PAÍS

Apesar de extrapolarmos muito o propósito e as possibilidades deste livro ao nos determos na análise literária da ficção, poesia e crítica literária em língua iídiche, gostaríamos de destacar algumas questões, do ponto de vista sociológico, uma vez que esses gêneros desempenharam um papel fundamental no desenvolvimento da produção cultural e editorial nessa

15 Sobre o conflito intergeracional, ver Krupnik (2011).

língua no país. Há inclusive quem tenha notado, para além da profusão e singularidade da literatura iídiche local, a demonstração da existência de uma literatura diferenciada. Em 1947, Pinie Katz afirmou:

> É muito possível que, na Argentina, os judeus sejam o único grupo nacional imigrante que criou uma literatura própria em seu idioma. [...] Aqui também se escreve em outras línguas estrangeiras — italiano, alemão, inglês, francês e russo —, mas sem pretensões de se estabelecer uma literatura à parte, como é o caso do iídiche (*apud* TOKER, 2003, p. 24).[I]

O vácuo acadêmico contemporâneo no que concerne à produção literária iídiche na Argentina mostra, contudo, algumas exceções notáveis nos trabalhos de Eliahu Toker (2003), Toker e Weinstein (2004), Alan Astro (2003, 2006), Susana Skura (2007) e Perla Sneh (2012).

Parafraseando Bernardo Verbitsky, Toker intitula uma antologia de traduções de *El ídish es también Latinoamérica* (O iídiche também é América Latina), com dois propósitos. Por um lado, indicar ao leitor hispanofalante que parte da experiência social e cultural do subcontinente ganhou sua expressão dentro da tradição literária em iídiche (Toker, 2003). Entretanto, essa dupla inscrição se vê limitada pela língua. A menos que os textos tivessem sido traduzidos para o castelhano, ou quiçá comentados nessa língua, seu público estava inevitavelmente restrito ao universo de leitores em iídiche. Astro dá mais detalhes disso ao estudar os modos como a língua condicionou a escrita:

> Em termos práticos, os judeus se sentiram completamente livres para expressar suas insatisfações em iídiche. Os alvos eram suas próprias elites rabínicas e econômicas, os personagens criminosos entre seus correligionários, e também os gentios como grupo — fossem como antissemitas prontos a se tornarem violentos, fossem como depositários de uma inimizade religiosa ancestral. Em iídiche, os judeus não tinham que fazer apologia a nada, ao passo que, ao escreverem em línguas gentias, tendiam a ter agendas específicas (ASTRO, 2003, p. 7).[II]

Por outro lado, Astro destaca dois traços que contribuiriam com uma sociologia da literatura iídiche na Argentina e na América Latina em geral. Em primeiro lugar, salienta a existência de uma especificidade temática ligada à experiência concreta da imigração e de instalação judaica que se soma às grandes questões da literatura iídiche, às quais os escritores radicados nessa região também se voltam. A singularidade temática regional seria garantida: (a) pela luta contra a presença e influência da rede de proxenetas judeus, que foi erradicada da Argentina em 1930; (b) pela descrição e crítica da experiência nas colônias agrárias judaicas; (c) pelas relações entre judeus e membros de grupos não europeus; (d) pela ambivalência de residir num território outrora dominado pela Inquisição; (e) pelo comércio judaico de artigos religiosos católicos; e (f) pelo rápido aburguesamento dos imigrantes judeus.

A singularidade literária local se desdobrara basicamente com o tratamento desses temas, mas não — e esse é o segundo elemento destacado por Astro — por meio de uma proposta estética inovadora, como ocorreu em Nova York com a experimentação linguística e poética das vanguardas das primeiras décadas do século XX. Esses novos temas foram tratados por meio de formas e gêneros consagrados nos centros. De fato, como arrisca Astro, seria até mesmo possível falar de certo empobrecimento lexical e sintático em comparação às correntes mais avançadas da literatura iídiche. Essas afirmações remetem diretamente aos problemas centrais da sociologia da literatura, como as lógicas de circulação e recepção de bens simbólicos entre centro e periferia.[16]

BUENOS AIRES NA GEOGRAFIA TRANSNACIONAL DO LIVRO IÍDICHE

A análise da composição dos setores iídiches das bibliotecas particulares de dois homens que tiveram distinta participação na vida comunitária judaica de Buenos Aires — Boris Vainstoc (1910, Bessarábia-2002, Buenos

[16] A esse respeito, ver Schwarz (1973), Moretti (2000, 2003) e Jurt (2007b).

Aires)[17] e Tobías Kamenszain (1918, Polônia-2000, Buenos Aires)[18] — é um excelente ponto de partida para indagar o instável lugar de Buenos Aires na produção e circulação editorial nessa língua. Em ambas as bibliotecas, os livros provenientes de Buenos Aires são os que ocupam, fisicamente, mais espaço, seguidos, com folga (e não necessariamente nessa ordem), pelos de Nova York, Varsóvia, Vilna e Tel Aviv. Esse dado quanto ao espaço se torna ainda mais revelador quando cruzado com o eixo temporal, ou seja, ao se levar em consideração o momento de sua publicação. Desse ponto de vista, a Segunda Guerra Mundial e o Holocausto se concluem como decisiva linha divisória. Se as estantes estão dominadas pelos livros impressos em Nova York, Varsóvia e Vilna no entreguerras, da conflagração da Segunda Guerra em diante, os centros europeus quase desaparecem, e rapidamente Buenos Aires se eleva como novo polo editorial.

Deixando de lado certo enviesamento que acentuaria a importância de Buenos Aires no pós-guerra como produto das lógicas de circulação e dos preços dos livros, esse quadro nos sugere, como hipótese, uma relação direta entre as produções editoriais dos centros da Europa Oriental e de Buenos Aires. Ou seja, isso nos permite pensar que a posição de Buenos Aires como polo produtor de livros em iídiche esteve, desde o início, estruturalmente enlaçada às mudanças na geografia transnacional da edição nessa língua e, em especial, nos centros de Varsóvia e Vilna. Assim, podemos questionar que papel — ou papéis, melhor dizendo — Buenos Aires desempenhou na geografia editorial judaica ao longo do tempo, bem como de que modo se relacionou com os demais centros de produção e que transformações sofreram suas formas entre uma e outra etapa.

Sobre a base da hipótese de que o Holocausto produziu efeitos decisivos sobre a geografia da produção editorial em língua iídiche, examinaremos antes o entreguerras para depois avançar sobre a etapa posterior, rumo à conclusão da Segunda Guerra Mundial.

---

17 Desde a sua chegada ao país, no início dos anos 1930, até pelo menos os anos 1950, Vainstoc atuou como jornalista, tradutor e editor da imprensa iídiche, tendo levado a cabo alguns pequenos projetos editoriais, dedicando-se depois inteiramente a investimentos imobiliários.

18 Kamenszain chega ao país em 1928. Foi advogado e destacado ativista sionista socialista local, além de presidente da Amia em duas ocasiões (1960 e 1966).

Não podemos provocar a falsa ilusão de que a capital argentina era um espaço vazio que esperava ser preenchido por selos estrangeiros se afirmamos que em Buenos Aires não apenas era possível obter livros publicados nos grandes centros de edição iídiche durante as quatro primeiras décadas do século XX, como também que esses livros dominavam a cena: isso é o que sugerem as bibliotecas de Kamenszain e Vainstoc. Como costuma acontecer, a realidade era mais rica que essa falsa ilusão. Nessa conjuntura, sucederam numerosas experiências editoriais locais que buscaram dar voz a escritores, ensaístas e pedagogos da região e, em menor medida, publicar traduções de originais em língua castelhana. A maioria dessas experiências estava em consonância com os formatos que se desenvolviam no mercado editorial argentino nesse mesmo momento.

Coerentemente com os folhetins populares e baratos que se multiplicaram no mercado local a partir da segunda década do século XX, Jacobo S. Liachovitzky, um dos pioneiros do jornalismo judaico e do sionismo argentino, deu início, em 1919, à primeira tentativa sistemática de publicação, a Bijlej far Iedn ("Livrinhos para Todos", em iídiche). Entre 1919 e 1920, publicou mais de 20 brochuras que continham entre 20 e 50 páginas, dando continuidade ao formato em 1926 e 1927, ainda que em menor número que no período anterior. A Bijlej far Iedn tendia a publicar relatos breves de escritores locais, entre os quais figura o nome do próprio editor ao menos sete vezes. Dois dos motivos do sucesso desse tipo de iniciativa no mercado editorial argentino da época, além da expansão do público alfabetizado (em castelhano, no caso), foram o baixo preço e as estratégias de venda, similares às da revista e do jornal, que tornavam os livrinhos acessíveis a setores populares.[19]

A partir da experiência de Liachovitzky, aparecem outras modalidades também difundidas no país: a livraria-editora e, de forma secundária, a gráfica-editora. Dentro do primeiro tipo, o nome mais relevante foi, indubitavelmente, Gregorio Kaplansky, que chegou ao país em 1912,

---

[19] Sobre isso, ver Beatriz Sarlo (2011), que, embora se concentre num tipo específico de literatura em fascículos destinada principalmente ao público feminino, oferece uma boa perspectiva para compreender o lugar dessas publicações na cultura de Buenos Aires nos anos 1910 e 1920.

vindo da cidade de Vitebsk (hoje na Bielorrússia). Kaplansky abriu uma livraria com seu nome por volta de 1920, e, tempo depois, ampliou sua atuação para a edição de livros. Entre 1928 e 1940, publicou cerca de 20 títulos, que iam desde obras de menos de 100 páginas até volumes com mais de 200. Posteriormente, seu catálogo aumentou com outras edições, alternando entre pequenas obras de teatro escritas por Marcos (Mordejai) Alpersohn sobre a vida nas colônias, fábulas infantis, textos escolares e algumas traduções, como *Der Kop* (*A cabeça*), do médico darwinista italiano Paolo Mantegazza, e um livro de poesia de Pushkin. Um empreendimento parecido, apesar de não tão grandioso, foi a editora e livraria Idisch, propriedade de David Gorodisky, que funcionou como selo entre 1932 e 1934. Gorodisky publicou, entre outros títulos, uma tradução para o iídiche do romance *Historia de arrabal* [*História de arrabal*], de Manuel Gálvez. Num mercado incipiente, sem agentes especializados na lida editorial, o livreiro ocupava uma posição privilegiada para cumprir esse papel: conhecia de perto os interesses e necessidades do público e, ao mesmo tempo, provavelmente mantinha contato estreito com escritores, tradutores e gráficos.

Em paralelo a projetos editoriais de caráter comercial, como os mencionados, houve iniciativas que mantinham fins políticos. Das forças políticas judaicas, o anarquismo foi a que teve participação mais ativa na edição em língua iídiche nesse período. Entre 1920 e 1936, uma série de livretos e brochuras de expoentes ideológicos estrangeiros, como Rudolf Rocker, foi publicada, bem como traduções de pensadores como Francisco Ferrer y Guardia, Federico Urales e Errico Malatesta. A isso, some-se a experiência do selo Naivelt, pró-comunista, mesmo sem filiação partidária visível. Entre 1928 e 1930, a editora publicou um pequeno número de obras de escritores locais de esquerda e, entre 1927 e 1930, uma revista literária. É muito provável que o encerramento da revista e da coleção tenha resultado da deportação do editor Hirsch Blostein em 1931, por atividades comunistas. Apesar disso, tudo indica que o sionismo não se lançou numa atividade editorial à altura de sua crescente força nesse período.

Os grandes jornais judaicos da época, *Di Idishe Tzaitung* e *Di Presse*, pouco publicaram livros. Entretanto, seu valor aqui reside menos em sua quantidade que no tipo de obras. Com a edição de antologias literárias de escritores locais, não apenas puseram em circulação autores cuja possibilidade de participar da oferta editorial estava limitada, como também conferiram, sendo selos de jornais importantes, certa visibilidade e reputação aos escritores das antologias. Trata-se dos livros *Oif di Bregn fun Plata* (*Às margens do Prata*, com 194 páginas), publicado pelo *Di Idishe Tzaitung* em 1919, e *Antologie fun der idisher literatur in Argentine* (*Antologia da literatura iídiche na Argentina*, com 919 páginas), editada pelo *Di Presse* em 1944. Outros veículos de imprensa também deram sua contribuição com suas próprias publicações, embora não tenham editado antologias como as mencionadas. Por sua vez, as instituições culturais não desempenharam um papel destacado na edição iídiche nesse período, ao contrário da atuação determinante que tiveram no momento imediatamente posterior à Segunda Guerra Mundial. Junto a essas iniciativas e a outros exemplos pontuais importantes para a introdução da criação intelectual e literária local dentro do mercado editorial iídiche argentino e, muito provavelmente, do de alguns países vizinhos, há um grande número de livros editados por comitês de amigos, pelos próprios autores ou — o que dá quase no mesmo — sem qualquer dado editorial.

No número que levantamos de 210 obras em iídiche publicadas entre 1918 e 1943 — um dado longe de ser exaustivo —, a ordem de recorrência é: (1) narrativa, compreendendo romance e conto, com 24%; (2) poesia, com 19%; (3) ensaio, em suas diversas manifestações, como histórico, literário e político, com 12,7%; (4) obras de teatro, com 10,2%; (5) obras de política, com 8,7%; (6) literatura infantil, compreendendo contos, fábulas e poesia, com 8,3%; (7) livros de memórias, com 7,3%; (8) antologias literárias, com 3,4%; (9) textos escolares, com 3,4%; (10) textos de divulgação científica, com 1,5%; e (11) homenagens, com 1,5%. Esses percentuais nos proporcionam uma primeira imagem dos gêneros privilegiados pelos editores, tradutores e autores locais. Não obstante, a ausência de dados confiáveis nas bibliotecas e catálogos consultados sobre gêneros habitualmente considerados menores, como os textos escolares ou a literatura infantil, não nos permite conclusões apressadas. Talvez isso seja particularmente importante quanto à relação com os livros de texto, já que a rede escolar dá a entender que há um potencial mercado de leitores relevante.

A edição de brochuras e livros de correntes políticas apresenta um aparente paradoxo, que nos ajuda a perceber a organização das relações editoriais entre Buenos Aires e os grandes centros judaicos do resto do mundo. Mesmo que com um notável desenvolvimento de diferentes expressões políticas judaicas no país nas primeiras décadas do século, a produção de livros políticos foi muito limitada. Nem o bundismo nem o sionismo, em suas distintas manifestações, nem o comunismo partidário parecem ter ampliado uma atividade editorial relevante durante esse período. Isso significa que essas agremiações não contavam com literatura política na língua que a maior parte de seus militantes falava e lia? Durante as primeiras quatro décadas do século XX, a expansão do número de bibliotecas de partidos judaicos, as quais contavam com um percentual muito alto de obras em iídiche, revela que os livros políticos disponíveis nessa língua eram suficientes para formar — precisamente — uma biblioteca, ainda que pequena. Além do mais, isso indica que os partidos e núcleos políticos funcionaram como circuitos específicos de importação de literatura iídiche e que, como podemos inferir, essa opção de importá-la e difundi-la por meio de bibliotecas era privilegiada, e não a edição local. De fato, a ação editorial do anarquismo em Buenos Aires e, em especial, seu trabalho de tradução poderiam ser explicados pela ausência de um centro europeu ou norte-americano e da estrutura política necessária que provesse literatura de modo regular.

Contudo, esse motivo é insuficiente para compreender a produção editorial política. Se nos limitamos a ela, os ativistas políticos de Buenos Aires acabam reduzidos a meros reprodutores mecânicos de posições emanadas dos centros estrangeiros. Daí levarmos a sério o lugar da imprensa. Em comparação com o livro, a imprensa jornalística contava com os prós da massividade e da frequência, que, entre outras coisas, possibilitavam o tratamento dinâmico dos acontecimentos políticos. E era exatamente nesse meio de intelectuais, jornalistas e escritores locais que os ativistas encontravam seu espaço mais direto de intervenção e criação. Assim, a imprensa era tida como um instrumento de ação mais eficaz que o livro para cumprir determinadas funções políticas, enquanto este cumpria uma função simbólica fundamental na circulação transnacional de ideias. O número de publicações periódicas judaicas de esquerda em iídiche entre 1900 e 1940 em Buenos Aires revela sua importância.

TABELA 1 | Quantidade de novas publicações periódicas de esquerda em iídiche, por década, ordenadas por corrente política

TENDÊNCIA IDEOLÓGICA	1901-1910	1911-1920	1921-1930	1931-1940	TOTAL
Comunistas	–	–	10	12	22
Sionistas socialistas	4	1	2	7	14
Operários	–	5	4	4	13
Bundistas	1	1	3	1	6
Anarquistas	3	1	–	1	5
Anarco-comunistas	–	1	2	–	3
Outras	1	–	1	1	3
TOTAL	**9**	**9**	**22**	**26**	**66**

FONTE: Elaboração própria baseada em trabalho de arquivo.

Essa dependência estrutural também é observada nos casos do romance e do conto. Durante esse período, a publicação de tais gêneros se restringiu quase totalmente à produção de escritores locais, cujas obras eram lançadas por meio de algum tipo de autopublicação e, em menor medida, de pequenos selos situados entre a pretensão cultural e a orientação comercial. Os grandes clássicos iídiches, bem como as traduções para iídiche de autores internacionalmente renomados que, à época, circulavam em Buenos Aires, eram publicados por editoras famosas de Varsóvia, Vilna e Nova York. A verdade é que os gêneros literários mais prestigiados (o romance, o conto e a poesia) eram a base do poder simbólico dos grandes centros culturais iídiches. Assim, a literatura produzida na Argentina competia, no mercado, com os grandes nomes da poesia e da literatura europeus e norte-americanos.

Assim como no âmbito político, pode-se supor que as publicações jornalísticas cumpriram um papel crucial na modernização do espaço literário argentino (ver tabela 2): constituíram um terreno mais receptivo a essa produção publicando textos de autores locais que dificilmente veriam suas obras no tão desejado formato de livro. Contudo, não se pode, analiticamente, minimizar as possíveis agendas de muitas dessas publicações, que, de um modo ou de outro, estavam ligadas a partidos políticos.

A incidência do condicionamento externo nas lógicas de edição local do entreguerras era indubitavelmente reforçada pela posição socioeconômica da maior parte dos falantes de iídiche. Ainda que fosse um público crescente, sua capacidade de aquisição de livros era limitada, o que dificultava o desenvolvimento de um mercado do livro local. Outras opções, como a imprensa jornalística e as bibliotecas, eram mais adequadas às necessidades e possibilidades do judeu de fala iídiche.

A situação, portanto, fica evidente: durante esse período, Buenos Aires se situou no mapa mundial da edição judaica como um centro subordinado. Desse modo, durante o entreguerras, a importação foi a principal origem dos livros em iídiche à disposição do leitor da cidade, sobretudo quando se fala de nomes consagrados da ficção, do ensaio e do estudo acadêmico nessa língua. Entretanto, a edição argentina foi escassa e fragmentária, contrastando com os grandes centros de publicação. Essa posição periférica será radicalmente alterada até o fim da Segunda Guerra Mundial.

O LIVRO IÍDICHE NA ARGENTINA DO PÓS-GUERRA

Pouco antes de o conflito bélico se encerrar, começa uma marcante transformação na edição iídiche de Buenos Aires. Desde 1944 até meados da década de 1960, a cidade ofereceu aos leitores locais e estrangeiros um repertório de obras imprecedente, em termos tanto de qualidade quanto de quantidade. O que aconteceu para que a comunidade judaica portenha pudesse apresentar uma imagem tão contrastante em relação ao entreguerras? Como se produziu a passagem de um mercado editorial condicionado e dependente da importação para uma cidade descrita, numa das epígrafes deste capítulo, como o "principal centro"? Nas próximas páginas, tentaremos responder a essas questões. Para isso, apresentamos, primeiramente, um panorama dos selos e dos motivos mais gerais que possibilitaram e impulsionaram essa expansão. Depois, nos deteremos numa série de aspectos materiais, sociais e culturais determinantes para a compreensão dos modos de integração transnacional dessas editoras e sua importância no curso de seu desenvolvimento.

TABELA 2 | Publicações periódicas de natureza literária e cultural editadas em Buenos Aires no entreguerras

NOME	PERÍODO	TIPO/FREQUÊNCIA	INSTITUCIONALIDADE/ ORIENTAÇÃO IDEOLÓGICA	DIRETOR
Argentine	1921 (quatro números)	Revista literária	Propriedade dos colaboradores do *Di Idishe Tzaitung*	—
Far Grois Un Klein (Para Adultos e Crianças)	1922-1925	Revista semanal	*Di Presse*	Leib Malaj e S. Glasserman
Penimer un Penimlej (Caras e Carinhas)	1923-1935	Revista cultural-humorística quinzenal	Independente	M. N. Sprinberg, W. Bresler (editor em 1935), V. Chernovetzky (coeditor)
Zeglen (Velas de Barco)	1924 (dois números)	Revista cultural voltada à difusão da literatura iídiche na Argentina	Grupo literário Zeglen	Samuel Rollansky
Dorem Amerike (América do Sul)	1926-1927	Revista literária mensal	Comunista	Hirsch Blostein
Di Pen (A Pluma)	[1927?] (sete números)	Revista literária	Sociedade de Escritores e Jornalistas Israelitas da Argentina H. D. Nomberg*	—

* Essa sociedade também editou, muito tempo depois, entre 1975 e 1983, a publicação mensal Shraiber Tribune (Tribuna de Escritores).

NOME	PERÍODO	TIPO/FREQUÊNCIA	INSTITUCIONALIDADE/ ORIENTAÇÃO IDEOLÓGICA	DIRETOR
Naivelt (Novo Mundo)	1927-1930	Revista mensal	Subtítulo: "Publicación Mensual Marxista Revolucionaria" [Publicação Mensal Marxista Revolucionária]; pró-comunista, sem filiação partidária	Hirsch Blostein
Oyfgang (Ascensões)	1927	"Publicación mensual de literatura, crítica y asuntos culturales" [Publicação mensal de literatura, crítica e assuntos culturais]	Por ser continuação de *Dorem Amerike*, presume-se que seja de esquerda	—
Nai-Land (Terra Nova)	1928	Revista mensal de divulgação, cultura, arte, crítica e letras	Órgão do Prokor (grupo operário de ajuda aos colonos israelitas na Rússia soviética)	I. León Gruzman
Der Shpigl (O Espelho)	1929-1968	Revista literária quinzenal/ mensal	—	I. León Gruzman
Ofsnai (De Novo)	1931-1932	Revista literária mensal	—	M. D. Guiser
In Gang (Em Curso)	[1933-1937?] (34 números)	Periódico literário mensal/ anual	Substitui a *Naivelt*, comunista	—

** Funcionou também como selo, entre 1951 e 1970, mas somente para as obras de narrativa e as memórias do editor da revista, Valentín Chernovetzky, que publicou nove títulos em iídiche e três em castelhano.

NOME	PERÍODO	TIPO/FREQUÊNCIA	INSTITUCIONALIDADE/ ORIENTAÇÃO IDEOLÓGICA	DIRETOR
Der Argentiner Magazine (A Revista Argentina)[**]	1935-1971	"Revista israelita ilustrada" quinzenal (1935-1947); posteriormente mensal (de 1947 em diante)	Independente	Valentín (Vevl) Chernovetzky
Nai-Teater (Teatro Nuevo)	*c.* 1935-1951	Revista de teatro	Esquerda comunista, órgão do grupo teatral Idramst (posteriormente IFT)	—
Blitzn-far polemik literatur, kritik un cultur (Fulgores: Revista de Polêmica, Literatura, Crítica e Questões Culturais e Sociais)	*c.* 1960-1961	—	Gezelschaftleje Inionim	Meilach Ciemny
Der Aktyor (O Ator)	s. d.	Revista de teatro	Sociedade de Atores Israelitas	—
Der Kundas (O Brincalhão)	[1930-1935?]	Humorística, teatro (?)	-	[Nehemías Zucker?] (sem dados precisos)

FONTE: Elaboração própria baseada em trabalho de arquivo.

Um olhar panorâmico sobre os novos selos

Entre 1944 e 1977, ano escolhido para visualizar o declínio da produção, os oito selos mais importantes (com catálogos de mais de 20 títulos) publicaram um total de 511 volumes.[20] E o número aumenta notoriamente se incluirmos os pequenos empreendimentos de que o período é repleto e que, na maioria dos casos, não chegaram a cinco obras, bem como as edições custeadas pelos autores ou por comitês eventuais. Visto que nos interessamos, aqui, por compreender os traços distintivos desse momento editorial, assim como o novo protagonismo de Buenos Aires na geografia transnacional da edição iídiche, concentraremos nossa análise nos oito selos mais relevantes.

GRÁFICO 1 | Número de lançamentos por ano, tendo por base selos com mais de 20 volumes

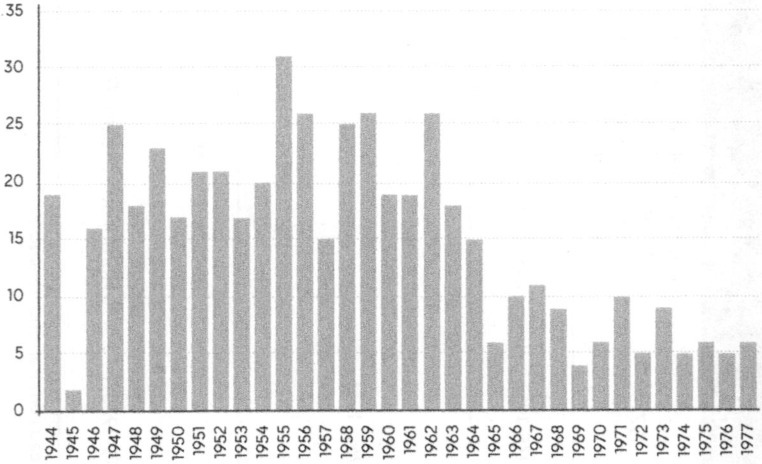

FONTE: Elaboração própria.

Há muitos fatores que convergem para a expansão editorial iídiche de Buenos Aires; porém, há dois sobre os quais devemos colocar ênfase desde o começo, graças a seus efeitos: o Holocausto e as vantagens econômicas comparativas da edição argentina.

20 Na medida em que o primeiro traço distintivo do período em relação à fase anterior é a magnitude da produção, tomamos como referência o número de volumes publicados na sua primeira edição e não o de títulos, pois existe um pequeno grupo de obras que foram publicadas em mais de um volume: entre dois e dez cada uma.

Irrecorrivelmente, qualquer tentativa de abordar a cultura iídiche do pós-guerra deve contemplar o Holocausto. No caso da edição, devemos considerá-lo em pelo menos dois sentidos. Em primeiro lugar, significou a aniquilação física da maior parte dos escritores, editores, tradutores, revisores, gráficos, livreiros etc. que viviam nos países do Leste arrasados pelo nazismo; e, junto com eles, o desaparecimento da maior concentração histórica de leitores nessa língua. Depois do "linguajar do *Lager*",[21] diz o pesquisador Sander Gilman (2007, p. 141), o iídiche era "o 'segundo idioma do campo', simplesmente pelo número de judeus da Europa Oriental em Auschwitz". Por esse motivo, o universo cultural iídiche se reduziu sensivelmente, e sua geografia editorial precisou se adequar à perda de seu centro histórico. Como advoga o bibliógrafo Zachary Baker (2004), se temos como propósito falar dos centros editoriais de língua iídiche pós-Holocausto, devemos pensá-los dum modo diferente do anterior, numa escala muito mais limitada, e como polos que brotam repentinamente, florescem por uma ou duas décadas e depois murcham depressa.

No entanto, o Holocausto também se manifesta de outra forma, menos objetiva, como "dever de memória" (Jurt, 2007a, p. 86). Tal "dever" se expressou de modo muito intenso nos ativistas culturais iídiches de Buenos Aires. Ao fato de que eles provinham sobretudo das regiões devastadas e certamente ainda tinham familiares lá quando se perpetrou o assassinato massivo, acrescentava-se o valor simbólico atribuído ao *alter heim* ("velho lar", em iídiche) e à cultura iidichista da Europa Oriental. Sua destruição significou a perda de seu marco de referência, do lugar geográfico, histórico e cultural que até então havia organizado sua maneira de se representar e, com isso, também significou a irrupção de um pensar-se nesse novo papel que lhes cabia como herdeiros desse mundo. Então, o "dever da memória" adquiriu uma intensidade especial, constituindo-se como um impulso decisivo para a renovação da atividade cultural e, sobretudo, editorial.

A apresentação da Farlag Idisch (Editora Idisch), que lançava os tomos das obras completas de I. L. Peretz publicadas em 1944, pôs em primeiro

21 "*Lager*", termo alemão que significa "campo", era inicialmente usado para se referir aos campos de concentração, embora também tenha sido empregado para se referir aos campos de trabalho escravo e aos campos de morte.

plano a dimensão moral da atividade cultural que estava por empreender:

> A catástrofe judaica mundial realçou nosso *ishuv* ["população judaica" em hebraico] e lhe forneceu um trágico e grande privilégio. [...] Um privilégio que instantaneamente nos investe, desde sempre, de um dever. [...] Por meio da editora Idisch, o *ishuv* argentino judaico começará a ajudar a reconstruir o que o inimigo destruiu. E não em vão começamos com nossos clássicos. A vida que Méndele, Peretz e Sholem Aleijem descreveram logo será, também, apagada por um carro blindado.
> E, quando a fúria terminar e a Europa iniciar sua reconstrução e, com ela, a recuperação dos restos do judaísmo sobrevivente, o *ishuv* argentino, por meio da editora Idisch, enviará os livros dos clássicos à primeira biblioteca judaica reconstruída por Sneh.[22]–[III]

A ideia do livro como zelador da memória e como cimento para a reconstrução foi uma representação muito difundida entre as iniciativas editoriais em iídiche dessa etapa. E não somente em Buenos Aires: nesses mesmos anos, o *izkor buj* ("livro memorial") aparece e se difunde no mundo. Trata-se de um gênero singular resultante da criação coletiva de antigos residentes de povoados e cidades da Europa Oriental, cujo propósito era registrar, com textos e fotografias, recordações, vivências e nomes de familiares e vizinhos assassinados, testemunhando, assim, um mundo desaparecido.

O segundo elemento-chave para compreender a edição em língua iídiche são as vantagens econômicas comparativas que a Argentina oferecia para o conjunto da indústria editorial. Esse foi um dos fatores que possibilitaram a "época de ouro" do setor entre o final dos anos 1930 e meados dos anos

22 É muito provável que se refira ao ativista intelectual e cultural Simja Sneh.

1950, do qual a produção em iídiche também se beneficiou.[23] Nesse caso, os fatores econômicos que contribuíram para frear a expansão editorial em língua castelhana não necessariamente influenciaram, ou pelo menos não com tamanho impacto, esse ramo específico. A edição nacional sofreu com a falta de matérias-primas e com a escassez de divisas para pagar direitos autorais e precisou enfrentar problemas com o regime de exportação, que dificultava os depósitos do exterior e a reexportação de mercadoria (Rivera, 1981a, 1981b). Diante desse quadro, a edição em iídiche aparentemente não teve necessidade de enfrentar a restrição de divisas e os problemas com o regime de exportação com a mesma intensidade que os demais editores na Argentina. As redes transnacionais a partir das quais ela evoluiu lhe provinham substanciais volumes de recursos externos, que, como é possível supor, lhe permitiram superar essas dificuldades e continuar com a produção. Isso explica como, em 1955, o mesmo ano em que o *boom* editorial argentino começou a perder seus mercados externos, retraindo-se para o interno, a produção editorial iídiche demonstrou seu maior vigor até então.[24]

As editoras

O quadro a seguir apresenta esquematicamente a atividade das oito editoras mais importantes.

---

[23] No entanto, embora as condições econômicas tenham sido um fator importante para o *boom* editorial nacional, não foram o único. A Guerra Civil Espanhola não só favoreceu a Argentina e o México com a chegada de muitos profissionais da edição, como também significou o rápido declínio da Espanha como o maior produtor mundial de livros em castelhano. Com isso, a Argentina — ou melhor, Buenos Aires — se tornou o primeiro exportador no mercado hispano-americano até meados da década de 1950. Apesar de a Guerra Civil Espanhola não ter tido qualquer efeito direto na edição em iídiche, uma vez que cada língua definia geografias diferentes, seria possível traçar um paralelo com o Holocausto: o desaparecimento dos centros editoriais europeus reorganizou o mapa cultural judaico e permitiu que Buenos Aires se posicionasse como um potencial polo de destaque.

[24] Joshua A. Fishman (1991, p. 109) pontua que a questão dos custos foi o fator determinante para que a Argentina se tornasse um centro editorial. Embora concordemos com sua avaliação da importância e do caráter condicionante dessa variável, entendemos que a sua breve menção a esse fato apresenta o problema de reduzir a um plano meramente econômico a complexidade do espaço editorial local e as formas como este influenciou o universo editorial iídiche.

TABELA 3 | Descrição geral dos oito selos mais importantes em língua iídiche

NOME	PROPRIEDADE	ORIENTAÇÃO GERAL	PERÍODO DE EDIÇÃO	QUANT. DE VOLUMES
Idisch	Privada (Wolf Bresler e Abraham Mittelberg)	Iidichista laica	1944-1945	21
Icuf	Icuf	Comunista	1946-1967	72
Dos Poylishe Idntum	União Central dos Judeus Poloneses na Argentina	Iidichista laica, com ênfase no mundo judaico-polonês	1946-1966	175
IWO	IWO	Iidichista laica	1947-1985	31
Idbuj	Associação de Apoio às Escolas Laicas Israelitas da Argentina	Bundista	1949-1966	60
Altveltlejer Idisher Cultur-Congres	Congresso de Cultura Judaica Laica	Iidichista laica	1949-1981	54
Kium	Partido Poalei Tzion Hitajdut	Sionista socialista	1954-1977	45
Musterverk fun der Idisher Literatur	Vinculado ao IWO	Iidichista laica	1957-1984	100

FONTE: Elaboração própria baseada em trabalho de arquivo.

"Farlag Idisch" foi um nome implacável escolhido para o selo que inaugurou o processo de renovação editorial. Consistiu num empreendimento privado criado por Wolf Bresler e Abraham Mittelberg, dois imigrantes poloneses que se destacaram por sua atividade política e cultural. A Farlag Idisch teve uma vida breve (1944-1945), mas intensa. Em 1944, editou, em 18 tomos, as obras completas de I. L. Peretz, um dos "pais" da literatura iídiche moderna, e um livro de Jacobo Botoshansky, um jornalista e intelectual local; e, em 1945, ano de seu fechamento, um título do escritor contemporâneo Joseph Opatoshu e uma antologia de literatura e arte iídiche na Argentina. A apresentação da editora, citada anteriormente, expressa sem rodeios o sentido do projeto: por meio do livro e da literatura, começar a reconstrução da cultura que o nazismo havia destruído.

Em 1946, apareceram as coleções da Icuf e da União Central dos Judeus Poloneses na Argentina. A primeira, como já vimos, foi uma federação de centros culturais, sociais e esportivos vinculados ao Partido Comunista, e uma das principais defensoras do iídiche como língua judaica. Entre 1946 e 1967, publicou, em seu selo homônimo, 68 títulos. A segunda coleção, Dos Poylishe Idntum (O Judaísmo Polonês), foi, indubitavelmente, a mais importante de todo o período em termos de quantidade de títulos, por volta de 175. Em meio à informação dedicada ao ano de 1951, o *American Jewish Year Book* (1952, v. 53, p. 248) mencionava: "A companhia de publicações em iídiche mais importante da Argentina, sendo também a maior do mundo, foi a Dos Poylishe Idntum". A direção estava a cargo do intelectual e produtor cultural Marc Turkow, e a gestão, nas mãos do já mencionado Abraham Mittelberg, que um ano antes havia encabeçado, junto a Wolf Bresler, a direção do selo Idisch.[25] Analogamente à experiência deste último, o objetivo da nova coleção era "aproximar tanto a massa leitora judaica quanto o mundo como um todo dos problemas relacionados com a destruição da vida judaica da Polônia".[26] A série reunia um amplo leque de gêneros, que, no âmbito do marco de uma tradição cultural iídiche secular, procurava retratar a vida judaica na Polônia antes e durante o Holocausto.

---

[25] Embora a Dos Poylishe Idntum fosse o selo mais importante das sociedades judaicas polonesas de conterrâneos da Argentina, não se deve perder de vista as outras experiências, que revelam uma tendência mais geral para a publicação e uma resposta comum ao Holocausto.

[26] Introdução ao primeiro volume da coleção (1946).

Entre esses oito selos, a coleção menos volumosa foi a do IWO, que, entre 1947 e 1985, publicou um total de 25 títulos. Esse ritmo fraco de edições, média de menos de um livro ao ano, se deveu, em grande medida, ao fato de que, entre o fim dos anos 1950 e 1984, essa instituição foi a sede do ambicioso projeto editorial Musterverk fun der Idisher Literatur, ao qual me dedicarei detalhadamente. Em 1949, surgem duas novas séries. O Cultur Congres, fundado em 1948 como seção argentina da organização homônima criada em Nova York no mesmo ano, editou um total de 54 títulos até 1981. Contudo, em sentido estrito, em muitos casos, uma obra se apresentava em diversos volumes, como a *Historia mundial del pueblo judío* [História mundial do povo judaico], de Simón Dubnow[IV], ou a *Historia de la literatura judía* [História da literatura judaica], de Israel Zinberg, ambas com dez tomos. É também em 1949 que começa a atividade do selo Idbuj, como linha de publicações da rede educacional bundista Associação de Apoio às Escolas Laicas Israelitas da Argentina.[27] Entre esse ano e o da aparição de seu último livro, em 1966, editou 58 títulos, dois deles apresentados em dois volumes cada um, com uma marcada tendência para o conto, o romance e a crítica literária dentro da tradição literária iídiche moderna e secular.

Os dois últimos empreendimentos dos quais trataremos nasceram na década de 1950. O primeiro, Kium ("Existência" ou "Sobrevivência", tanto em iídiche quanto em hebraico), o faz como expressão editorial do partido sionista socialista Poalei Tzión Hitajdut ("União dos Trabalhadores de Sião" em hebraico), que, no momento do lançamento do selo, em 1954, já consolidara uma influência decisiva ao conquistar grande parte do arco institucional, em especial a Amia, e a representação política comunitária, a Delegação de Associações Israelitas Argentinas (Daia). Esse partido era estreitamente vinculado ao seu homônimo israelense, que, nesse momento, controlava os rumos do novo país e que assim continuaria por muito tempo.

Tardiamente em relação às primeiras iniciativas editoriais, nasce em 1957 a Musterverk fun der Idisher Literatur. Junto com a Dos Poylishe Idntum, foi a principal responsável pelo reconhecimento alcançado dentro e fora do país pela edição iídiche argentina. Sua relevância se deveu tanto

---

27 Sobre essa rede, ver Zadoff (1995).

ao número de obras publicadas quanto à ambição de oferecer uma série de títulos que, tal como seu nome pretendia, tentava abarcar o que havia de mais significativo da história e das variantes contemporâneas da literatura iídiche em escala mundial. Seu catálogo, de cem títulos, abarcava pouco menos de 60 antologias com diversos estilos e pouco mais de 40 livros, cada qual com um autor diferente, com exceção de quatro escritores, que contavam, cada um, com dois títulos: ao todo, foram divulgados textos de quase mil escritores e poetas. O divulgador e diretor da coleção foi Samuel Rollansky.[28]

Essas experiências não foram acontecimentos isolados, carentes de laços com o resto do mundo de fala iídiche: como já adiantamos, estavam inscritas num sistema transnacional. Não fosse assim, provavelmente a maior parte dos selos mencionados jamais teria existido, ou pelo menos não teria ganhado a magnitude que os caracterizou. Nesse sentido, a análise dos vínculos institucionais, do apoio financeiro, das motivações que davam impulso às referidas iniciativas, das trajetórias de seus editores, dos gêneros privilegiados, do lugar ocupado pelas traduções e das lógicas de circulação de suas obras nos permitirá resenhar como se deu a integração desses projetos numa configuração — justamente — transnacional, bem como entender em que medida esse jogo de vínculos incidiu na própria condição de possibilidade de sua existência.

APOIOS INSTITUCIONAL E FINANCEIRO

O apoio institucional foi um traço característico do trabalho editorial do período. Todos os selos — tendo como única exceção o Farlag Idisch, que foi a primeira e mais curta experiência — não somente contaram com o apoio de organizações culturais, partidos e escolas, como também se desenvolveram no seio dessas, que, por sua vez — de um modo ou de outro —, participavam de redes transnacionais mais amplas, a maioria com sede nos Estados Unidos e Israel.

---

28 Para a análise desse selo, além do nosso próprio trabalho de levantamento, baseamo-nos em Chinski (2011) e nos dados informados na publicação virtual *The Mendele Review: Yiddish Literature and Language*, v. 06.007, 29 jul. 2002. Disponível em: http://yiddish.haifa.ac.il/tmr/tmr06/tmr06007.txt.

Entre as organizações culturais que fomentaram e financiaram projetos editoriais, estão o IWO e o Cultur Congres, que, além de contarem com selos próprios, desempenharam um papel fundamental na criação e desenvolvimento da ambiciosa Musterverk. Os primeiros dez tomos da série foram publicados no âmbito do Cultur Congres, e os 90 seguintes estariam inseridos no Ateneu Literário do IWO, espaço autônomo criado por Samuel Rollansky.

Outras constantes foram a filantropia e o mecenato. Fica difícil imaginar a expansão editorial iídiche de Buenos Aires sem o apoio financeiro levantado tanto de dentro como de fora das fronteiras do país. Essa ação não era novidade na comunidade judaica nem exclusiva do caso argentino e de modo algum se restringia ao mundo dos livros, mas é fato que foi um acréscimo notável e se direcionou parcialmente para a edição nos anos pós-Holocausto, quando instituições, magnatas e até pessoas de poder aquisitivo mediano se viram sensibilizadas com a catástrofe e identificaram nos livros um modo de expressar seu compromisso. A carta enviada por um jornalista novaiorquino em março de 1947 ao editor da Dos Poylishe Idntum reflete sobre esse momento:

> O nome da editora é muito conhecido aqui. As pessoas jogam seu nome e o nome de sua editora aos quatro ventos, e você deveria se valer desse sentimento. Não preciso contar a você o que as *Landsmanshaftn* ["sociedades de conterrâneos" em iídiche] viraram nos Estados Unidos. Elas têm toneladas de dinheiro e não sabem o que fazer com ele. Os povoados que levavam os nomes com os quais essas associações foram criadas foram erradicados e convertidos em *judenrein* ["livre de judeus" em alemão]. Cada *Landsmanshaft* quer erguer um monumento a sua cidade natal, publicar um livro de um escritor [dessa mesma cidade]. (Carta guardada no Arquivo Turkow, YIVO, Nova York *apud* SCHWARZ, 2007).[V]

Do conjunto de contribuições econômicas estrangeiras, as mais vultosas provieram de duas fontes: de um indivíduo e de uma organização internacional. No primeiro caso, tratou-se do apoio que o magnata sul-africano Josef Lifschitz, comerciante de diamantes e importante doador para a cultura e a educação iídiches de seu país, ofereceu a Samuel Rollansky para a criação da Musterverk. De fato, sua morte em agosto de 1976 pôs em sério risco as possibilidades de cumprir o projeto de alcançar 100 títulos. Finalmente, a série pôde seguir adiante graças ao fundo criado por Tila Kustin, viúva do ex-tesoureiro do IWO, David Turiansky, e seus filhos (Chinski; Fiszman, 2010, p. 9). A outra grande contribuição foi da Conferência sobre Reivindicações Materiais Judaicas contra a Alemanha. Como o nome indica, essa entidade foi fundada em 1951 como representação das vítimas judias e de seus herdeiros na negociação com a Alemanha pela indenização e restituição de seus bens. Entre suas funções, seja passadas, seja atuais, figuram a alocação de fundos para organizações que buscam preservar a memória e ensinar sobre o Holocausto. Entre 1955 e, pelo menos, 1966, a Claims Conference — como é conhecida — contribuiu para a edição de mais de 50 títulos publicados pela Dos Poylishe Idntum e, em menor número, pela Idbuj e pela Kium.[29]

Nenhum dos aportes pessoais ou institucionais dentro do país pôde, por si só, alcançar os níveis de apoio dados por essas duas fontes. Contudo, somados, perfizeram uma contribuição significativa. Entre eles, o mais relevante foi o do Banco Israelita do Rio da Prata.[30] No caso de pessoas físicas, mais do que de um único agente, o suporte financeiro mais substancial proveio de indivíduos, casais, famílias e pequenos comitês, que, em muitos casos, faziam suas doações como forma de homenagem à memória de algum familiar.

Os selos podiam combinar diversas fontes de financiamento. Por exemplo, a Dos Poylishe Idntum recebeu aportes da Claims Conference, do Banco Israelita del Río de la Plata, da Sociedade de Ex-Residentes Judeus da Polônia nos Estados Unidos, de fundos privados desse mesmo país, de indivíduos da Argentina, da Amia e, indiretamente, dos próprios membros da Sociedade de Residentes Polaco-Judeus na Argentina. Entretanto, isso não impediu que o projeto passasse por momentos financeiros difíceis.[31]

---

29 No seu relatório para os anos 1960 e 1961, essa instituição informou ter distribuído US$85 mil entre dez organizações na Argentina, incluindo esses três selos, de acordo com o *American Jewish Year Book* (1962, v. 63, p. 476).

30 Esse banco foi criado em 1939, a partir da fusão de sete pequenos bancos judaicos. Além disso, existiam numerosas instituições de crédito judaicas no país. Jacob Shatzky (1952, p. 17-18) enumera, partindo do ano de 1945, um total de 38 em todo o país, 29 delas em Buenos Aires.

31 Para uma análise detalhada dessa editora, ver Schwarz (2007).

O "dever de memória" e o desejo de reconstrução da vida cultural iídiche da Europa Oriental destruída pelos nazistas constituíram o primeiro e mais importante incentivo na fundação desses selos, especialmente daqueles criados perto do fim da guerra. Por exemplo, nos prólogos dos volumes da Dos Poylishe Idntum até 1949, é normal encontrar referências a acontecimentos contemporâneos, tais como a situação dos sobreviventes nos campos de desalojados, a inauguração do Monumento ao Levante do Gueto de Varsóvia, as migrações dos judeus da Polônia etc. Ademais, essa editora foi além do plano simbólico e, durante alguns anos, destinou o lucro de suas vendas para ajudar os refugiados que permaneciam nos campos de desalojados (Chinski, 2011).

A outra grande iniciativa do período, a Musterverk fun der Idisher Literatur, nasceu mais de uma década depois do término da guerra e do choque mais imediato produzido pelo conhecimento da magnitude da tragédia. Apesar de a sombra desse drama ter subsistido como pano de fundo inevitável para qualquer iniciativa cultural em língua iídiche, talvez tenham sido essa distância temporal e, provavelmente, certa saturação temática dentro desse universo idiomático que permitiram a Samuel Rollansky se aventurar num projeto como o da Musterverk sem apelar de maneira principal nem direta ao "dever de memória". Rollansky apresenta a coleção como uma resposta a um urgente vazio no ensino da literatura iídiche aos jovens. No prefácio do primeiro tomo, defende (*apud* Fiszman; Chinski, 2011, p. 7-8): "'Não há livros!' Os livros velhos desaparecem. Os que sobram, contudo, dificultam o uso por um leitor jovem: ou a ortografia é antiga, ou rejeitam as velhas tradições além da conta, ou estão tão cheios de localismos e termos, conceitos e símbolos que são alheios às jovens gerações."[VI]

Com a editora Kium, a história é outra. Também distante do impacto imediato do Holocausto, ela se ergue como um meio de difusão de ideias e da cultura sionista socialista em língua iídiche. Dentre o conjunto dos principais projetos editoriais, esse parece ter sustentado uma posição ideológica mais ativa dentro do espectro da cultura iídiche secular moderna, compartilhada por todos. Porém, o espaço destinado, em seu catálogo, à literatura e à poesia evidencia que estava longe de ser um mero difusor de doutrinas partidárias.

As experiências editoriais iídiches surgidas depois do término da Segunda Guerra Mundial se nutriram do conjunto de intelectuais, escritores, jornalistas e produtores culturais anteriores a ela; estes, mesmo trabalhando como editores, estavam longe do tipo ideal de editor "puro", claramente diferenciado de outras atividades: ao mesmo tempo, um editor podia bater a diagramação de uma obra, contratar uma gráfica, escrever um romance, colaborar com algum jornal como jornalista, desempenhar função cultural dentro de alguma instituição judaica e participar ativamente de uma das correntes do sionismo, por exemplo. Nesse sentido, as trajetórias de Marc Turkow e Samuel Rollansky, editores da Dos Poylishe Idntum e da Musterverk fun der Idisher Literatur, respectivamente, permitem entender com clareza a especificidade desse tipo de agentes culturais (ver Toker; Weinstein, 2004).

Marc Turkow nasceu em Varsóvia em 1904. Frequentou o *jeder* (colégio primário tradicional judaico da Europa Oriental) e fez o ensino secundário na Polônia, onde também estudou cinema na faculdade, tendo feito aulas de dramaturgia. Diferentemente de seus três irmãos, que foram atores e diretores de teatro e cinema iídiche de Varsóvia, Marc se distanciou de sua formação original e passou às letras e ao jornalismo. Traduziu literatura iídiche para o polonês e trabalhou como jornalista na imprensa judaica publicada nesses dois idiomas. No entreguerras, publicou três livros em polonês, dois em iídiche com suas impressões da viagem pela "América de Roosevelt" (1937) e pelas colônias judaicas argentinas (1939), e alguns panfletos, também em iídiche. Participou ativamente, em vários aspectos, da vida comunitária judaica de seu país e, durante a ascensão do nazismo na Alemanha, se destacou politicamente como diretor-geral do Comitê Anti-Hitler.

Depois de uma primeira viagem em 1937, retornou à Argentina em 1939, pouco antes da eclosão da guerra, mas, dessa vez, para se instalar em definitivo. Durante o pós-guerra, além de encabeçar a editora, ocupou distintos cargos políticos e culturais. Foi, em diferentes momentos, diretor sul-americano da Sociedade Hebraica de Ajuda ao Imigrante (mais conhecida por sua sigla em inglês, Hias) e do Congresso Judaico Latino-Americano. À frente desse último, dirigiu duas séries, cada uma com mais de 100 fascículos em castelhano: Grandes Figuras del Judaísmo, e Hechos de la Historia Judía. As séries reuniam, em igual número, textos traduzidos e escritos originais de intelectuais locais. Além disso, atuou como presidente da seção local do Cultur Congres e da Federação Sul-Americana de Poloneses Judeus e como vice-presidente da União Mundial de Judeus Poloneses. Turkow morreu em Buenos Aires em 1983.

Por sua vez, Samuel Rollansky — a quem já nos referimos falando dos produtores culturais mais importantes do mundo iídiche argentino — nasceu em 1902 em Varsóvia, no seio de uma família de comerciantes. Lembrado por sua personalidade forte e por ter sido um grande professor da língua e da cultura iídiches, começou sua carreira no mundo das letras em 1920, como colaborador de jornais universitários em polonês. Chegou à Argentina em 1922, como parte da onda imigratória judaica da Polônia dessa década, e, similarmente a muitos outros imigrantes judeus com essa origem, seu primeiro trabalho foi numa oficina têxtil. Mais tarde, voltou-se para a educação, trabalhando como professor no interior do país. Sua estreia literária em língua iídiche foi em 1923, com alguns contos no diário *Di Presse*. Desde 1928, e por quase cinco décadas, seu nome figurou nas páginas do outro grande jornal diário iídiche de Buenos Aires, o *Di Idishe Tzaitung*. Suas colaborações de crítica literária e teatro, bem como a coluna diária que redigiu entre 1943 e 1973, são comumente mencionadas como exemplos dos mais elevados níveis expressivos nessa língua. Ainda por cima, publicou cerca de uma dezena de livros de ensaio e narrativa em iídiche, além de bastantes panfletos. Seu ativismo social se concentrou na atividade educacional e na dimensão cultural. Morreu em Buenos Aires em 1995.

A diversidade de experiências e espaços profissionais e de sociabilidade que se sobrepõem e se combinam nessas trajetórias e que vemos se replicarem de modo singular nos demais casos testemunha a especificidade do mundo editorial iídiche argentino. Por um lado, revela a importância crucial de sujeitos munidos de capital social, político e cultural, e eventualmente até mesmo econômico, a nível local e internacional que podiam ser mobilizados para a criação de um selo. Por exemplo, Samuel Rollansky conseguiu conceber a Musterverk, selecionar os autores e escrever os prólogos das obras porque conhecia profundamente a literatura iídiche, tinha acesso a indivíduos de certo poder econômico dentro e fora do país que estavam dispostos a financiar sua ideia, convencera uma instituição a abrigar seu projeto editorial e soube divulgar seus livros entre indivíduos e instituições da América Latina, dos Estados Unidos etc. Isso sugere que, para desenvolver e consolidar um espaço editorial de relativa grandeza e num breve período de tempo, não era suficiente contar com condições estruturais econômicas comparativamente vantajosas, também era necessário certo tipo de agentes, com competências, sensibilidades e relações sociais específicas, que permitiram aproveitar esses fatores.

GÊNEROS, TEMAS, AUTORES E TRADUÇÕES

Para traçarmos um perfil mais bem-definido da primeira imagem de Buenos Aires como centro produtor e exportador, cai bem questionar os gêneros, temas e autores publicados. Um fator comum ao conjunto de selos, para além de sua posição ideológica, é o já mencionado caráter secular e moderno de suas propostas.[32] Não há, em seus catálogos, nenhum livro de estudo, comentário ou ritual religioso, tampouco de costumes tradicionais. Quando esses temas surgem, é como objeto de reflexão historiográfica, como memórias pessoais ou como narrativa. Quanto aos gêneros, não há um predomínio marcado de um em relação aos demais. Ainda que o romance e o conto tenham ocupado lugar fundamental, o ensaio literário e político e as memórias não ficaram muito para trás. Entre a diversidade de temas, os dois mais frequentes parecem ter sido a vida histórica judaica na Europa Oriental e a cultura iídiche, por um lado, e o Holocausto, por outro. A explícita tomada de posição político-ideológica está presente nas apostas editoriais do sionismo e do bundismo por meio de distintos gêneros e num nível, a priori, menos pronunciado do que seria de se esperar em selos de partidos políticos. As propostas editoriais do IWO e do Cultur Congres se diferenciavam das demais na medida em que procuraram — e conseguiram — pôr em circulação obras de caráter acadêmico, cujos temas exclusivos foram a história judaica e a literatura iídiche.

---

[32] Apesar de ter havido várias expressões religiosas em Buenos Aires, as maiores apostas editoriais em obras desse tipo não foram feitas em iídiche, mas em hebraico e castelhano. E, mesmo nessas línguas, o número de títulos era relativamente baixo.

Como já afirmamos, a Dos Poylishe Idntum foi concebida com um objetivo preciso: funcionar como fonte da memória e motor da reconstrução cultural da vida judaica polonesa destruída. Desse modo, mesmo sendo provável que os editores não tenham tido certeza do que essa definição implicava, a área temática e os registros possíveis desde o começo eram restritos. Por volta de 80% dos livros da série podem ser divididos em três categorias: Holocausto, com 48 títulos; biografias, com 48; e ficção, com 37. A primeira categoria era composta fundamentalmente por memórias e relatos pessoais. As biografias consistiam, em sua maioria, de levantamentos sobre a vida judaica de distintos escritores na Polônia, em particular relatos genealógicos da história familiar e crônicas de linhagens importantes. A ficção (romance e contos breves), que é inaugurada no volume 52, se sobrepôs, em alguns casos, à categoria Holocausto em textos como os de Mordejai Strigler, Yehuda Elbert e Eliezer Wiesel,[33] cujas memórias literárias se nutriam de suas experiências durante o Holocausto (Schwarz, 2007).

O propósito que guiou a Musterverk foi bem diferente. Nas palavras de seu editor, consistia numa obra apresentada em muitos tomos, intitulada "*la literatura ídish*" [a literatura iídiche] (*apud* Chinski; Fiszman, 2010, p. 13, grifo do original). Essa enorme pretensão não se restringia a um período temporal, um gênero ou uma corrente ideológica ou estética. Pelo contrário, quando Rollansky se referia à "literatura iídiche", considerava sua totalidade, sem exclusões. Chinski e Fiszman (2010, p. 11) observam que a lista de gêneros que os panfletos de divulgação da coleção apresentavam incluía "prosa, poesia, drama, trabalhos de pesquisa, ensaios, memórias, crítica, música, biografias, bibliografia, cartas, documentos e imagens". A obra foi disposta segundo distintos critérios de representatividade. Os 52 volumes de antologias se organizaram de acordo com gêneros, correntes literárias, períodos da história judaica etc. (Chinski; Fiszman, 2010, p. 13).

33 *Un di velt hot geshvign* ("E o mundo silenciou", em iídiche), de 1955, foi o primeiro livro publicado pelo escritor Eliezer (Elie) Wiesel, Prêmio Nobel da Paz em 1986, que mais tarde se tornaria famoso ao ser reescrito e traduzido para o francês e o inglês sob o título *Noite*.

As editoras Idisch e Icuf se destacaram pela publicação das obras completas de dois dos "pais" da literatura iídiche moderna: 18 tomos de I. L. Peretz, no primeiro caso, e 15 de Sholem Aleijem, no segundo. A divulgação da narrativa de dois autores canônicos confirmou a entrada de Buenos Aires no mundo transnacional da edição nessa língua e, em termos econômicos, significava a publicação de nomes de venda certa.

O ensaio, entendido em sentido amplo, esteve presente em maior ou menor medida em todos os selos. O IWO e o Idbuj publicavam ensaio literário, histórico e, no caso da segunda editora, também político. Mas, sem dúvidas, o projeto em que esse gênero ocupou lugar exclusivo foi o Cultur Congres. Como já foi dito, entre os numerosos títulos que compõem o catálogo desse selo, destacam-se as reedições locais da *Historia mundial del pueblo judío*, de Dubnow, e da *Historia de la literatura judía*, de Zinberg. Como no caso de Peretz e Sholem Aleijem, a publicação de grandes obras de dois prestigiosos acadêmicos contribuía para agregar prestígio ao nome de Buenos Aires na geografia editorial iídiche.

Por outro lado, se fazemos uma breve busca pelos países e cidades de residência dos autores no momento de sua publicação, isso revela que o auge editorial não foi sinônimo de uma maior presença de escritores e pensadores no país. Ao contrário, os selos que colocaram Buenos Aires no centro da geografia cultural judaica publicaram sobretudo obras de escritores e intelectuais residentes no exterior. Tal aspecto, proposto por alguns articulistas nas décadas de 1950 e 1960, é fundamental para se compreender a integração dessa cidade nos circuitos transnacionais de publicação e circulação de livros.

Ora, se consideramos que esses projetos editoriais foram concebidos e concretizados em Buenos Aires, cabe questionar que lugar reservaram à produção intelectual e literária local. No caso da Musterverk, encontramos somente três obras que, pelo título ou pelo autor, remetem à Argentina. Em 1967, foi publicada uma reedição de *Memorias de un colono judío en la Argentina* [Memórias de um colono judeu na Argentina], de Marcos Alpersohn, um dos poucos autores que caíra nas graças dos pequenos selos do entreguerras; em 1975, uma antologia centrada na vida rural e na colonização no país, *El sueño del campo* [O sonho do campo]; e, no ano seguinte, outra sobre a experiência urbana, *Entre los muros de la ciudad* [Entre os muros da cidade]. Escasso que possa parecer o espaço dedicado à literatura iídiche argentina, também é possível enxergá-lo de outro modo: seria mais do que suficiente a inclusão de três volumes dentro de um empreendimento editorial que pretendia se constituir como uma espécie de cânone universal.

O propósito declarado da Dos Poylishe Idntum não continha, como princípio, uma limitação para a publicação de escritores e ensaístas de Buenos Aires. Não obstante, não foi um canal importante de divulgação de suas obras. Do conjunto de livros com um único autor, que compreende praticamente todas as obras do catálogo, pelo menos 56 escritores residiam em Nova York, 30 em Israel — principalmente em Tel Aviv —, 15 em Paris, 16 na Argentina, enquanto os demais se distribuíam entre autores mortos antes ou durante o Holocausto e residentes em outras cidades. Desse modo, 10% das obras correspondiam a autores que viviam no país. Porém, ao se contemplarem os nomes dos escritores, e não os títulos, vemos que a representação se reduz de 16 a 11, já que alguns tinham mais de um livro no catálogo.

Para além do propósito fundacional, que, por si só, supunha uma primeira restrição, seus editores destacavam, no prólogo do primeiro tomo, que os portadores da "voz" do judaísmo polonês seriam "autores idôneos". É difícil determinar o que isso significava em termos de autores, mas é provável que esse valor tenha guiado o interesse e a busca dos editores por escritores e figuras relevantes do cenário intelectual e artístico judaico-polonês.[34] Por outro lado, é possível que a inclusão de alguns autores que chegaram ao país durante ou depois do Holocausto tenha se devido, em parte, à condição imposta pela Claims Conference: que os sobreviventes recebessem empregos.

Nos demais selos, a abertura para locais varia entre uma presença restrita, na Idisch e na Kium; passando por uma situação intermediária em que a representatividade aumenta, mesmo que de modo limitado, como nos casos da Idbuj e do Cultur Congres; até o extremo oposto, em que a abertura é sensivelmente maior, como na IWO e na Icuf. No caso da Kium, dos 41 títulos sobre os quais conseguimos informação, seis pertencem a autores locais. Em contraste, Israel, com 19 obras, ocupa o

---

[34] Sobre esse assunto, ver Chinski (2011).

primeiro lugar, e Nova York, o segundo, com 16. Essas opções revelam que sua ligação com o sionismo corresponde com sua preferência pelos nomes e pela produção intelectual israelense. A criação local viria a adquirir mais destaque com a Idbuj. Dos 54 títulos cujos autores conseguimos levantar, nove pertencem a nomes do espaço literário portenho, ainda que, na verdade, correspondam a somente quatro escritores — Abraham Zak, Mordejai Bernsztein, P. (Alexander) Minc e Pinie Wald –,[35] dos quais três chegaram ao país em 1952 como parte do grupo de intelectuais sobreviventes. Para a editora bundista, os Estados Unidos eram, depois da destruição de Varsóvia, a referência cultural indiscutível. Dali, e em especial de Nova York, provinham mais de dois terços de seus autores.

Enfim, no caso da IWO, pelo menos 14 dos 27 títulos pertencem a autores locais, mas, desses, 8 carregam a assinatura de uma mesma pessoa: Samuel Rollansky. Por sua vez, dos 68 livros que constituem o catálogo da Icuf em iídiche, 20 títulos, divididos entre sete autores, compõem a produção local. Nesse caso, quem se destaca é Pinie Katz, com nove tomos de sua obra seleta, seguido por outro intelectual comunista, Tzalel Bitz. Fora da produção local, o catálogo da Icuf se concentra nas obras de Sholem Aleijem e David Bergelson. Do primeiro, publica 15 tomos com suas obras completas entre 1952 e 1959; do segundo, três tomos em 1961.

É interessante nos determos nos anos de publicação desse último autor, talvez o mais importante escritor iídiche da União Soviética e, por consequência, uma figura-chave do comunismo judaico na sustentação da existência de uma cultura iídiche secular proletária. Embora, em 1949, edite um de seus livros, *Nuevos cuentos* [Novos contos], apresentado como o primeiro tomo, a Icuf não voltaria a publicá-lo até 1961, ano em que suas obras completas em três tomos são impressas. A interpretação seria, a princípio, simples: Bergelson fora executado na então União Soviética junto com outros escritores e intelectuais em 1952, após ser condenado por conspiração, julgamento estimulado inocultavelmente por um espírito antissemita. O que fazer, então, com essa figura medular de sua identidade política, agora caída em desgraça? A resposta parece ter sido o silêncio.

---

35 Pinie Wald escreve uma das obras mais memoráveis da literatura iídiche, *Koshmar* (*Pesadelo*), na qual relata sua experiência como detido e torturado durante a Semana Trágica de 1919.

Apesar disso, a enormemente bem-cuidada edição de Sholem Aleijem talvez possa ser lida como um paliativo momentâneo. Desse ponto de vista, a volta à publicação das obras de Bergelson se explicaria pelo processo de desestalinização empreendido por Khruschov em 1956, que viveu um ano crucial em 1961 com a condenação do stalinismo por parte do XXII Congresso do Partido Comunista Soviético. Graças a isso, Bergelson foi reabilitado postumamente pelo regime soviético, e suas obras completas também foram publicadas na União Soviética no mesmo ano.

Entre os fatores que orientaram os critérios de escolha de autores e títulos, foram decisivos os níveis e formas variáveis de articulação de cada projeto com instituições, partidos e redes transnacionais de língua iídiche. Ou seja, nessas decisões, incidiram desde os tipos de vínculos institucionais e as adesões ideológicas, passando por práticas mais conjunturais ou mais permanentes de colaboração intelectual e formas de apoio financeiro, até a construção de catálogos adequados aos interesses tanto do público local quanto dos principais núcleos culturais iídiches.[36]

Esse breve percurso pelos gêneros e, sobretudo, pelos autores publicados demonstra que o boom da edição iídiche em Buenos Aires teve um perfil muito bem-definido: a cidade se transformou numa importadora de textos e numa produtora e exportadora de livros, em vez de numa divulgadora de sua própria literatura. Os autores que formavam o ambiente literário e cultural iídiche portenho continuaram recorrendo preponderantemente à autoedição, a empreendimentos editoriais menores ou a comitês de publicações eventuais, e somente raros casos conseguiram aproveitar o espaço proporcionado pelos novos selos. Assim, embora Buenos Aires tenha se erguido efetivamente como centro editor iídiche em escala mundial, continuou a ser um centro secundário e dependente em termos de criação cultural. A dependência institucional, econômica e simbólica dos selos portenhos em relação aos centros judaicos do pós-guerra — Nova York e Tel Aviv — ficou patente no estabelecimento e dinâmica dos canais pelos quais circulavam manuscritos, livros, recursos financeiros, intelectuais, ativistas etc.

---

[36] Estabeleço a hipótese da adequação do catálogo para a exportação a partir da análise de José Luis de Diego (2006) sobre a "era dourada" da edição argentina.

Assim como a publicação de autores residentes no país e a tematização de questões próprias da experiência judaica local, a tradução de literatura para o iídiche, principalmente do castelhano, se tornaria um indicador válido para conciliar a marca local no repertório editorial do período. Nesse contexto, os números são ainda mais insignificantes que no caso dos autores, e o selo da Icuf volta a se destacar na diferença. Seu catálogo contava com uma coleção específica chamada Traducciones [Traduções], inaugurada em 1951 e 1952 com os dois tomos do *Quixote*,[37] seguidos das traduções de *Los gauchos judíos*VII [Os gauchos judeus] (1952), de Alberto Gerchunoff; *El río oscuro* [O rio escuro] (1953), do argentino Alfredo Varela; *Espartaco* [Spartacus] (1955), do estadunidense Howard Fast; e *Cacao* [Cacau] (1956), do brasileiro Jorge Amado; os três últimos, autores de filiação comunista, foram todos traduzidos por Pinie Katz. A coleção contou com pelo menos mais duas obras: uma do pedagogo e protetor de órfãos judeus Janusz Korczak, assassinado pelo nazismo, com tradução de J. Brakarz (1950); e outra do escritor russo Boris Nikolaievitch Polevoi, vertida por Tzalel Blitz (1953). A editora Kium fez o mesmo com traduções de obras em hebraico, embora não as tenha diferenciado numa coleção específica.

CIRCULAÇÃO

Em seu relatório sobre a Argentina, Jacob Shatzky, sociólogo residente nos Estados Unidos, indicava que, até 1951, a média de tiragem dos livros em iídiche era de 2 mil exemplares, enquanto o castelhano alcançava 3.500, “uma vez que estes últimos têm maior difusão nos círculos latino-americanos” (Shatzky, 1952, p. 52). De todo modo, esses números pareciam variar sensivelmente de editora para editora. De acordo com Schwarz (2007), a Dos Poylishe Idntum começou publicando dois livros por mês, com uma tiragem de 3 mil exemplares, para depois aumentar para 5 mil cópias, sendo que alguns títulos ainda ganharam reimpressões. No caso da Musterverk, nos primeiros sete anos, a tiragem foi de mil exemplares,

[37] Segundo Franco Moretti (2001), *El Quijote* foi traduzido pela primeira vez para o iídiche em meados do século XIX, na Europa.

quase todos os títulos publicados tiveram uma nova impressão, e pelo menos dois renderam três impressões. Praticamente todos os selos ofereciam seus livros tanto em brochura quanto em capa dura.

As fontes consultadas confirmam a exportação de volumes argentinos para os principais centros judaicos, apesar de se referirem a ela de modo muito genérico. Carece um estudo pormenorizado, que seria muito útil para constatar essa circulação. Independentemente disso, Schwarz (2007), por exemplo, indica que, em 1947, os livros da Dos Poylishe Idntum eram exportados para 22 países e que chegaram inclusive a sobreviventes do Holocausto na Polônia e aos campos de desalojados. Analogamente, os livros da Musterverk alcançaram diversas cidades do exterior, graças, em grande medida, à atividade de promoção e assinatura realizada por Samuel Rollansky em suas viagens. As vendas eram feitas diretamente ao consumidor ou por meio de assinaturas tanto de indivíduos quanto de instituições nacionais e estrangeiras (Chinski; Fiszman, 2010, p. 9).

Quanto ao Cultur Congres e à Kium, a exportação de seus títulos pode ser inferida a partir tanto da colaboração direta entre a sede local e a nova-iorquina, quanto da localização central do partido sionista em Israel, no segundo caso. Embora as edições da IWO, da Idbuj e da Icuf não tenham resultado de uma colaboração tão direta, as relações institucionais entre as expressões locais e as sedes em outros países também permitem inferir uma circulação específica por essas cidades e países.

DECLÍNIO DO PERÍODO DE EDIÇÃO

Por volta de meados da década de 1960, e paralelamente à queda de muitas outras expressões da cultura iídiche no país, Buenos Aires começa a sinalizar seu fim como polo de edição nessa língua. O sensível decréscimo no número de novos títulos publicados em 1965 em relação aos anos anteriores (contabilizando somente 40% de 1964 e 33% de 1963) se torna uma tendência consolidada nos anos subsequentes. E não é à toa que tenha sido assim. Entre 1966 e 1967, três dos grandes selos que haviam contribuído para sustentar a oferta anual de novidades saem do mercado: Dos Poylishe Idntum, Idbuj e Icuf.

A brusca queda na quantidade de títulos novos publicados em 1965 e o encerramento de três selos nos anos posteriores indicam que teria havido uma mudança desfavorável nas condições econômicas, como o aumento nos custos dos insumos de impressão. É muito provável, porém, que também se tenha começado a perceber uma demanda menor, graças à gradativa contração do público leitor iídiche. Nos primeiros anos da década de 1950, Shatzky (1952, p. 63) já observava que "os jovens judeus da Argentina não se encontram entre os leitores do livro iídiche". Uma década e meia depois, as dúvidas quanto à continuidade do idioma se tornaram certezas.

Para alguns observadores contemporâneos, ficava cada vez mais evidente que, com o decorrer dos anos, cada língua, fosse o iídiche ou o castelhano, remetia de forma mais marcada a gerações e universos de sentido diferentes, incompatíveis inclusive. Em seu ensaio sobre a literatura judaica na Argentina, o jovem intelectual León S. Pérez (1958, p. 63-64) afirma:

> O idioma da velha geração é o iídiche, sua vivência é em iídiche, e a esfera de sua cultura é um eco da cultura em iídiche. A nova geração vive em castelhano. Em sua vida, o iídiche é uma indicação paterna dos primeiros anos, que depois não encontra motivo para persistir em sua boca. É expulso dela pelo castelhano, [ainda que] a vida comunitária, que, em muitos aspectos, se desenvolve em iídiche lhe permita persistir. [...] Sem guetos nem restrição alguma para a entrada da juventude judaica na cultura gentia, a jovem geração vai, às centenas e milhares, para o mercado de trabalho liberal, e encontra um imenso material em castelhano, muito mais vasto que a fonte em iídiche (mesmo quando a dominara a fundo), mais ágil, mais diariamente controlado e atualizado. Sua modernidade é [a] mais importante arma contra o iídiche.[VIII]

Essas linhas refletem as tensões geracionais e culturais a partir do ponto de vista de um jovem partícipe do período, que se vê plenamente envolvido nos embates políticos e culturais da vida judaica. Ponto de vista acentuado, nesse caso, pela militância sionista e pela origem sefardita, que o excluíam do universo iídiche mais do que aos jovens asquenazes.

Nas décadas imediatamente posteriores à Segunda Guerra Mundial, Buenos Aires deixou de depender da produção estrangeira para participar de modo ativo e central na produção e circulação transnacional de livros. Essa mudança veloz foi possibilitada tanto pelas dramáticas transformações demográficas, geográficas e culturais produzidas pelo Holocausto como pela existência local de recursos humanos e materiais e de condições econômicas favoráveis. Contudo, a nova geografia cultural judaica não era isenta de assimetrias. Os polos do entreguerras, Nova York e Tel Aviv, se tornaram os centros indiscutíveis das tramas políticas, culturais e econômicas da diáspora.

Buenos Aires foi também um dos primeiros e principais lugares em que se começou a processar, em termos culturais e coletivos, o trauma do Holocausto: as lembranças e o indizível paulatinamente encontraram canal na palavra impressa iídiche. Apesar de sua magnitude, essa questão foi ignorada pela cultura e pelas letras argentinas contemporâneas. Para adentrarmos no panorama editorial judaico em língua castelhana, voltaremos novamente aos primeiros anos do entreguerras.

NOTAS DOS TRADUTORES

I No original, “En la Argentina posiblemente sean los judíos el único grupo nacional inmigrante que creó una literatura propia en su idioma. [...] También se escribió y se escribe aquí en otras lenguas extranjeras: italiano, alemán, inglés, francés y ruso, pero sin pretensiones de conformar una literatura aparte, tal como sucede en el caso del ídish”.

II No original, “En términos prácticos, los judíos se sintieron completamente libres para expresar sus descontentos en ídish. Sus blancos fueron sus propias elites rabínicas y económicas, o los elementos criminales entre sus correligionarios, o bien los gentiles como grupo –en tanto antisemitas listos para volverse violentos o como depositarios de una enemistad religiosa ancestral–. En ídish, los judíos no tuvieron que embarcarse en apologías, mientras que los judíos solían tener agendas específicas al escribir en lenguas gentiles”.

III No original, “La catástrofe judía mundial ha elevado a nuestro *ishuv* y le ha otorgado un trágico y gran privilegio. [...] Un privilegio que a la vez reviste para nosotros, desde siempre, un deber. [...] Por medio de la editorial Idisch el *ishuv* argentino judío empezará a ayudar a reconstruir lo que el enemigo destruyó.

Y no en vano comenzamos con nuestros clásicos. La vida que Méndele, Peretz y Sholem Aleichem describieran ya tampoco será borrada por un carro blindado.

Y cuando la furia se termine y Europa proceda a la reconstrucción y, con ella, a levantar los restos del judaísmo sobreviviente, el *ishuv* argentino, por medio de la editorial Idisch, enviará los libros de los clásicos a la primera biblioteca judía reconstruida por Sneh” (tradução para o castelhano de Malena Chinski).

IV O nome desse autor foi transliterado diferentemente no Brasil — Semen Dubnov —, conforme registro em diferentes livros no acervo da Fundação Biblioteca Nacional.

V No original, “El nombre de la editorial es muy conocido aquí. La gente hace alarde de usted y de su casa editorial y usted debería utilizar ese sentimiento. No necesito decirle lo que los *Landsmanshaftn* [“sociedades de coterráneos” en ídish] se volvieron en los Estados Unidos. Tienen toneladas de dinero. No saben qué hacer con él. Los pueblos en cuyos nombres estas asociaciones fueron creadas fueron erradicados y convertidos en *judenrein* [“libre de judíos” en alemán]. Cada *Landsmanshaft* quiere erigir un monumento a su aldea de origen, quiere publicar un libro de un escritor de [esa misma aldea]”.

VI No original, “‘¡No hay libros!’ Los libros viejos des aparecen. Los que quedan todavía son difíciles de usar para un lector joven: o bien la ortografía es antigua, o bien rechazan demasiado las viejas tradiciones, o están tan llenos de localismos y términos, conceptos y símbolos que son extraños a las jóvenes generaciones.”

VII Lembramos que *gaucho*, na Argentina, compreende, de modo geral, não apenas um gentílico, mas também uma cultura ligada à terra e à pecuária. Esses sentidos também circulam no Sul do Brasil, embora fora dessa região nos pareça que funcione mais como gentílico que como identificação cultural.

VIII No original, "El idioma de la vieja generación es el ídish, su vivencia es en ídish y el ámbito de su cultura es una resonancia de la cultura en ídish. La nueva generación vive en castellano. En su vida el ídish es una indicación paterna de los primeros años, que luego no encuentra razón poderosa para persistir en su boca. Es empujado de ella por el castellano, [aunque] la vida comunitaria, que en muchos aspectos se de sarrolla en ídish, le permite persistir. [...] No existiendo guetos ni restricción alguna para la entrada de la juventud judía en la cultura gentil, la joven generación va por centenares y miles al profesionalismo liberal y encuentra en castellano un inmenso material mucho más vasto que la fuente en ídish (aun cuando la dominara a fondo), más ágil, más diariamente controlado y actualizado. Su modernidad es [la] más importante arma contra el ídish".

3 "OS LIVROS QUE NÃO PODEM FALTAR EM NENHUM LAR JUDAICO": A TRADUÇÃO COMO POLÍTICA CULTURAL (1919-1938)

> *Da pequena comunidade aldeã, semelhante a um gueto, você tinha de fato trazido um pouco de judaísmo; não era muito e um tanto se perdeu na cidade e no serviço militar; mesmo assim as impressões e as lembranças da juventude bastavam, em escassa medida, para uma espécie de vida judaica,* [...] *mas para ser transmitido ao filho era muito pouco, e enquanto você o transmitia ele foi-se perdendo lentamente até a última gota.*
>
> **FRANZ KAFKA**, CARTA AO PAI, PRAGA, NOVEMBRO DE 1919[1]

Mal descobriu que a passagem do iídiche ao castelhano deixava de ser uma etapa futura do almejado processo de integração para se tornar uma realidade incontestável que gestava sérios desafios para a recriação e continuidade da cultura judaica no país, um conjunto de intelectuais, empreendedores culturais, filantropos e instituições começou a investir na palavra impressa em castelhano como meio de debate e instrumento de circulação de cultura judaica. Assim, somou-se às publicações periódicas iniciais, desde o final da segunda década do século XX, a edição de livros, especialmente de livros traduzidos. Como resultado desse esforço, às vezes coordenado, às vezes isolado, uma série de temas e autores ingressou no córpus literário de língua castelhana, assentando as fundações de um novo repertório cultural. Neste capítulo, estudaremos esse momento pioneiro da edição de livros judaicos em castelhano na Argentina. Para tal, percorreremos as principais experiências editoriais que se deram entre 1919 e 1938, com o objetivo de compreender as motivações que alimentavam essas ações e entender que sentidos o livro e a tradução carregavam para esses agentes.

Essa etapa começa em 1919, com a publicação de *Los cabalistas* [Os cabalistas], de I. L. Peretz, o primeiro livro traduzido a partir do iídiche no país, e termina em 1938, com o surgimento da Editorial Israel, uma empresa privada, de características modernas, especializada na temática judaica. Em termos político-culturais, nesse momento, predominou uma postura que podemos denominar "liberal" ou, segundo o historiador Ezra Mendelsohn (1993) em sua análise da política judaica moderna na Europa e nos Estados Unidos, "integracionista".[1] De acordo com esse ponto de vista, o campo integracionista judaico se define por sua vontade de participar como cidadãos e como membros plenos da nação de residência e se funda sobre uma concepção liberal da sociedade, da política, da religião e do Estado. Essa caracterização define adequadamente a posição da elite intelectual judaica de fala castelhana que fomentava as distintas iniciativas de edição. Não obstante, diferentemente dos casos europeus ou estadunidense, o setor da elite que estimulou os primeiros projetos editoriais se destacava por sua ativa oposição à religião como parte essencial do judaísmo contemporâneo. O fim do período aqui tratado coincide, não à toa, com a crise do consenso liberal, tanto fora como dentro da vida judaica, e com a concomitante expansão da afirmação nacional de recorte sionista.[2]

As traduções publicadas por selos especializados em temas judaicos ou em coleções específicas de editoras gerais se recortam e definem no pano de fundo de um universo mais amplo de obras. Em primeiro lugar, distinguem-se da criação literária local de temática judaica em castelhano.

---

1 Uma abordagem geral da concepção liberal na comunidade judaica argentina pode ser encontrada em Leonardo Senkman (2007).

2 Para ler mais sobre o desenvolvimento dos partidos sionistas na Argentina e o seu gradual domínio das instituições judaicas centrais, ver Bell (2002) e Schenkolewski-Kroll (1988, 1992).

Apesar de *Los gauchos judíos*, de Gerchunoff, publicado em 1910, ter dado forma a uma tradição literária argentina de questões judaicas que se estendeu para além da primeira metade do século XX, desde cedo houve uma visível distinção entre os livros de escritores e poetas judaico-argentinos, de um lado, e a tradução, de outro. Esta última permitia que se entrasse em contato com a produção dos centros de cultura judaica e com um patrimônio literário e intelectual histórico. Em segundo lugar, a edição de livros traduzidos contrasta com as numerosas traduções publicadas em revistas e periódicos. De fato, os fomentadores da edição de livros estavam cientes dos diferentes efeitos sociais e culturais entre um tipo de suporte e outro. A durabilidade, o valor simbólico e os usos do livro o tornavam um objeto mais valorizado que os maços de jornais. Igualmente, devemos considerar os selos comerciais, locais ou estrangeiros, que ocasionalmente podiam se interessar pela publicação de autores ou obras "de interesse judaico". Embora não fosse objetivo dessas empresas considerar o judaico um segmento diferenciado de seus catálogos, elas publicaram numerosas traduções que depois foram incorporadas ao patrimônio literário judaico. Portanto, tal repertório não foi formado exclusivamente pelos selos e coleções especializados.

Por fim, o arco de ações editoriais e obras literárias e intelectuais que nos interessa estudar neste capítulo deve ser pensado, antes de qualquer coisa, em relação com o conjunto mais extenso de livros disponíveis, que não tem vínculo direto algum com o judaico. Como veremos a seguir, a urgência que levava indivíduos e instituições a se embrenharem em iniciativas de tradução de livros judaicos sustentava uma posição ambivalente a respeito do material que devia dar forma à cultura judaica moderna, liberal e humanista que apregoavam. Assim, conforme estimulavam a leitura de Thomas Mann, André Gide, Luigi Pirandello, Leopoldo Lugones ou Carlos Saavedra Lamas, vistos como representantes da alta cultura universal, não deixavam de perceber nessa oferta editorial "não judaica" um risco que devia ser compensado, em termos de volume e acessibilidade, com obras "judaicas". A ausência de um repertório literário próprio e de magnitude provocava o temor da perda de uma conexão com a cultura judaica. Não devemos esquecer, por outro lado, a rápida ampliação do mercado editorial argentino nas primeiras quatro décadas do século XX, graças a um crescente público alfabetizado e à sucessão de experiências de edição de livros de baixo custo, altas tiragens e distribuição por vias heterodoxas.

Recordemos, por exemplo, a coleção Biblioteca La Nación, que, entre 1901 e 1920, fez circular 875 títulos, majoritariamente traduções. Ou, nas décadas de 1910 e 1920, os projetos editoriais de "livros nacionais" das coleções Cultura Argentina e Biblioteca Argentina, dirigidos respectivamente por José Ingenieros e Ricardo Rojas (Sorá, 2011, p. 134-135).

Delimitado o campo, avancemos na compreensão dos significados atribuídos pelos próprios agentes à tradução e ao livro, para, mais à frente, analisarmos as principais experiências sistemáticas de publicação de traduções do período: os casos do tradutor, editor e ensaísta Salomón Resnick, da Sociedade Hebraica Argentina (SHA), e do editor Manuel Gleizer.

OS JOVENS, O CASTELHANO E OS LIVROS

"POR ORA, UMA DISTÂNCIA UNICAMENTE IDIOMÁTICA"

As páginas do semanário *Mundo Israelita* nos fornecem um ponto de vista fundamental para compreender as preocupações em torno dos livros, da tradução e da transmissão da cultura judaica de um setor da elite intelectual de fala castelhana. Por um lado, desde a sua fundação em 1923 e pelo menos até o fim dos anos 1930, esse jornal semanal judaico em castelhano, o de maior circulação no país em sua categoria, participou da constelação cultural da elite, nucleada na SHA. Em termos ideológicos, isso significa que, durante esses anos, seus editores e redatores apostaram decididamente no liberalismo, no secularismo e no castelhano como divisas de integração cultural ao país; ao mesmo tempo, mantiveram, até meados da década de 1930, uma distância respeitosa em relação ao sionismo. Por outro lado, constatamos que a ligação entre as posições do jornal e o interesse em torno da tradução e da edição se torna ainda mais específica e direta quando notamos que, entre as principais assinaturas de colaboradores, figuravam as daqueles que lideravam os primeiros exercícios de tradução e edição: Salomón Resnick e León Dujovne. Assim, acompanhar de perto esse jornal e sua relação com o livro judaico implica não somente fazermos um levantamento dos diferentes acontecimentos e processos noticiados no veículo de comunicação mais atento à vida cultural judaica nessa língua, como também nos aproximarmos das preocupações e aspirações da elite cultural que propiciou os primeiros experimentos editoriais.

A questão da transmissão da cultura judaica a novas gerações nascidas e educadas no país foi tocada com preocupação por um grupo de intelectuais e ativistas comunitários desde as primeiras décadas do século XX. Para eles, o perceptível e crescente desinteresse dos jovens pelos temas judaicos era, em grande medida, resultado do gradativo afastamento do iídiche como língua cotidiana, em preferência ao castelhano, bem como do desconhecimento mais ou menos generalizado do hebraico e da atração que a vida cultural do entorno não judaico exercia. Para alguns, a ausência de traduções, para o castelhano, de obras de temática judaica era um aspecto crucial do problema.

Em março de 1924, a *Mundo Israelita* afirmava que "cada entidade israelita com fins culturais" tinha a responsabilidade de educar os integrantes da comunidade na Argentina quanto aos problemas próprios do judaísmo, enfatizando que essa ignorância era ainda mais preocupante no caso dos jovens:

> O desconhecimento de grande parte de nossa juventude [quanto a]os problemas que se referem ao nosso povo é quase absoluto. A história, a literatura, a cultura judaica, enfim, são campos nos quais não ingressaram, ou, no melhor dos casos, não tiveram tempo de explorar. Entretanto, há muito a ser explorado em nossa larga e dolorosa história. ("La orientación de la actividad cultural" [A orientação da atividade cultural], *Mundo Israelita*, 10 mar. 1924).[II]

De imediato, a nota intensificava o tom dramático ao revelar o sentido último que se colocava em jogo com a questão da transmissão:

> Ignorar o papel histórico desempenhado pelo povo de Israel no desenvolvimento da humanidade; desconhecer o valor moral-social legado pelos hebreus, não sabendo que ele é o eixo sobre o qual o mundo gira em seu trajeto rumo à perfeição, eis a principal causa do mal-estar, das lutas e das desgraças que [se] desencadeiam contra os judeus. E se a ignorância do que nos é alheio provoca fatais consequências, levando a retrocessos nesse trajeto rumo a

> uma humanidade melhor, o desconhecimento dos ideais judaicos é mais grave ainda quando [quem dele] padecem são os próprios israelitas e, especialmente, a juventude.[III]

Essas linhas manifestam uma concepção do "povo judaico" a partir de um paradigma esclarecido, como um ente ético-histórico portador de valores morais essenciais para o progresso da humanidade. Essa definição, assim formulada e compartilhada por um amplo segmento da elite judaica de fala castelhana, não dava margem para reivindicações de caráter religioso ou nacional.

A nota evitava culpar os jovens por seu afastamento. Durante o período que analisamos, a crítica sinalizava insistentemente para a atuação das entidades da comunidade e de seus dirigentes e, em termos mais gerais, para a atitude das gerações mais velhas. Certamente, assim como as observações a seguir, essa não buscava ser um mero diagnóstico imparcial sobre o que se tornou a vida "israelita" no país; ao contrário, tinha a clara intenção de incidir sobre a orientação das políticas culturais das instituições.

Em agosto do mesmo ano, um redator anônimo afirmava:

> A juventude israelita reserva os melhores sentimentos para seu povo; infelizmente, uma educação equivocada a desviou do conhecimento direto das fontes de sua cultura nacional. Não a culpemos disso, e nos esforcemos para reparar o mal *falando numa linguagem acessível a ela* [...] *A distância que a separa do povo não é, em geral, muito grande; por ora, é unicamente idiomática.* [...] Pior seria se seus sentimentos nacionais estivessem atrofiados. Se assim fosse, todo o esforço seria em vão. Mas enfatizamos: não é [o] caso. Nossa juventude se encontra em estado de distanciamento involuntário, não de assimilação ("Alejamiento, no asimilación" [Distanciamento, não assimilação], *Mundo Israelita*, 16 ago. 1924, destaques nossos).[IV]

Desse ponto de vista, o problema era visível: as gerações nascidas e educadas no país se sentiam cada vez menos interessadas na cultura e nas problemáticas judaicas. E, supunham, a origem do problema era igualmente óbvia: fosse por falta de ação institucional, fosse por desconhecimento das línguas judaicas, os jovens não tinham acesso a esse mundo cultural. Como enfrentar esse desafio? Como reverter essa tendência? O livro e a tradução pareciam um caminho possível.

A APOSTA NO LIVRO

Na edição de 28 de junho de 1924, a *Mundo Israelita* aproveitava uma polêmica que circulava na imprensa judaica de Nova York sobre a acentuada queda na venda dos livros da JPS, para encarar a questão do livro e da edição na Argentina.

Para o editor, o problema de fundo era o mesmo nos dois países: fornecer literatura de temática judaica aos jovens que já não dominavam "suficientemente a língua paterna a ponto de usá-la como instrumento de leitura" ("Una cuestión cultural" [Uma questão cultural], *Mundo Israelita*, 28 jun. 1924). Mas, em certa medida, a questão posta pela queda nas vendas era paradoxal e, por causa de sua repercussão local, merecia ser respondida: a crescente difusão do inglês entre os jovens judeus, além de não se refletir como aumento nas vendas das obras nessa língua, contrariamente, fora concomitante a uma notória queda. Como resposta, o artigo se apropriava do argumento de um dos participantes da polêmica: "O critério limitado e antiquado para a escolha de obras, que não se adaptara às modalidades do pensamento moderno, explica a diminuição da demanda de livros". Já não se tratava mais somente da tradução e da edição em castelhano, mas do tipo de títulos a publicar.

Apesar de ser possível pensar que o polemista estadunidense chamava de limitados e antiquados os critérios que levavam a JPS a insistir na reedição da tradução da Bíblia judaica para o inglês, negligenciando autores e títulos das correntes políticas judaicas modernas,[3] fato era que o redator da *Mundo Israelita* não parecia lá muito preocupado em elucidar a que tipo de obras se referia. Na verdade, aproveita-se dessa crítica genérica só a título de se justificar a série de títulos que seria lançada com a primeira tradução para o castelhano de um livro de Simón Dubnow, o historiador judeu vivo de maior prestígio na época.

Por volta do fim de 1929, mais de cinco anos depois da edição da obra de Dubnow, o jornal publicou um tipo de balanço do que, até o momento, fora realizado em termos de traduções. Esse texto retomava

---

3 Ver "Report of the thirty-seventh year of the Jewish Publication Society of America, 1924-1925" [Relatório do 37º aniversário da Sociedade Estadunidense de Publicações Judaicas, 1924-1925], no *American Jewish Year Book* (1924-1925, v. 26, p. 617-621).

a linha argumentativa da transmissão cultural aos jovens e adicionava outras considerações:

> A publicação de obras judaicas em castelhano — referimo-nos desde já não apenas àquelas que tenham autores de origem israelita, mas principalmente àquelas que tratem de assuntos judaicos — sem dúvidas constitui um dos aspectos mais sólidos e interessantes do trabalho cultural envidado por nossas sociedades. Ainda que pouco tenha sido feito nesse sentido, é louvável o espírito de sacrifício daqueles que, desafiando o ambiente apático e a falta de recursos, não hesitaram em embarcar em iniciativas que pareciam aventuras, a princípio, e que, por fim, demonstraram êxito, tanto do ponto de vista moral quanto material [...]. A publicação dessas obras revelou para a nossa juventude e para os intelectuais argentinos a existência de uma literatura de interessante matiz, fazendo-os descobrir um mundo quase desconhecido. [...] Desde que o primeiro livro desse tipo a que fazemos menção foi lançado, já se passaram 13 anos. Nesse período, surgiu um numeroso contingente de jovens ansiosos por conhecer a cultura judaica, que não lhes é acessível a não ser pelo castelhano ("Ediciones judías en castellano" [Edições judaicas em castelhano], *Mundo Israelita*, 7 dez. 1929).[4]–[V]

O editorialista identificava os dois públicos aos quais se tentava chegar: "jovens judeus" e "intelectuais argentinos". Cada um desses destinatários ideais remetia a uma das grandes preocupações desse setor da comunidade: a transmissão da cultura judaica, por um lado, e a legitimação social e cultural da presença judaica no país, por outro. A principal motivação político-cultural dos esforços iniciais de tradução e edição foi dar resposta a essas questões. Entretanto, um novo cenário histórico alterou dramaticamente os parâmetros a partir dos quais se definiam as funções do livro e as razões para investir na atividade editorial.

4 Se o primeiro livro a que o artigo se refere é *Los cabalistas*, de I. L. Peretz, o editor comete um erro ao apontar que foi publicado 13 anos antes, porque foi lançado em 1919. Esse erro, porém, não deixa de ser estranho se, como supomos, o editor anônimo da nota e o tradutor e editor do livro forem a mesma pessoa: Salomón Resnick.

NOVOS TEMPOS: NAZISMO, ESQUERDA E SIONISMO

Com a ascensão de Hitler ao poder na Alemanha em 1933, o problema da transmissão da cultura adquire nova força. Nesse mesmo ano, Salomón Resnick sai da direção da *Mundo Israelita*, cargo que havia dividido com León Kibrick desde a fundação do semanário, para se dedicar integralmente à *Judaica*, revista que sintetiza o trabalho de tradução e divulgação da cultura judaica em geral e iídiche especificamente que começou a desenvolver na revista *Juventud* (1911-1917) e continuou na *Vida Nuestra* (1917-1923) e na *Mundo Israelita* (de 1923 em diante). As páginas da *Judaica*, de um modo ou de outro, estão atravessadas inicialmente pela ascensão do nazismo e depois pelo Holocausto. Assim, a questão da transmissão cultural para os jovens, objetivo que fora proposto antes da consolidação do nazismo, ganhou um viés alarmista e dramático. Em seu editorial de apresentação, Resnick afirmava:

> Os infelizes sucessos da Alemanha e a propagação da xenofobia em todo canto, mesmo num ambiente em que, como o argentino, deveria ser totalmente alheio a esse ódio, provocam, logicamente, na juventude israelita um desejo de reafirmar seus sentimentos históricos de afirmar sua consciência racial. E, para tal, nada mais eficiente que o estudo do nosso passado, do nosso presente e futuro, em todos os detalhes e evoluções, à luz da mais absoluta imparcialidade. A juventude judaica hispanofalante anseia por enveredar-se, hoje mais do que nunca, no labirinto cultural de seu povo, vincular-se aos seus problemas fundamentais, impregnar-se de saber judaico, que é, definitivamente, a nossa única e mais eficaz arma na luta contra as adversidades ("Presentación" [Apresentação], *Judaica*, jul. 1933, p. 1).[VI]

Nesse novo contexto, a questão do distanciamento dos jovens adquiria uma significação distinta, marcada por uma urgência política ausente nos anos anteriores. Quatro anos depois, já implementadas as políticas raciais, a vida dos judeus na Alemanha havia se precarizado palpavelmente, e a *Mundo Israelita* afirmava:

> Há, no judaísmo, valores que nossa juventude deve conhecer para não se envergonhar de pertencer a essa raça. [...] É necessário que saibam que nossa própria causa, agora que os judeus estão sendo

> perseguidos no mundo inteiro, é tão digna de atenção quanto qualquer outra reivindicação política e social. [...] Por acaso, o povo judaico é menos digno de solidariedade que a Espanha? Pelo menos não deveria, não para seus próprios filhos. Por outro lado, os judeus não estão engajados somente numa simples luta defensiva. Também estão forjando seus destinos nacionais por meio de uma grande obra construtiva, tanto material como cultural. A Palestina não é hoje um mero país de imigração e colonização, mas uma verdadeira pátria espiritual de Israel ("Debe encauzarse por nuevos rumbos la acción colectiva judía" [A ação coletiva judaica precisa seguir novos rumos], *Mundo Israelita*, 6 mar. 1937).[VII]

Ainda que esse setor tivesse poucas dúvidas quanto a que lado devia apoiar na batalha entre fascismo e antifascismo que se desenrolava na Espanha, o redator não deixava de expressar sua preocupação pelo modo como a defesa da frente republicana aparentemente desviava o interesse da juventude das opções judaicas, *stricto sensu*. Mediada pelas disputas políticas que atravessavam a comunidade judaica argentina, essa crítica apontava genericamente, mesmo que de modo sobreposto, a tendência esquerdista dos jovens judeus. Assim, a distância que "separa" a juventude "do povo" já deixava de ser "unicamente idiomática". Segundo esse redator, as novas causas políticas judaicas que os jovens deviam tomar para si eram o sionismo e, por outro lado, o combate à perseguição de que os judeus europeus eram vítimas. Nesse contexto, o problema da transmissão cultural não apenas ganhava complexidade, mas também começava a ser definido em outros termos.

Não é por acaso que essa mudança na compreensão da questão da transmissão coincida com mudanças fundamentais no tipo de projetos editoriais especificamente judaicos cujo nascimento marca o término do período que abarcamos aqui. Essa nova etapa na história da edição de "livros judaicos" em castelhano, dominada por selos cujo traço distintivo ideológico foi a afirmação do caráter nacional do povo em termos de sionismo, será tema do próximo capítulo. Por enquanto, nossa prioridade é observar quem foram aqueles que promoveram as primeiras traduções para o castelhano e que tipos de obras foram publicadas. Em primeiro lugar, nos concentraremos no projeto de Salomón Resnick; posteriormente, no da SHA; e, por fim, na Biblioteca de Temas Judíos [Biblioteca de Temas Judaicos], de Manuel Gleizer.

A EDIÇÃO DE TRADUÇÕES DE TEMAS JUDAICOS EM CASTELHANO

A POLÍTICA CULTURAL DE SALOMÓN RESNICK

Em 1902, oito anos depois do nascimento de Resnick na Rússia, sua família emigrou para a Argentina e se radicou no povoado bonaerense-VIII de Carlos Casares, em cujas proximidades se encontrava a Colonia Mauricio, uma das primeiras colônias agrícolas judaicas do país. Depois de uma passagem por La Pampa, Salomón se instalou definitivamente na cidade de Buenos Aires, onde, entre 1911 e 1946, ano de sua morte, desenvolveu uma intensa tarefa como introdutor da literatura iídiche no mundo de fala castelhana.

Seu trabalho jornalístico em castelhano se ampliava nas páginas das principais publicações de orientação liberal integracionista da primeira metade do século XX: *Juventud*, *Vida Nuestra*, *Mundo Israelita*, *Judaica*, além de um ou outro artigo na revista cultural *Davar*.[5] Contudo, sua ação mais sistemática se materializou na revista literária mensal *Judaica*, que fundou em 1933 e dirigiu até sua morte. Ainda que a cultura e a literatura iídiche tivessem um lugar preponderante em suas páginas por meio de ensaios e traduções, figuravam também a história e a produção literária e artística provenientes do mundo judaico-espanhol e do hebraico antigo e moderno ou artigos sobre temas políticos contemporâneos.

Seu nome figura entre os fundadores da Associação Hebraica em 1923 e de sua sucessora, a SHA, em 1926, que exerceu um protagonismo na vida cultural judaica argentina em língua castelhana por um longo período. Nos primeiros anos de existência dessa instituição, Resnick esteve a cargo da direção de sua biblioteca. Depois do distanciamento da SHA, por volta de

---

5 Resnick foi um dos fundadores do jornal *Di Presse*, em língua iídiche, e participou de várias publicações estrangeiras nessa língua. Segundo sua filha, Rosa Perla Resnick (1997), ele colaborou em 1916, em Buenos Aires, com o jornal anarquista em iídiche editado em Londres por Rudolf Rocker. A lista de notas impressas nas publicações mencionadas está registrada em Weinstein e Gover de Nasatsky (1994).

1929,[6] aventurou-se em diversos projetos culturais que tinham duração mais ou menos efêmera, foi representante do IWO, presidiu, entre 1938 e 1940, a filial local dessa entidade e, em seus últimos anos, figurou como representante regional da filantrópica Comissão Judaica Estadunidense de Distribuição Conjunta (JDC).

Sua profícua atividade como tradutor de literatura iídiche se materializou tanto em revistas e periódicos como em livros. De fato, a primeira tradução do iídiche publicada em formato de livro no país — a já citada seleta de contos do escritor I. L. Peretz — foi produzida, conduzida e muito provavelmente financiada por ele mesmo.[7] Outras traduções de distintos gêneros vieram depois da edição dessa obra. Resnick também foi o primeiro a introduzir autores como Sholem Aleijem e Sholem Asch[8] no panorama editorial argentino e, muito provavelmente, na língua espanhola de modo geral. O outro gênero em que se aventurou decididamente foi no historiográfico: traduziu quatro obras de Simón Dubnow, uma delas em colaboração com León Dujovne, que já foi mencionado aqui como destacado tradutor e fomentador de edições.

Sua atividade jornalística sobre a cultura iídiche abarcou desde a apresentação de autores e obras, passando pela crítica literária, até o ensaio histórico-filológico. Essas intervenções funcionaram como um "aparelho importador", que dava condições e perfil à leitura dos autores e das obras traduzidas.[9] A magnitude dessas atividades o transformou — muito provavelmente até a atualidade — no tradutor e divulgador da literatura iídiche mais prolífico e relevante no espaço hispanofalante.

---

6 Para evitar confusões, deve-se notar que seu homônimo, o engenheiro cujo sobrenome é escrito de forma ligeiramente diferente (Resnik), entrou para a SHA em março de 1931, tendo posteriormente ocupado vários cargos nos seus conselhos diretores.

7 Alguns desses contos, selecionados e traduzidos por ele, já tinham sido publicados anteriormente em *Juventud* e *Vida Nuestra* e em publicações não judaicas, como *Nosotros*, *Fray Mocho*, *La Vanguardia*, *La Obra* e *Renovación*.

8 Não fosse um livreto que mais parecia um fascículo editado em 1933 pelo efêmero selo judaico Sem — ou seja, antes de Resnick —, poderíamos acrescentar aqui o escritor Joseph Opatoshu.

9 O "aparelho importador" (WILLSON, 2004) se refere tanto à editora e à coleção em que a obra traduzida está inserida, como ao conjunto de resenhas, críticas e estudos que a circundam. Esse conjunto de dispositivos canaliza, com maior ou menor eficácia, a incorporação da tradução à literatura receptora.

Se consideramos que, com suas notas e traduções, Resnick sustentava uma vertente possível da identidade judaica no mundo de fala castelhana, podemos interpretar suas próprias escolhas, inclusive as mais eminentemente literárias, como parte de uma aposta político-cultural que teria buscado intervir numa disputa pelo sentido coletivo da identidade e da cultura judaicas. De fato, algumas de suas traduções e ensaios tiveram um caráter político mais definido. A publicação de sua versão castelhana de *Ensayos sobre la nacionalidad judía* [Ensaios sobre a nacionalidade judaica], de Jaim Zhitlowsky, em 1931, e do pequeno livro de 31 páginas intitulado *Dos formas de nacionalismo espiritual: Ajad Haam y Simón Dubnow* [Duas formas de nacionalismo espiritual: Ajad Ha'am e Semen Dubnov], editado pela efêmera Federação de Instituições Culturais Hebraicas da Argentina (Ficha), surge como uma notável ação nesse sentido, mais ainda se consideramos que Resnick foi o vice-presidente dessa associação. Vários anos depois, em 1943, editou, pelo selo de sua revista, uma seleta de alguns dos textos que havia publicado na *Judaica*, intitulado *Cinco ensayos sobre temas judíos* [Cinco ensaios sobre temas judaicos]. Essas obras colocam em evidência o modo como, com sua recuperação da cultura iídiche, Resnick somava uma singular nuance cultural-nacional à crença de integração liberal, posição que, em certo ponto, o distinguia dos demais empreendedores culturais e intelectuais judeus de viés liberal integracionista.

TABELA 1 | Livros traduzidos por Salomón Resnick

ANO	AUTOR	TÍTULO	EDITORA
1919	I. L. Peretz	*Los cabalistas*	La Cultura Israelita
1920	Vários autores	*Cuentos judíos: antología de los mejores escritores israelitas*	Juventud
1922	I. L. Peretz	*Adán y Eva*	Vida Nuestra
	Rudolf Rocker	*Artistas y rebeldes: escritos literarios y sociales*	Argonauta
1925	Simón Dubnow	*Historia contemporánea del pueblo judío, parte I: 1789-1815* (traduzido em colaboração com León Dujovne)	SHA

ANO	AUTOR	TÍTULO	EDITORA
1926	Pedro (Piotr) Kropotkin	*Los ideales y la realidad en la literatura rusa*	M. Gleizer
1927	I. L. Peretz	*Adán y Eva y otros cuentos* (provavelmente, reedição do volume de 1922)	SHA
1928	Schalom [ou Sholem] Asch	*Una hija de Israel y otros relatos*	SHA
1931	Jaim Zhitlowsky	*Ensayos sobre la nacionalidad judía*	FICHA
1932	Simón Dubnow	*Manual de la historia judía (desde la Edad Media hasta nuestros días)*	M. Gleizer
1934	Simón Dubnow	*Manual de la historia judía (desde la hegemonía de Grecia hasta la Edad Media)*	Judaica
1937	Simón Dubnow	*Manual de la historia judía (Época Bíblica)*	Judaica
	Iser Guinzburg	*El Talmud*	M. Gleizer
	O. Perelman	*Una excursión a Biro-Bidyan*	Sociedade Pró-Colonização Israelita em Biro-Bidyan
1938	Abraham Coralnik	*Gentiles y judíos*	M. Gleizer
1939	Vários autores	*Cincuenta años de colonización judía en la Argentina*	Daia
	Méndele Mojer [Moijer] Sforim	*Viajes de Benjamin III (El Quijote Judío)*	Ateneu de Buenos Aires
1940	Vários autores (redação: H. Triwaks)	*50 años de vida judía en la Argentina: homenaje a El Diario Israelita con motivo del XXV aniversario, 1914-1939*	Comitê de homenagem a *El Diario Israelita*

ANO	AUTOR	TÍTULO	EDITORA
1941	Vários autores	*Raschi, glosador de la Biblia y del Talmud: 1040-1940*	Comitê de homenagem à memória de Raschi
1942	Sholem Aleijem	*Estampas del ghetto*	Judaica
1943	Joseph Opatoschu	*Razas: relatos de la vida cosmopolita en los Estados Unidos*	Judaica
1949	Simón Dubnow	*Manual de la historia judía desde los orígenes hasta nuestros días*	Sigal
1971	Julius Brutzkus	*Los judíos montañeses del Cáucaso*	Congresso Judaico Latino-Americano Biblioteca Popular Judía (Executivo Sul-Americano do Congreso Judaico Mundial)

FONTE: Elaboração própria baseada em trabalho de arquivo.

TABELA 2 | Livros escritos por Salomón Resnick

ANO	TÍTULO	EDITORA
1931	*Dos formas de nacionalismo espiritual: Ajad Haam y Simón Dubnow*	Ficha
	La literatura judía de la post-guerra	Ficha
1933	*Esquema de la literatura judía*	M. Gleizer
1943	*Cinco ensayos sobre temas judíos*	Judaica

FONTE: Elaboração própria baseada em trabalho de arquivo.

Mas a figura e o legado de Salomón Resnick vão além das obras que carregam seu nome como autor ou tradutor: estão presentes nos momentos fundacionais de outros dois projetos de tradução que resultaram em séries relativamente sistemáticas: os da SHA e a Biblioteca de Temas Judíos, de Manuel Gleizer.

A SOCIEDADE HEBRAICA ARGENTINA

Como já foi exposto, a SHA foi, e continua a ser até hoje, uma das principais instituições da vida judaica argentina, cujo nome e cujo modelo foram exportados para outros países de fala castelhana. Sua origem remonta a 1909, com a fundação do Centro Juventude Israelita Argentina (Cjia). A maior parte dos jovens que participaram de sua criação tinha passado a infância nas colônias agrícolas judaicas e migrado para Buenos Aires em busca de crescimento socioeconômico e da integração cultural que, primeiramente, a universidade e, depois, o comércio pareciam garantir. O Cjia deu forma a suas ambições e concepções do mundo e do judaísmo na revista *Juventud*. Suas páginas defendiam o ideal juvenilista inspirado na obra *Ariel*, do escritor uruguaio José Enrique Rodó, e reivindicavam, fazendo militância, um secularismo positivista expresso na defesa da ciência e na crítica fervorosa a qualquer expressão religiosa. Pouco depois de sua fundação, surgiu, dentro do conselho diretor, uma tendência expressamente "assimilacionista", que batalhava pela dissolução da especificidade judaica dentro da cultura e da sociedade argentinas. Essa posição foi recusada pela maioria dos membros em preferência à defesa do judeu numa perspectiva ilustrada: a história se torna a portadora do ser judeu.[10]

Em 1915, o Cjia abre caminho para a Associação Juventude Israelita Argentina (Ajia), e, em 1923, é criada uma entidade paralela, a Associação Hebraica, formada por algumas pessoas que também participaram do Cjia. Embora Ajia e Asociação Hebraica tenham tido uma origem em comum, a segunda demonstrava um perfil um pouco mais elitista, tanto

[10] A proposta e a resolução do conflito podem ser encontradas em "Nuestra Asamblea del 27. Se definen los rumbos del Centro", em *Juventud*, n. 23, 1º maio 1913.

pelos seus integrantes quanto pelas atividades que realizava. Nos idos de 1926, a precária situação econômica em que ambas se encontravam as levou a se fundirem, dando origem à SHA, à qual logo se somaria outro terceiro grupo, o Ateneu Estudantil Israelita.

A composição do conselho diretor e do conselho consultivo eleitos em 1927 revela o estrato social e cultural do grupo primeiro. Dos 35 membros que integravam ambos os corpos, todos homens, conseguimos identificar as profissões e ocupações de 26: cinco advogados, quatro engenheiros, três médicos, dois arquitetos, dois contadores, dois empresários de certo relevo, um procurador nacional, um representante de uma empresa internacional de grãos e um importador e comerciante de artefatos elétricos, além de nomes fundamentais dos campos culturais judaico e não judaico, como Alberto Gerchunoff, Salomón Resnick, León Dujovne (à época recém-graduado em Filosofia e estudante de Direito), o escritor e editor Samuel Glusberg e o editor e jornalista Matías Stoliar. Contrastando com a maior parte da comunidade judaica da época, que, como outras comunidades de imigração, era composta de trabalhadores braçais e pequenos comerciantes, os precursores da SHA formavam uma pequena elite social e cultural.

Essa nova entidade concentrou as ações de divulgação cultural das três sociedades que a constituíram. Na definição de sua esfera de ação, e em consonância com a elite liberal judaica que a fomentava, tanto política quanto religião ficavam expressamente excluídas.[11] Entre seus propósitos específicos, pode-se identificar (i) a divulgação do conhecimento da história e da cultura judaicas e suas expressões na filosofia, na literatura, na arte e na ciência; (ii) o estímulo ao idioma hebraico e à "literatura israelita"; (iii) a formação de uma biblioteca especializada em estudos judaicos e, concomitantemente, em cultura argentina; (iv) a edição de livros e o desenvolvimento de "uma ação sistemática orientada a vincular a comunidade com os elementos superiores do país" (SHA, 1928, p. 13).

[11] Assim como essa posição de renúncia política e religiosa era reivindicada a partir da esfera cultural e por uma certa tradição liberal, outros setores, como o sionismo e o iidichismo, a reprovavam como uma postura assimilacionista. Essa representação é perceptível até mesmo em obras contemporâneas, como a do historiador Haim Avni (2005), que as define como "assimilacionistas liberais".

De qualquer modo, os primeiros ensaios editoriais do grupo que deu origem à SHA são anteriores à existência de entidade. A primeira publicação da Associação Hebraica data de 1924: o panfleto *El cristianismo precristiano* [O cristianismo pré-cristão], de Alberto Gerchunoff, texto transcrito de uma conferência que o autor havia realizado nessa instituição em 7 de junho do mesmo ano. A Associação Hebraica, contudo, se inclina mesmo para a atividade editorial com a publicação de um livro de Dubnow em castelhano. Em julho de 1924, um comunicado informa que, em breve, um tomo dessa publicação seria lançado:

> A edição de vários livros de autores judeus e a publicação de revistas e jornais que divulguem diversos pontos de vista sobre questões judaicas contribuíram para que o trabalho intelectual dos israelitas fosse conhecido e apreciado. O esforço dedicado, nesse sentido, por um modesto grupo de jovens, mesmo que limitado à edição de alguns livros da moderna literatura israelita, foi coroado com um sucesso moral pleno. [...] O que agora faz falta, e isso vai sendo sentido diariamente, é a publicação de uma boa história dos judeus, ampla por seu nível de informação e pelo seu critério imparcial e sereno, capaz de instruir nossa juventude e servir de exemplo para ela ("Asociación Hebraica. Por la Historia contemporánea del pueblo judío de S. Dubnow" [Associação Hebraica: pela história contemporânea do povo judaico de S. Dubnow], *Mundo Israelita*, 19 jul. 1924).[12]–[IX]

A amplitude dessa publicação supôs um grau de planejamento e mobilização de recursos distinto do que a instituição já havia feito até então.[13] Pelo menos desde outubro de 1923, os integrantes da associação já tinham a ideia em mente ("Una obra de cultura" [Uma obra de cultura], *Mundo Israelita*, 13 out. 1923). Dali em diante, a tradução e, muito provavelmente, também a gestão do projeto ficaram nas mãos de Resnick e León Dujovne,

---

12 A nota é uma cópia pouco ampliada de um artigo publicado na *Mundo Israelita* um ano antes.

13 A outra grande ação cultural que a Associação Hebraica realizou no mesmo ano foi a visita de Albert Einstein à Argentina. Entre as instituições que promoveram a viagem do físico, a Associação Hebraica teve um papel fundamental tanto no convite e organização das diferentes atividades como em seu financiamento. Sobre esse assunto, ver Dujovne (2014).

e seu financiamento contou com o apoio de Jacobo Saslavsky, o comerciante de grãos e filantropo.[14]

Durante 1924, as páginas da *Mundo Israelita* informaram, por meio de notas, anúncios e publicidades, o próximo lançamento do livro e sua importância. Entretanto, a Associação Hebraica tomava a dianteira na convocatória de assinantes, com a pré-venda do volume por meio da distribuição de carnês para instituições e indivíduos. Permitir que a venda fosse levada a cabo mediante a demanda espontânea de um público cuja criação era um dos propósitos do projeto — antes mesmo de ser um público real — significaria pôr em risco, já de antemão, o investimento realizado, bem como a continuidade do empreendimento editorial. Nesse sentido, a incorporação de Manuel Gleizer como administrador da edição do livro numa data próxima de seu lançamento demonstra o interesse dos editores por garantir a distribuição da tiragem de 2 mil cópias entre as livrarias de Buenos Aires.

Apesar dessas projeções, e da expectativa de que os sócios da Associação Hebraica fossem os primeiros a adquirir o livro, seguidos dos da SHA (em 1929, essa instituição tinha cerca de 1.300 sócios), a venda dos exemplares ficou abaixo das otimistas estimativas dos editores. Assim, já em 1934, com o objetivo de se desfazer dos volumes acumulados e angariar algum dinheiro, o *Boletín* da SHA anunciou uma queda substancial no preço de todos os seus livros, inclusive do título impresso em 1925.

Entre *El cristianismo precristiano* (1924), de Alberto Gerchunoff, e *Tres ensayos sobre judaísmo* (1959), de Ralph Marcus, Abraham Halkin e Salomon Schechter, última obra que conseguimos identificar, a SHA informou ter publicado 37 títulos.[15] Alguma irregularidade no número anual de publicações, inclusive com vários anos nos quais nenhuma obra fora publicada, mostra as dificuldades de se seguir um plano sistemático ao longo do tempo, ou talvez até mesmo a inexistência de um plano. Exemplo disso é o baixo número de publicações por parte da SHA durante a primeira metade da década de

---

14 O segundo tomo da *Historia* de Dubnow, publicado em 1928, também contou com apoio financeiro do próprio autor.

15 Em algumas das listas, figuram 38, pois incluem uma obra publicada em 1922 pela *Vida Nuestra*. Não sabemos se se trata de uma reedição ou de uma cessão feita por essa revista, intimamente ligada à SHA.

1930, período de uma longa crise de liderança e com marcada oscilação no número de sócios. Com a saída de Resnick da SHA em 1929, León Dujovne se torna o principal fomentador da atividade editorial até pelo menos 1940, período em que atua como organizador, prologuista e tradutor.

TABELA 3 | Títulos publicados pela Sociedade Hebraica Argentina

ANO	AUTOR	TÍTULO	TRADUÇÃO
1924	Alberto Gerchunoff	*El cristianismo precristiano* (Conferência lida na Associação Hebraica em 7 de junho de 1924, um sábado)	Original castelhano
1925	Simón Dubnow	*Historia contemporánea del pueblo judío, parte I: 1789-1815*	Sim
1927	I. L. Peretz	*Adán y Eva y otros cuentos*	Sim
1928	Simón Dubnow	*Historia contemporánea del pueblo judío, parte II: 1815-1881*	Sim
	Sholem Asch	*Una hija de Israel y otros relatos judíos*	Sim
1929	Jaim Zhitlovsky	*La teoría de la relatividad de Einstein*	Sim
1933	Alberto Gerchunoff	*Barukh Spinosa's Libe*	Sim (para o iídiche)
1935	Vários autores	*Maimónides: Moises ben Maimon, 1135-1935* (livro-homenagem)	Originais castelhanos e traduções
1936	Robert Beauplan	*El problema judío*	Sim
1938	Vários autores	*El legado de Israel*	Sim
1940	Israel Abrahams	*Valores permanentes del judaísmo*	Sim

ANO	AUTOR	TÍTULO	TRADUÇÃO
1941	Luis Furman Sas	*¿Quiénes son los arios?*	Original castelhano
1942	Boleslao Lewin	*Los León Pinelo: la ilustre familia marrana...*	Original castelhano
1942	Bernardo Verbitsky	*Significación de Stefan Zweig*	Original castelhano
1944	Hugo Bergmann	*Pensadores judíos contemporâneos*	Original castelhano
1944	James Darmesteter	*Los profetas de Israel*	Sim
1944	Jaim Zhitlovsky	*Páginas escogidas*	Sim
1946	Hermann Cohen	*Enrique Heine y el judaísmo*	Sim
1946	Hermann Cohen	*El sábado y su significación histórico-cultural*	Sim
1947	I. L. Peretz	*La herencia y otros cuentos*	Sim
1948	Lázaro Schallman	*Valoración de Max Nordau*	Original castelhano
1949	L. S. Pérez	*El pacto roto*	Original castelhano
1950	Baruch Spinoza	*Epistolario*	Sim
1950	Boleslao Lewin	*El Santo Oficio en América y el más grande proceso inquisitorial...*	Original castelhano
1950	Abraham Rosenvasser	*Los manuscritos descubiertos en el Desierto de Judá*	Original castelhano
1952	Dr. Philip Friedman	*Auschwitz*	Sim
1952	Alberto Gerchunoff	*El pino y la palmera*	Original castelhano

ANO	AUTOR	TÍTULO	TRADUÇÃO
1953	Jaim Najman Bialik	*Poesías*	Sim
	Abraham Rosenvasser	*Eliezer L. Sukenik, 1889-1953:su contribución a la arqueología bíblica*	Original castelhano
1954	Abraham Rosenvasser	*Yahvé en Jerusalem*	Original castelhano
	Marcos Satanowsky	*El renovado pueblo de Israel*	Original castelhano
1955	Martin Buber	*En la encrucijada: tres conferencias sobre el judaísmo*	Sim
	Boaz Cohen	*El arte en la ley judía*	Sim
	Josef Klausner	*Compendio de literatura hebrea moderna (1781-1953)*	Sim
1956	Vários autores (17 autores judeus e não judeus)	*Los judíos: su historia. Su aporte a la cultura*	Sim
1957	Ajad Ha'am (Asher Guinzberg)	*Epistolario y reminiscencias*	Sim
1958	Jehuda Bergmann	*El judaísmo, su esencia y su vida*	Sim
	Rabí Sem Tov de Carrión	*Judaísmo: proverbios Morales: con un estudio valorativo...*	Sim (intralinguística, a partir do espanhol antigo)
1959	R. Marcus, A.S. Halkin e S. Schechter	*Tres ensayos sobre judaísmo*	Sim

FONTE: Catálogos da SHA.

Nos 35 anos que transcorreram entre o primeiro e o último título publicados, a editora alternou entre três tipos de obras: conferências, traduções e obras coletivas. As primeiras — de formato mais reduzido e menos extensas, mais próximas de panfletos que de livros — correspondem a pelo menos nove conferências que escritores e ensaístas locais proferiram na SHA (Abraham Rosenvasser, Lázaro Schallman, Marcos Satanowsky, Bernardo Verbitsky etc.). As traduções — em sua grande maioria a partir do iídiche, inglês e hebraico, e mais volumosas — compõem o grosso da produção do selo. Dentro dessa categoria, figura o único livro publicado pela SHA numa língua distinta do castelhano: a tradução para o iídiche de *Los amores de Baruch Spinoza*, de Alberto Gerchunoff (o original em castelhano fora publicado em 1932 pela Editorial B.A.B.E.L., de Samuel Glusberg). Por fim, encontram-se três obras coletivas, todas com mais de 400 páginas.

Apesar do longo período em atividade, a editora manteve uma linha político-cultural identificável. Um rápido passar-d'olhos em seus títulos revela que, a despeito das profundas transformações históricas vividas pelo judaísmo em escala nacional e mundial, com o Holocausto e a posterior criação do Estado de Israel, a SHA propôs consistentemente uma concepção ética humanista dos judeus, de caráter liberal e secular. De fato, por volta de meados de 1944, a *Mundo Israelita*, que anteriormente fora uma publicação amiga, disparou contra a SHA, acusando-a de perpetrar uma posição que não condizia com os tempos em voga: "A Hebraica dedica muito dinheiro e muita atenção a coisas não judaicas, como se nosso principal problema agora [...] fosse divulgar o universal com prejuízo do que é de si, fazer ressaltar os valores alheios em detrimento do genuinamente nosso" ("La ausencia de la Hebraica en la labor de solidaridad judía" [A ausência da Hebraica na tarefa da solidariedade judaica], *Mundo Israelita*, 27 maio 1944).[X]

Nas páginas da publicação, exigia-se, além disso, que a SHA participasse de modo mais efetivo na reafirmação nacional judaica; isto é, no sionismo, ao qual agora a *Mundo Israelita* aderia em detrimento da posição universalista que a havia caracterizado desde sua fundação.

Aliás, tendo já aderido abertamente ao sionismo, em meados da década de 1960, a postura liberal esclarecida continuava a organizar a concepção de mundo de seus principais personagens. Em 1966, o então presidente da SHA, Jacobo Kovadloff, oferecia uma definição da posição cultural geral da instituição, que, em retrospecto, descreve com precisão sua política editorial:

> O judeu, o argentino e o universal [...] constituem as três manifestações que encontram sua justa expressão [no Departamento de Cultura]; uma simbiose destinada a conjugar o espírito, a arte e o intelecto nacional e universal com o pensamento, a ética e as tradições judaicas, buscando uma reciprocidade que tende a exteriorizar o caráter humanista que a SHA preserva como princípio e fim de sua ação cultural (KOVADLOFF, 1966, p. 81).[XI]

A capacidade das instituições de serem difusoras da cultura judaica, responsabilidade frequentemente reiterada pela *Mundo Israelita*, se deparava com seu limite no trabalho editorial. Assim, em 1929, menos de um ano depois de salientar o inigualável lugar que a SHA ocupava na liderança do empreendimento editorial, o semanário foi implacável com os acontecimentos até esse momento:

> É necessário, então, expandir o número de leitores, pois os interesses morais e materiais das edições assim o exigem. Se existisse um vínculo próximo entre a Hebraica e os demais organismos similares da capital e das províncias, essas últimas se encarregariam de pôr entre seus associados uma quantidade de livros suficiente para cobrir os gastos necessários para a publicação. E, desse modo, a *Historia* de Dubnow não dormiria nas prateleiras da Sociedad que a editasse, mas teria saída imediata, permitindo, assim, a publicação de outras obras de interesse vivo para a formação espiritual de nossa juventude ("Coordinación de esfuerzos" [Coordenação de esforços], *Mundo Israelita*, 6 jul. 1929).[XII]

A crítica, para além de reprovar, em outro parágrafo, a pouca atenção dada à atividade editorial, apontava para aspectos muito específicos desse trabalho que, segundo o semanário, a SHA parecia incapaz de abordar e que, por sua importância, comprometiam a continuidade das edições. Tais críticas colocam em relevo a distância entre as expectativas quanto ao papel que as instituições deviam cumprir, em termos editoriais, e a realidade de uma associação cuja função e cujos problemas não se restringiam a essa atividade.

Passados seis meses, a revista atualiza sua crítica, acrescentando três importantes questões. Por um lado, distingue os tipos de obra em função de sua natureza e preço: livros volumosos, como os de Dubnow, e outros menos extensos. Os primeiros, mais notáveis e custosos, podiam ser vendidos mais caro, enquanto os segundos deviam ser acessíveis para um público amplo. O livro de Sholem Asch — exemplifica o artigo — não somente conseguira se pagar, como também chegara a dar lucro para a instituição. Lembremos que, no momento em que esses artigos são escritos, o livro barato e acessível, especialmente no caso das traduções, era uma modalidade difundida no mercado editorial argentino. Não que tenham sido as únicas empresas a adotar essa estratégia durante as primeiras três décadas do século XX, mas os nomes da Biblioteca La Nación e da Tor (1916-1971) ficaram diretamente associados a um modelo editorial que marcou o panorama cultural argentino.[16] Apesar da popularização desse perfil, não houve um esforço duradouro no sentido de reproduzir esse modelo no mundo judaico.

Embora ultrapassem o período analisado neste capítulo, mencionamos as edições da SHA em sua totalidade porque tal projeto não só se enquadra, por sua forma e conteúdo, na primeira etapa da tradução de obras de temática judaica, como, para além disso, define o perfil desse momento inicial. Em primeiro lugar, o predomínio de uma concepção liberal integracionista do judeu. Em segundo lugar, a preponderância dada à tradução em relação às contribuições locais, o que se deduz tanto pelo maior número das primeiras quanto pela diferença de volume entre um tipo e outro de obra.

MANUEL GLEIZER E A BIBLIOTECA DE TEMAS JUDÍOS

Na história da edição argentina, Manuel Gleizer e Samuel Glusberg ocupam um lugar de destaque. Seus nomes ficam lado a lado com os de Jacobo Samet e Antonio Zamora como os pioneiros do processo de modernização editorial argentina nas décadas de 1920 e 1930 e facilitadores da publicação

[16] Sobre a Editorial Tor, ver Carlos Abraham (2012).

de escritores locais.[17] Contudo, também ocupam um lugar central na história da produção editorial judaica desse período. Distinguem-se de Zamora e Samet, entre outras razões, por terem sido os editores dos mais renomados escritores judaico-argentinos da época e, no caso específico de Gleizer, por terem concebido uma coleção específica de traduções de títulos de temas judaicos.

Manuel Gleizer nasceu em 1889 no povoado de Ataki, na então Bessarábia, nos confins do Império Russo. Chegou à Argentina em 1906, com sua mãe e quatro irmãos, e com eles se instalou na colônia agrícola de Narcisse Leven, na província de Entre Ríos.[18] Depois de se casar, Gleizer deixa o vilarejo em 1918, fixando-se na cidade de Buenos Aires. Dedicou-se por um tempo à venda ambulante a crédito e depois à venda de bilhetes de loteria. Para saldar uma dívida contraída nessa atividade, pôs à venda seus livros e descobriu assim, por acaso, as possibilidades comerciais do livro. Dois anos depois, montou uma livraria no número 556 da Triunvirato (hoje, Avenida Corrientes) e, em 1921, mudou-se para o número 537 da mesma rua (muito próximo da atual Avenida Scalabrini Ortiz), no bairro de Villa Crespo.[19] A Librería La Cultura conquistou renome no circuito literário portenho por vender e editar livros e também por atrair e reunir figuras como Nicolás Olivari, Leopoldo Marechal, Jorge Luis Borges, os irmãos Enrique e Raúl González Tuñón, Luis Franco, Ricardo Molinari, Leopoldo Lugones e Alberto Gerchunoff, entre muitos outros (Goldenberg, 1990, p. 322).

Seguiram-se, ao primeiro título editado por Gleizer em 1922 — *Como los vi yo* [Como eu os vi], do jornalista Joaquín de Vedia —, obras de escritores argentinos, estreantes e consagrados, que ampliaram seu catálogo

---

17 Sobre a profissionalização do editor, ver, por exemplo, Sorá (2010). No que diz respeito à fase de modernização editorial argentina, Leonardo Glusberg (1964, p. 71), irmão de Samuel e também editor, lembra: "Foram tempos heroicos. O editor lidava diretamente com o autor, ia à gráfica, corrigia as provas e visitava as livrarias e os *quioscos*, espalhados pelos quatro cantos da cidade. Não dispunha da máquina editorial de hoje em dia. As edições eram de 300 a 500 exemplares, e, quando a obra era bem-sucedida, imprimiam-se mil."

18 As informações sobre o ano de sua chegada ao país variam de acordo com os vários autores: alguns o colocam antes, e outros, depois de 1906.

19 No início da década de 1930, mudou sua livraria para a Avenida Santa Fe, 1.983. Depois, em 1935, para a Beruti, 3.476, numa casa sem acesso direto da rua (Ojeda Bär, 2006).

até superar, no começo dos anos 1960, 300 títulos, número considerável para a época e para o caráter do projeto, sobretudo se levarmos em conta que o editor interrompe seu trabalho em 1945, somente o retomando em 1954. Entre os jovens escritores que promoveu e os já consagrados que somou a seu catálogo, sobressaem alguns integrantes da vanguarda martinfierrista — Borges, Marechal e Raúl González Tuñón —, assim como Eduardo Mallea, Enrique González Tuñón, Ulyses Petit de Murat, Macedonio Fernández. Além disso, Gleizer propôs reedições e obras novas de Lugones, Horacio Quiroga e Gerchunoff e talvez aquela que tenha sido a última obra de Roberto Payró em vida. Ao mesmo tempo, abriu seu selo para nomes eminentemente políticos, como Marcelo T. de Alvear, Alfredo Palacios e Víctor Raúl Haya de la Torre, contribuindo inclusive na preparação da obra *El hombre que está solo y espera* [O homem que está só e espera], de Raúl Scalabrini Ortiz.

Durante seus primeiros 14 anos como editor, Gleizer divulgou obras de pelo menos dez escritores judaico-argentinos, alguns deles reconhecidos por seu interesse especial na temática judaica. Além de Gerchunoff, que publicou cinco títulos com Gleizer entre 1922 e 1926, tomaram parte também Samuel Eichelbaum, Carlos Grünberg, César Tiempo e Salomón Resnick. Isso não significa que tais livros publicados por Gleizer necessariamente se ocupassem dessa temática. Em seu catálogo, figuram também outros escritores de origem judaica, como Alberto Palcos e Gregorio Bermann, que não deram margem a esse tema em sua obra. Embora a poesia de César Tiempo, o ensaio sobre literatura judaica de Resnick e algumas obras de Gerchunoff remetam a ele, ao longo dessa primeira fase, não há, no catálogo, uma ênfase especial a tal temática. Isso mudaria em 1937, com a criação da Biblioteca de Autores Judíos [Biblioteca de Autores Judeus], posteriormente reintitulada Biblioteca de Temas Judíos.

A Biblioteca de Autores Judíos originalmente se perfazia com 11 títulos, publicados entre 1937 e 1945. A série se lança com *El Talmud* [O Talmude], de Iser Guinzburg, com prólogo do escritor e jornalista local José Mendelson. Em 1938, somam-se a ele, *Gentiles y judíos* [Gentios e judeus], de Abraham Coralnik, e *El rey de los schnorrers* [O rei dos pedintes], do renomado escritor Israel Zangwill, traduzido do inglês por Manuel Goldstraj.

No começo do ano seguinte, reeditou *Bellezas del Talmud (antología hebraica)* [Belezas do Talmude (antologia hebraica)], texto compilado, prologado e traduzido do inglês e do francês pelo escritor e poeta espanhol Rafael Cansinos Assens, anteriormente publicado em Madri pela editora América. À versão argentina se adiciona também o prólogo de José Mendelson. A partir desse livro, Gleizer mudou o nome da coleção, por uma razão singela: apesar de o próprio Cansinos Assens especular sobre sua possível origem, não era um "autor judeu". O editor, consciente da importância da classificação dos livros em coleções, sentiu a necessidade de explicitar a mudança e o fez na mesma obra:

> Queremos dar ao leitor um quadro vívido sobre o judaísmo, sendo este um dos motivos mais importantes da edição desta Biblioteca. Para tal, foi indispensável ampliar seus horizontes, dar-lhe maior volume e sair do círculo do autor judeu para enquadrar tudo aquilo que tem sido dito ou escrito sobre o tema judaico pela boca dos grandes artífices do pensamento.[XIII]

A coleção continuou com uma série de obras muito heterogêneas, desde a edição do *Anecdotario judío (folklore, humorismo y chistes)* [Anedotário judaico (folclore, humor e piadas)], com seleção e prólogo do escritor e jornalista Lázaro Liacho; passando por *Sionismo y humanismo* [Sionismo e humanismo], do intelectual sionista Max Nordau; até os *Diálogos de amor*, do escritor renascentista judaico-português León Hebreo,[XIV] e o romance *Altneuland* (Velha e nova pátria), do "pai fundador" do sionismo político, Teodoro [Theodor] Herzl.

Em 1945, Gleizer acresceu os dois últimos títulos à coleção.[20] Nesse ponto, a Biblioteca de Temas Judíos alcançava 15 títulos, mesmo que nem todos estivessem originalmente incluídos nessa coleção. Dois deles tinham sido publicados antes mesmo de sua existência. Um é uma versão

---

20 A partir de 1946, serão feitas apenas reedições, sem incorporar novos títulos. Nas orelhas de seus livros, Gleizer adicionou mais dois títulos à coleção, que, na verdade, foram publicados posteriormente por outro selo, Ediciones Ela, em 1945 e 1946, respectivamente: *El judío de nuestro tiempo* [O judeu do nosso tempo], de Waldo Frank; e *Fuga y reunión del pueblo judío* [Fuga e reunião do povo judaico], de Alfred Döblin. O título do livro de Waldo Frank é ligeiramente modificado na edição da Ela. Gleizer o anunciou como *El judío en nuestros días* [O judeu nos nossos dias]. As Ediciones Ela, que, em sua curta vida (1945-1946), publicou apenas quatro outras obras, se voltava para a literatura e temática soviéticas. Não sabemos se houve algum tipo de relacionamento ou acordo entre essas duas editoras.

ampliada e revisada de *Los gauchos judíos*, de Alberto Gerchunoff, que, em sua edição anterior, fora apresentado por Gleizer como o primeiro volume da Biblioteca de Autores Argentinos. Essa operação dava visibilidade aos efeitos simbólicos das classificações editoriais. Ao realçar, em primeiro lugar, a condição judaica do autor ou da obra, tanto o primeiro quanto a segunda adquiriam novos sentidos aos olhos do leitor. O livro de Gerchunoff foi o único escrito de um autor local dentro da série.

A coleção apresenta uma combinação de gêneros, temas e períodos muito distintos, mesmo se mantendo sempre dentro de uma linha secular e não se enquadrando numa definição político-ideológica precisa e uniforme.[21] Em outras palavras: embora parte de seus títulos fizesse eco ao crescimento local e internacional do antissemitismo — tal como revelam os prólogos —, a série não assumia uma posição explicitamente política no sentido de contrariá-lo. O sionismo não só surgia ladeado por títulos que pouco tinham a ver com ele, como, para além disso, nas poucas oportunidades em que aparecia, o fazia em sua versão menos doutrinária.

Mas pensemos: por que esse editor de escritores argentinos decidiu abrigar uma coleção de livros de temática judaica? É, no mínimo, simplista responder que seu interesse se devia simplesmente ao fato de ele próprio ser judeu. O catálogo de outro editor judeu, Jacobo Samet, serve como termo de comparação para relativizar essa resposta: ele não incluía uma coleção específica nem demonstrava um interesse especial no tema. Contudo, sua origem judaica, se tratada contextualmente e em seus pormenores, pode ter influenciado em certo sentido. É provável que isso tenha refletido, do ponto de vista cultural, em sua sensibilidade por temas como o antissemitismo ou na valorização da crença liberal como marco de integração ao país e, do ponto de vista social, nos laços profissionais e de amizade que talvez tenha tecido com membros da comunidade judaica, especialmente com a elite intelectual próxima da SHA.

Outro incentivo talvez tenha sido a experiência da publicação do *Renacimiento de Israel: un libro del pensamiento judío moderno* [Renascimento

---

21 A publicação, em 1945, de um livro como *Historia del sionismo* [História do sionismo], do ativista argentino Wolf Nijensohn, aparentemente uma reedição do homônimo publicado pela Federação Sionista Argentina em 1938, é a exceção, e não a regra. Na verdade, não está incluído na Biblioteca de Temas Judíos.

de Israel: um livro do pensamento judaico moderno] em 1937, meses antes do lançamento do primeiro título da Biblioteca de Autores Judíos.[22] A tradução dessa extensa obra, compilada pelo escritor Ludwig Lewisohn e publicada originalmente nos Estados Unidos em 1935, reveste com uma significação singular o estudo das traduções de temática judaica no país para além do caso de Gleizer; será tema do próximo capítulo, já que marca o início do período seguinte. Essa tradução, pensada e financiada por José Mirelman, um próspero empresário têxtil e ativista sionista, ganhou grande espaço de publicidade na imprensa judaica. Não obstante, e apesar de ter participado de sua edição, o nome de Gleizer apenas figura nas publicidades. O livro ecoava a crítica situação dos judeus na Alemanha e suas respostas ao redor do mundo, reafirmando o projeto estatal judaico na Palestina por meio das vozes de expoentes do pensamento sionista, como Moses Hess, León Pinsker, Theodor Herzl, Max Nordau, Ajad Ha'am, Martin Buber, Aaron David Gordon, e de nomes célebres como Theodor Lessing, Bernard Lazare, Max Brod, Albert Einstein etc., além do próprio Lewisohn. Um dos anúncios de publicidade do livro interpelava o leitor (*Mundo Israelita*, 7 ago. 1937):[XV]

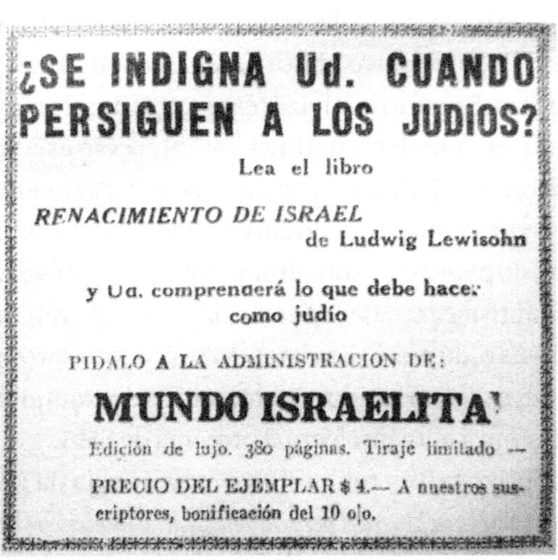

---

22 Gleizer publicou duas traduções sobre a temática judaica no início da década de 1930: *Manual de la historia judía (desde la Edad Media hasta nuestros días)* [Manual da história judaica (da Idade Média aos nossos dias)], de Simón Dubnow, e *Cantos de Jehuda ha-Levy* [Cantos de Yehudah Halevi], ambas em 1932.

Não seria nada absurdo pensar que a publicação desse volume, que reunia ensaios de grandes pensadores e era voltado sobretudo aos leitores judeus, tenha estimulado ou convencido Gleizer a fazer alguma tentativa nessa direção. Apesar de o livro informar que sua tiragem era limitada, com uma edição de luxo, é provável que Gleizer aí tenha identificado com maior nitidez um crescente público leitor judaico em castelhano que, além de tudo, no contexto da ascensão do nazismo, podia mostrar maior predisposição a obras de temática judaica. Em outras palavras, sem ignorarmos uma motivação cultural, não podemos descartar a dimensão comercial da empresa.

O silêncio com que a coleção foi recebida pela *Mundo Israelita* — talvez motivado por desavenças com o diretor da nova editora literária da publicação, Máximo Yagupsky, que trabalhava com José Mirelman na criação de um novo selo — contrasta com o sucesso comercial de alguns dos títulos. Pelo menos três deles ganharam uma reedição, e um, *El Talmud*, de Iser Guinzburg, ganhou no mínimo duas. Se, por exemplo, comparadas com a Biblioteca Política Contemporánea [Biblioteca Política Contemporânea], do mesmo selo, não eram obras com acabamento luxuoso, e seu preço era baixo. Assim, por um lado, a coleção demonstra que havia um público interessado nesses títulos que, certamente no caso de Gleizer, não se reduzia ao judaico e, por outro lado, que uma série dessa natureza podia ser lucrativa.

OS ESCRITORES JUDEUS ARGENTINOS EM LÍNGUA CASTELHANA E AS EDITORAS JUDAICAS

A escassa presença de escritores judaicos argentinos que publicassem em castelhano nas coleções específicas ou nos catálogos dos selos judaicos mais relevantes poderia colocar em xeque se de fato houve autores locais interessados nessa temática. Porém, como sabemos que existiu uma produção literária significativa, que só porventura foi publicada por editoras ou coleções judaicas, cabe questionarmos onde publicavam e o que os motivou a optar por selos distintos dos aqui analisados.

Do arco de autores judeus que tomaram o castelhano como língua de escrita, somente um grupo elegeu a temática judaica como foco de sua produção literária e ensaística, e alguns deles, em particular aqueles que expuseram mais intensamente o encontro entre a vida judaica e a argentina, foram categorizados pela crítica literária e pela sua própria comunidade como expoentes incontornáveis da identidade "judaico-argentina". Alberto Gerchunoff, José Chudnovsky, Samuel Glusberg, César Tiempo e Carlos M. Grünberg são os nomes mais representativos desse grupo.[23]

Para esses autores, a escolha do castelhano implicou a possibilidade de publicar num novo universo de editoras judaicas e não judaicas. Nisso eram diferentes de seus pares, que tinham limitadas possibilidades no mundo editorial judaico em tal língua. O castelhano oferecia também acesso a amplos setores de público leitor, de colegas, de críticos, de imprensa cultural. Um breve passar-d'olhos pelos selos em que esses escritores publicaram suas principais obras revela suas preferências ou possibilidades na hora de escolher uma editora.

Entre 1910 e 1952, Alberto Gerchunoff publicou em duas das iniciativas editoriais de Glusberg e, em repetidas oportunidades, editou seus livros com M. Gleizer, em selos de grande peso, como Losada e Sudamericana, e — entre os especificamente judaicos — um panfleto na Associação Hebraica (1924) e outro com o patrocínio do clube social e esportivo Macabi (1945). Depois de sua morte, a SHA lhe editou, como forma de homenagem, um tomo com uma seleta de notas e artigos (1952). José Chudnovsky, que produziu menos, publicou na Goyanarte e na Losada. Samuel Glusberg, sob o pseudônimo Enrique Espinoza, organizou seu próprio selo, B.A.B.E.L. César Tiempo, um dos autores mais representativos do panteão literário judaico argentino, foi publicado pela Claridad, M. Gleizer, a Sociedade Amigos do Livro Rioplatense, o Ceal, Anaconda, Columna, Peña Lillo e Corregidor, entre outras. Por fim, Carlos Grünberg publicou sua poesia com M. Gleizer, Argirópolis e Acervo Cultural.

Com exceção da SHA e da Acervo Cultural — onde antes publica Gerchunoff e depois Grünberg —, todos os autores foram editados por selos argentinos não judaicos. Ainda que B.A.B.E.L., Glusberg, Anaconda, Gleizer e Ceal fossem dirigidas por editores judeus e alguns deles, como

[23] Nesse sentido, a obra mais importante, pelo número de autores tratados, bem como pelas dimensões e problemas abordados, é *La identidad judía en la literatura argentina* [A identidade judaica na literatura argentina] (SENKMAN, 1983). Também foram publicados numerosos estudos que se concentraram num número limitado de obras ou de autores. Alguns exemplos desses estudos são Aizenberg (1996, 2009), Lindstrom (1989) e Sosnowski (1987).

Gleizer, tenham dado especial importância à temática judaica em seus catálogos,[24] não podem, de modo algum, ser considerados selos voltados especialmente para o judeu. A verdade é que Samuel Glusberg, Manuel Gleizer e Boris Spivacow são lembrados mais como agentes centrais no processo de modernização da cultura argentina que como editores judeus ou divulgadores da publicação desses temas.

Sem a pretensão da exaustividade e com o desejo de, talvez, contribuir para novas abordagens desses e de outros "autores judaico-argentinos", gostaríamos de deixar formuladas algumas hipóteses sobre os motivos que teriam orientado a escolha desses escritores.

Em primeiro lugar, um aspecto que devemos considerar é a prioridade que os selos judaicos em língua castelhana conferiram à publicação de traduções, tanto durante o entreguerras quanto no pós-guerra. Com diferenças acentuadas quanto a que títulos ou autores traduzir ou não, em função de suas convicções e objetivos, todas as iniciativas editoriais parecem ter convergido para a conclusão de que a renovação do horizonte cultural do judeu estava ligada à produção intelectual de outras latitudes e, inclusive, de outras épocas. Mas essa escolha, sobretudo se tomada em conta sua coerência e alcance, encontra parte de sua força em seu acordo com as lógicas de edição do mercado editorial argentino, em sentido lato. Em outras palavras, como já antecipamos, a possibilidade de que os "escritores judaico-argentinos", ao menos os mais consagrados, optassem por publicar em selos não judaicos permite responsabilizá-los em parte por sua ausência em selos judaicos.

Elenquemos alguns fatores nesse sentido. Embora a primeira série de obras judaicas em castelhano aos cuidados da SHA tenha surgido precocemente em relação à maior parte da produção dos escritores judaico-argentinos, a quantidade anual de novidades é exígua. Pode-se dizer o mesmo de outras editoras analisadas: mesmo com quantidades maiores, situavam-se muito abaixo do número anual de novos títulos de selos, como Claridad ou M. Gleizer, e, sem dúvidas, de outros mais poderosos, como Losada ou Sudamericana — que são criados no laço, no encerramento do período compreendido por este capítulo. Isso significa que a margem

---

[24] O único título desses autores publicado no âmbito da Biblioteca de Temas Judíos foi a reedição já mencionada dos *Los gauchos judíos*.

de escolha dos selos judaicos era mais limitada, o que significou adequar suas apostas ao eixo traçado, isto é, às traduções.

Mas essa menor produção anual relativa dos selos judaicos também significa que tinham menor presença pública, o que revela que, em termos comparativos, nenhuma delas foi uma empresa de grande força comercial. Cabe acrescentar que nenhuma delas foi uma editora de vanguarda literária. Assim, enquanto os autores judaico-argentinos escreviam sobre os dilemas da vida judaica no país — procurando conquistar o reconhecimento de seus pares locais, da crítica portenha e de um público leitor que ultrapassava o especificamente judeu —, os projetos editoriais e a posição no mercado dos selos judaicos não parecem ter oferecido um contexto muito convidativo para abrigar suas obras. Em contraste, ser publicado por uma editora como a de Gleizer implicava, para esses autores, ver seus nomes junto aos expoentes máximos de uma pujante geração de escritores argentinos.

A tradução cumpriu distintas funções a depender de cada projeto: um modo de resolver o hiato idiomático entre o acervo cultural judaico e o crescente número de jovens que liam principal ou unicamente em castelhano; uma maneira de construir um repertório voltado à intelectualidade argentina que apresentasse o judeu segundo um viés moderno e humanista e que, assim, contribuísse com a integração social e cultural dos judeus no país; uma estratégia para valorizar e difundir a tradição literária iídiche; assim como uma possível chance comercial.

A tradução para o castelhano se funda sobre um problema inerente ao judaísmo moderno: nessa língua, não se contava com uma produção literária judaica recente de destaque. Os antecessores de peso se situavam a vários séculos de distância. Ao dar vazão a seus primeiros ensaios de tradução e edição, esses agentes careciam de um corpus que guiasse ou condicionasse suas opções. Por sua vez, tornaram-se pioneiros culturais no significativo papel de alicerçar uma nova tradição judaico-castelhana.

Foge às possibilidades deste estudo avaliar em que medida o desejo (ou a ordem) expresso(a) numa propaganda da época — "esses livros não podem faltar em nenhum lar judeu" — foi cumprido(a) ou não. No nosso ponto de vista, o certo, e o importante, é que as árduas atividades de tradução e edição engendraram a circulação de novos autores, temas e ideias que, sem dúvidas, contribuíram para moldar as representações dos leitores sobre o judeu.

I Tradução brasileira de Modesto Carone, em edição da Companhia das Letras.

II No original, "El desconocimiento de gran parte de nuestra juventud, [respecto] de los problemas que se refieren a nuestro pueblo, es casi absoluto. La historia, la literatura, la cultura judía, en fin, son campos en los cuales no han penetrado o, en el mejor de los casos, no tuvieron tiempo de explorar. Y sin embargo, hay mucho que explorar en nuestra larga y dolorosa historia".

III No original, "La ignorancia del papel histórico de sempeñado por el pueblo de Israel en el des envolvimiento de la humanidad; el desconocimiento del valor moral social legado por los hebreos y que es el eje sobre el cual gira el mundo en su marcha hacia la perfección, es la causa principal del malestar, de las luchas y de las desgracias que [se] de sencadenan contra los judíos. Y si esa ignorancia de los extraños es de fatales consecuencias porque ocasiona retrocesos en esa marcha hacia una humanidad mejor, el desconocimiento de los ideales judíos es más grave aún cuando [quienes lo] padecen son los propios israelitas y especialmente la juventud".

IV No original, "La juventud israelita tiene para con su pueblo los mejores sentimientos; desgraciadamente una educación errónea la ha desviado del conocimiento directo de las fuentes de su cultura nacional. No la inculpemos de ello y esforcémonos por reparar el mal *hablándole en el lenguaje accesible para ella.* [...] *La distancia que la separa del pueblo no es, por lo general, muy grande; es, por ahora, únicamente idiomática.* [...] Peor sería si sus sentimientos nacionales estuviesen atrofiados. En ese caso todo esfuerzo resultaría vano. Pero lo repetimos, no estamos en [ese] caso. Nuestra juventud se encuentra en un estado de alejamiento involuntario, y no de asimilación".

V No original, "La publicación de obras judías en castellano — nos referimos, desde luego, no sólo a aquellas que tengan autores de origen israelita, sino principalmente a las que tratan de asuntos judíos — constituye, fuera de duda, uno de los aspectos más sólidos e interesantes de la labor cultural desplegada por nuestras sociedades. Por poco que se haya hecho en este sentido, es loable el espíritu de sacrificio de quienes, de safiando el ambiente apático y la falta de recursos, no han trepidado en embarcarse en iniciativas que parecían aventuras al principio y que a la postre resultaron un éxito, tanto desde el punto de vista moral, como material [...]. La publicación de esas obras ha revelado a nuestra juventud y a los intelectuales argentinos la existencia de una literatura de matiz interesante, descubriendo ante ellos un mundo poco menos que desconocido. [...] Desde que apareciera el primer libro de la clase que nos referimos han trascurrido ya trece años. En ese lapso ha surgido un numeroso contingente de jóvenes ansiosos de conocer la cultura judía, que no puede llegar a ellos sino en castellano".

VI No original, "Los sucesos aciagos de Alemania y la propagación de la xenofobia por doquier, aun en un medio que, como el argentino, debiera ser totalmente extraño a este odio, provocan lógicamente en la juventud israelita un afán de reafirmar sus sentimientos históricos de afirmar su conciencia racial. Y para ello, nada más eficiente que el estudio de nuestro pasado, de nuestro presente y porvenir, en todos sus matices y evoluciones, a la luz de la imparcialidad más absoluta. La juventud judía hispanohablante ansía internarse, hoy más que nunca, en el laberinto cultural de su pueblo, vincularse a sus problemas fundamentales, impregnarse de saber judaico, que es, en definitiva, nuestra arma única y más eficaz en la lucha contra las adversidades".

VII No original, "En el judaísmo hay valores eternos que nuestra juventud debe conocer para no avergonzarse de pertenecer a la raza. [...] Es necesario que sepan que nuestra propia causa, ahora que los judíos están perseguidos en todo el mundo, es tan digna de atención como cualquier otra reivindicación política y social. [...] ¿Es el pueblo judío menos digno de solidaridad que España, ponemos por caso? Por lo menos no debe serlo para sus propios hijos. Por otra parte, los judíos no están empeñados solamente en una simple lucha defensiva. También están forjando sus destinos nacionales por medio de una gran obra constructiva, tanto material como cultural. Palestina no es hoy un mero país de inmigración y colonización, sino una verdadera patria espiritual de Israel".

VIII "Bonaerense" é o gentílico para algo ou alguém da província de Buenos Aires. Esta não corresponde à cidade de Buenos Aires, que conta, contemporaneamente, com o gentílico "portenho" e flexões.

IX No original, "La edición de varios libros de autores judíos y la publicación de revistas y periódicos que difunden diversos puntos de vista sobre cuestiones judías han contribuido a que se conozca y se aprecie la labor intelectual de los israelitas. El esfuerzo que en tal sentido hiciera un modesto grupo de jóvenes, aunque limitado a la edición de algunos libros de la moderna literatura israelita, fue coronado por un pleno éxito moral. [...] Lo que hace falta ahora, y esto va sintiéndose diariamente, es publicar una buena historia de los judíos, amplia por su información y por su criterio imparcial y sereno, capaz de instruir a nuestra juventud y servirle de ejemplo".

X No original, "Mucho dinero y mucha atención presta la Hebraica a cosas no judías, como si el principal problema nuestro fuera ahora [...] difundir lo general con menoscabo de lo propio, hacer resaltar los valores ajenos en detrimento de lo genuino nuestro".

XI No original, "Lo judío, lo argentino y lo universal [...] constituyen las tres manifestaciones que encuentran [en el Departamento de Cultura] su justa expresión; una simbiosis destinada a conjugar el espíritu, el arte y el intelecto nacional y universal con el pensamiento, la ética y las tradiciones judías, buscando una reciprocidad tendiente a exteriorizar el carácter humanista que la SHA tiene como principio y fin de su quehacer cultural".

XII No original, "Es preciso, pues, ensanchar el número de lectores, por exigirlo así los intereses morales y materiales de las ediciones. Si existiera una vinculación estrecha entre la Hebraica y los demás organismos similares de la capital y de provincias, estas últimas se encargarían de colocar entre sus afiliados una cantidad de libros suficiente para cubrir los gastos originados por la aparición de los mismos. Y de esta manera la *Historia* de Dubnow no dormiría en los estantes de la Sociedad que la editara, sino que tendría una salida inmediata, permitiendo así la publicación de otras obras de vivo interés para la formación espiritual de nuestra juventud".

XIII No original, "Queremos dar al lector un vívido cuadro sobre el judaísmo, siendo este uno de los motivos más importantes de la edición de esta Biblioteca. Para ello era indispensable ampliar sus horizontes, darle mayor volumen y salirse del círculo del autor judío para encuadrar todo aquello que sobre el tema judío y por boca de los grandes artífices del pensamiento se ha dicho o escrito".

XIV Trata-se de Leão Hebreu, pseudônimo de Judá Abravanel.

XV A propaganda diz: "Você fica indignado quando perseguem os judeus? Leia o livro *Renacimiento de Israel*, de Ludwig Lewisohn, e saberá o que fazer como judeu. Encomende com a Administração da *Mundo Israelita*. Edição de luxo. 380 páginas. Tiragem limitada. Preço do exemplar: $4. Desconto de 10% para assinantes."

4 "UM ATO DE AFIRMAÇÃO DO JUDEU": A EDIÇÃO EM CASTELHANO ENTRE 1938 E 1974 — SIONISMO, CULTURA E RELIGIÃO

Qual seria, pois, o fim de uma literatura nacional numa época tão dolorosa se não o de tratar de formar e fortalecer entre seus leitores um novo caráter nacional?

JOSEF KLAUSNER, "SE IMPONE UNA NUEVA ORIENTACIÓN" [IMPÕE-SE UMA NOVA ORIENTAÇÃO], *MUNDO ISRAELITA*, 13 MAR. 1937[I]

Quem haja tido oportunidade de visitar os países do continente sul-americano terá notado que, no que concerne à vida social judaica, particularmente no tocante à atividade cultural, as respectivas comunidades, de fato menos capacitadas que a Argentina, procuram nesta um ponto de apoio e um exemplo inspirador.

SALOMÓN RESNICK, "A MAYOR DESARROLLO, MAYOR RESPONSABILIDAD" [PARA MAIOR DESENVOLVIMENTO, MAIOR RESPONSABILIDADE], *JUDAICA*, MAR. 1946[II]

"Assinar a Editorial Israel é um ato de afirmação do judeu!" Assim concluía uma das primeiras publicidades desse novo selo em 1938, cuja aparição inaugurava uma nova etapa na história da edição judaica em castelhano. A Editorial Israel introduziu uma dupla novidade. Por um lado, significou a irrupção de empreendimentos privados especializados nessa temática e, por outro, favoreceu não só a ampliação do número de obras em circulação, mas também a diversidade temática do repertório de títulos de “interesse judaico”. Sem deslocar totalmente a concepção liberal integracionista dominante nas experiências da primeira etapa, nem a atuação das instituições, a nova oferta se distinguiu pela reafirmação do caráter nacional judaico mediante o sionismo, pela irrupção do Estado de Israel como tema e pela tradução de obras da tradição religiosa.

Se, tal como conjecturamos, esses deslocamentos estavam ligados, de algum modo, a mudanças políticas e culturais, quais foram tais mudanças? E algo não menos importante: como foram interpretadas pelos homens que incentivaram esses novos projetos editoriais? Buscaremos responder a essas perguntas, para logo centrar a atenção no grupo de selos que deram o tom do período. Por fim, em busca de traçar um panorama mais completo, ampliaremos o campo de observação para abarcar outros tipos de experiências editoriais, em geral menores, que contribuíram para incrementar e modelar o repertório da não sempre unívoca categoria de “livros de interesse judaico”.

O lapso temporal pretende ser suficientemente extenso para abarcar e dar conta de um conjunto de aspectos que, de outro modo, não seriam apreciáveis. Inicia-se em 1938 com a publicação do primeiro título da Editorial Israel e se conclui em 1974, ano que nos permite observar o paulatino declive da produção dos principais selos do período.

Durante o período que aqui analisamos, Buenos Aires se ergueu e se consolidou como o principal centro cultural e político judaico de fala castelhana do mundo. A preponderância regional conseguida nas décadas de 1930 e 1940 graças às dimensões de sua população judaica, sua paulatina ascensão econômica, o alto grau de institucionalização alcançado e seus recursos intelectuais, entre outros fatores, se viu fortalecida mais adiante por dois fenômenos. Por um lado, o gradual deslocamento idiomático em direção ao castelhano que viviam as comunidades judaicas da América Latina se expressou em sua crescente dependência da produção de livros e publicações periódicas de Buenos Aires. Por outro, a abertura dos escritórios de um conjunto de importantes organizações judaicas internacionais na capital argentina consolidou a cidade como o principal núcleo de circulação de ideias entre os grandes centros judaicos e o restante da região.

OS JUDEUS ARGENTINOS FRENTE À HISTÓRIA

O ponto de partida e de desenvolvimento deste novo período foi marcado pelos modos como intelectuais, ativistas comunitários, filantropos, instituições e forças políticas judaicas no país se posicionaram frente a uma série de eventos históricos locais e internacionais.

Os bruscos movimentos da política europeia da primeira metade do século XX afetaram a vida política e cultural dos judeus argentinos de modo irreversível. Próximo ao final da Primeira Guerra Mundial, a mudança de regime na Rússia, a independência da Polônia e Lituânia, assim como, entre 1933 e 1945, a ascensão do nazismo e a execução do Holocausto, situaram, de distintas maneiras, os judeus europeus e a cultura iídiche no centro da cena histórica. Nenhum desses acontecimentos podia passar despercebido para a maior parte do judaísmo argentino, que, de um modo ou de outro, estava estreitamente ligado a essa geografia e a essa realidade. De outro ângulo, a ascensão do nazismo — e, em especial, o modo como este impulsionou o crescimento do antissemitismo no meio argentino — obrigou grande parte dos judeus argentinos a duvidar da força das democracias liberais e a revisar muitos dos postulados que até então haviam ordenado sua fé integracionista. Por outro lado — próximo de finalizar a Segunda Guerra, e fora da Europa, ainda que inseparável do que ali havia acontecido —, em 1948 se produziu um feito decisivo para a vida judaica no país e no mundo: a criação do Estado de Israel, o "lar nacional" judaico.

A DIREITA E O DESAFIO À PRESENÇA JUDAICA

As primeiras contestações à ordem liberal no país lançadas desde a direita do arco político provieram de setores da elite que, sobre o fundo da Revolução Russa, viam no movimento operário e na ampliação da participação política um risco para a ordem social. A retórica antiestrangeira empregada pela Liga Patriótica, organização paramilitar formada em seus primórdios por membros abastados da sociedade portenha, marca o primeiro momento forte dessa virulenta contestação. Tal organização fez sua estreia durante a repressão operária que desatou na cidade de Buenos Aires no começo de 1919, conhecida como Semana Trágica, atacando com especial ira a indivíduos e comércios do bairro do Once. Embora a Liga construísse parte fundamental da sua retórica sobre o argumento da oposição entre nacionais e estrangeiros como fonte do conflito social e político do país, a dimensão de classe era mais importante.[1] Entretanto, no transcurso da década de 1920, a contestação ao liberalismo passou do ataque isolado a uma maior elaboração ideológica. Entre as correntes que participaram dessa crítica, aquela que expressava seu ataque mais frontal e decidido começou a se aglutinar em torno do nacionalismo de orientação católica e a confluir com setores do Exército e da Marinha.[2] E nem toda crítica antiliberal de direita se enquadrou detrás do catolicismo. Por exemplo, Leopoldo Lugones, o poeta mais exaltado do país, que, em 1924, havia anunciado que "a hora da espada chegou", estava mais próximo do fascismo e de suas fontes pagãs que da ordem neotomista.

Os anos 1930 foram inaugurados com o golpe de Estado, de inspiração antiliberal e nacionalista, perpetrado pelo Exército e estimulado por parte da elite socioeconômica. Esse regime não conseguiu se sustentar e teve que dar passagem rapidamente a um regime que se apresentava sob os parâmetros mínimos de um modelo liberal, ainda que se sustentasse na proscrição do partido radical e na fraude. Em que pese a sua breve permanência no poder, o processo iniciado pelo "passeio" de 6 de setembro de 1930 encontrou um campo propício para a propagação das ideias antiliberais em geral e antissemitas em especial (Lvovich, 2001). Durante essa etapa, mas sobretudo a partir da ascensão do nazismo na Alemanha, multiplicaram-se os jornais e revistas nacionalistas que incitavam o ódio aos judeus. Alguns eram editados por pequenos grupos políticos; outros, promovidos por setores da Igreja Católica; e um pequeno grupo, de grande circulação e alta virulência, impulsionado e financiado em segredo pela embaixada alemã. O uso dos judeus e do judaísmo como princípio explicativo dos "males" que afetavam o país passou da batalha

---

1 Esse caráter se reflete no caso de Villaguay, província de Entre Ríos, onde um grupo de chacareiros de origem judaica se juntou à Liga sem nenhum inconveniente, alguns anos após sua fundação. A esse respeito e, em termos gerais, sobre a Liga Patriótica, ver McGee Deutsch (2001).

2 O pensamento de Charles Maurras, ideólogo da Ação Francesa, foi, embora com algumas nuances, a principal fonte de inspiração desse movimento. Uma segunda fonte de importância foi o hispanismo, representado por alguns intelectuais espanhóis da época, como Ramiro de Maeztu, embaixador no país.

retórica à ação efetiva através de grupos que intimidavam e atentavam contra indivíduos e instituições dessa comunidade. Enquanto o antissemitismo foi um componente central da retórica nacionalista, a direita conservadora sustentou uma posição ambígua a esse respeito; ambiguidade que, entretanto, teve efeitos muito concretos e dramáticos, como o impedimento da entrada no país dos refugiados judeus da Alemanha, que se estenderia aos do resto da Europa durante a ascensão do nazismo e a posterior eclosão da guerra (Senkman, 1991).

Em 4 de junho de 1943, produziu-se um novo golpe de Estado, que impôs um governo militar com uma marcada orientação nacionalista católica, antiliberal e anticomunista. Em contraste com a decisão adotada pela grande maioria dos países da América Latina — romper relações com o Eixo durante os primeiros anos do conflito bélico e, em alguns casos, inclusive lhe declarar guerra —, o novo governo argentino decidiu sustentar até o último momento (26 de janeiro de 1944), já solitário, a política de neutralidade, que, nesse contexto, se interpretava como um modo de adesão ou simpatia com os países do Eixo. O regime militar continuou com a política restritiva de entrada de refugiados judeus definida pelo governo precedente. Ainda que essa limitação fosse comum à quase totalidade dos países do continente, tornou-se de especial relevância no caso argentino: graças à sua tardia ruptura de relações, a Argentina estava em melhores condições de negociar e possibilitar a saída dos judeus da Europa no momento de maior virulência antissemita. Mais ainda se o que ocorria era conhecido pelas autoridades da chancelaria argentina, que recebia relatórios muito eloquentes de alguns funcionários consulares sobre a intensificação da perseguição e da violência antijudaica.

Embora, como sustenta o historiador Daniel Lvovich (2003), não se possa caracterizar globalmente o regime como antissemita, existiram áreas e políticas em que houve um indissimulável componente discriminatório, que teve efeitos diretos sobre a vida judaica. Por sua relação com este estudo, entre a série de medidas adotadas contra tal comunidade, cabe mencionar a ordem dada pelo presidente efetivo, Pedro P. Ramírez, em outubro de 1943: suspender a publicação de jornais em iídiche. Depois da rápida reação do presidente estadunidense Franklin D. Roosevelt, que qualificou a decisão como típica do nazismo, o governo decidiu revogar a medida, permitindo novamente a publicação e circulação desses periódicos.

Nesse sentido, outro plano de conflito foi o educativo. A pretensão de substituir com uma visão nacionalista de tom católico as bases liberais da educação argentina se expressou na designação de Gustavo Martínez Zuviría — escritor de grande sucesso sob o pseudônimo Hugo Wast e referência da direita católica e antissemita — à frente do Ministério da Justiça e Instrução Pública. Durante sua gestão, Martínez Zuviría implementou a obrigatoriedade do ensino religioso católico nas escolas públicas.

A CRISE DA FÉ LIBERAL DOS JUDEUS ARGENTINOS

O golpe de 1930 e o crescimento do nacionalismo de direita significaram a gradual fratura do consenso liberal que havia dominado a vida política e cultural argentina desde ao menos 1880 e que havia funcionado como marco de integração dos judeus no país. Esse rompimento também encontrava fundamento num contexto internacional em que os regimes políticos autoritários antiliberais, de direita e de esquerda, surgiram como alternativas possíveis às democracias liberais. Tais processos nacionais e internacionais puseram em xeque a versão mais entusiasmada da integração, que até então havia predominado entre intelectuais e ativistas judeus.

Os sucessivos deslocamentos do pensamento de um autor como Alberto Gerchunoff frente a essas realidades revelam um crescente questionamento ao otimismo liberal de assimilação dos judeus, que ele mesmo havia contribuído a reafirmar. Mas seus textos também podem ser lidos como expressão do rumo que adotou o pensamento da geração de escritores e intelectuais judeus a que pertencia e que, não casualmente, via nele seu "sumo sacerdote".[3]

---

[3] "Somos, Alberto, la sección hispana / de los nabíes y de los rabíes, / que dobla en sus ladinos otrosíes / la unicidad jerosolimitana. // Somos la cuadratura castellana / del círculo judío. Sinaíes / en buen romance, Toras sefardíes, / salmos y trenos a la toledana. // Tú has sido nuestro sumo sacerdote / y has mantenido tu almenar celote / siempre encendido en el turbión opaco" [Somos, Alberto, a seção hispânica / dos profetas e dos rabinos, / que curva em seus ladinos ademais / a singularidade de Jerusalém. // Somos a quadratura castelhana / do círculo judaico. Sinais / em bom romance, Torás sefarditas, / salmos e trens para Toledo. // Você foi nosso sumo sacerdote / e manteve sua muralha celta / sempre ligado na tempestade opaca], afirmava Carlos Grünberg (1951) num poema publicado no número especial da revista literária *Davar*, dedicado à memória de Gerchunoff (n. 31-33), após um ano de sua morte.

Em 1906, depois de o recrudescimento da violência contra os judeus na Rússia vir a público, Gerchunoff (1952, p. 14) assinalava num artigo publicado no diário *La Nación*: "Na América, na Austrália, na África, pode-se realizar a profecia da fraternidade universal gritada por Isaías em ásperos versículos de ira e de fé". Fazendo referência à Argentina, ainda afirmava: "O arado e o martelo pontuam, na inevitável fusão de raças e de esforços, a mistura do torturado rosto de Jacob com o robusto nativo, o fino perfil da hebraica com o varão cosmopolita, tudo isso lei fatal". E assim, diante da sua fé no ideal assimilatório, o sonho sionista perdia sua razão de ser:

> Discute-se a volta à Palestina em congressos e assembleias, quando o problema reside em tirar os judeus dos frios domínios do czar, arrancá-los das garras dos bárbaros e conduzi-los aos países livres, onde possam trabalhar e viver em paz e concordância com os demais seres. Os israelitas não precisam voltar a Sion (1952, p. 13).[III]

Em 1924, sendo já um reconhecido homem de letras, reafirmava sua fé no projeto ilustrado de democracia e cidadania herdado da Revolução Francesa. Na conferência "O problema da nacionalidade e da política do idioma", afirmava:

> Fala-se, certamente, dos fracassos da democracia, dos males do parlamentarismo. E se fala assim porque não se tem em conta a trajetória histórica das Nações. Que tirania subsistiu, desde as teocracias asiáticas até o total império dos czares? As democracias, em troca, vivem da modificação e assimilam, dentro da ordem, o conteúdo substancioso dos postulados que, nas tiranias, derivam em direção à revolução (*La Nación*, 29 jun. 1924, que reproduz uma conferência ditada em 27 de junho no teatro El Círculo [O Círculo], de Rosário; *apud* FEIERSTEIN, 2000, p. 170).[IV]

Treze anos depois, essa convicção mostrava suas fissuras:

> São mais resistentes essas regras [constitucionais] e essas leis [igualitárias] que o embate furioso que pretende quebrá-las entre nós, aqui, na Argentina, como se quebraram na Alemanha [...]? Eis aí o problema que é indispensável explicitar. Não há judeu, partidário ou não da assimilação, que não haja tentado resolvê-lo hipoteticamente. Talvez seja este problema insolúvel por sua duração indefinida e por sua índole (GERCHUNOFF, 1952, p. 81).[V]

Diante desse horizonte autoritário, reitera, nesse texto, sua reivindicação do regime democrático como única alternativa possível: "o judeu, que renasceu com a democracia, é necessariamente seu paladino, porque a democracia lhe devolveu seu valor de homem no mundo" (1952, p. 81). Entre esse momento e a finalização da guerra, período em que se desdobrou uma incansável campanha contra o nazismo,[4] Gerchunoff se converteu num aberto defensor do projeto sionista de um Estado próprio. Ainda que não pensasse que todos os judeus deviam migrar ao futuro país, desacreditava que os preconceitos antijudeus pudessem ser finalmente banidos. Desse modo, com o tom de quem passou da decepção à resignação, dizia numa conferência oferecida no SHA em novembro de 1945:

> Sei que, se a nacionalidade judaica na Palestina se forma de um modo completo, o antissemitismo questionará ao judeu o privilégio de continuar em seu núcleo racial ou religioso nos países onde já lhe é negada a opção de conservar seu desenho tradicional e se lhe dificulta, simultaneamente, a mistura nos caldeirões étnicos da vida moderna. É uma discussão que nunca foi interrompida e provavelmente nunca terminará (1952, p. 180).[VI]

A passagem a partir da oposição e do receio do projeto sionista em direção à adesão e à militância em favor de grande parte da elite intelectual liberal judaica de fala castelhana,[5] reafirmada em 1948 com a fundação do Estado de Israel, teve uma clara expressão no crescente interesse pela publicação de autores sionistas. Entretanto, o sionismo tinha uma história e uma dinâmica próprias no país, que haviam começado muito antes do advento do nazismo e, ainda que convergisse com o setor liberal integracionista sob sua orientação, o transcendia.

---

4 A esse respeito, ver Aizenberg (2009).

5 No começo da década de 1950, o sociólogo Jacob Shatzky (1952, p. 45) definia esse processo como a intensificação da "consciência nacional da geração judaica semiassimilada nascida na Argentina", provocada pelo nazismo.

O DESENVOLVIMENTO DO SIONISMO NO PAÍS

No começo da década de 1940, o movimento sionista argentino refletia toda a gama das correntes políticas que compunham o movimento em escala mundial.[6] Cada um dos partidos locais sustentava vínculos mais ou menos estreitos com os partidos centrais baseados na Europa antes do Holocausto e logo mais com Israel. Entre eles, a Federação Sionista Argentina e o partido Poalei Tzión se destacaram pelo número de adesões e por sua capacidade de arrecadar dinheiro para os fundos nacionais judeus.

A primeira, que representava o setor liberal ou de centro do movimento e era integrada sobretudo por indivíduos de classe média e média-alta, foi criada em Buenos Aires em 1913 a partir de organizações preexistentes. Seus esforços se concentravam em arrecadar fundos para financiar o assentamento judeu na Palestina e em cumprir os objetivos emanados da Organização Sionista Mundial (OSM), a instituição que abrigou o conjunto das forças sionistas em escala internacional. Por sua vez, o Poalei Tzión, de orientação socialista, foi criado em 1906.

Em 1921, a raiz do conflito em torno da adesão à Segunda ou à Terceira Internacional se dividiu em dois setores. A fração social-democrata que aderiu à Segunda Internacional, o Poalei Tzión Hitajdut, foi, durante muito tempo, a força dominante da vida institucional judaica. A Federação e o Poalei Tzión Hitajdut também discordavam acerca do âmbito de ação política do sionismo. Ao passo que a primeira sustentava que a ação devia se limitar à defesa dos interesses judaicos em sentido amplo, mas, enquanto organização, não devia se envolver na política argentina, o segundo aderia aos alinhamentos do Partido Socialista Argentino. Em meados da década de 1930, o Poalei Tzión Hitajdut encabeçou a batalha pela formação de uma entidade que reunisse o conjunto das forças sionistas e que finalmente resultou na criação do Conselho Central Sionista, em 1943.

Um dos objetivos mais importantes do sionismo no país, em especial desde a segunda metade da década de 1930, foi ter acesso ao controle das orientações centrais da comunidade judaica para, então, influenciar política

[6] Sobre o sionismo no país, ver especialmente os trabalhos de Silvia Schenkolewski-Kroll incluídos nas referências.

e culturalmente o conjunto da coletividade.[7] Em alguns casos, isso significou participar da criação de novas instituições e, em outros, propiciar a reforma das já existentes. Assim, esses partidos tiveram um papel crucial na conformação da Daia, entidade política criada como instrumento para denunciar e combater o antissemitismo (Schenkolewski-Kroll, 1991, p. 20). Também procuraram alcançar o governo da Jevrá Kadishá, que, ao manejar a principal fonte de recursos financeiros da crescente comunidade, influía em distintos âmbitos da vida judaica.

O controle sionista dessa entidade (rebatizada em 1941 como Amia) se materializou em 1945. A magnitude desse fato pode ser medida, entre outras coisas, a partir do número de sócios que a instituição tinha no momento: 30.167, o que equivalia a um terço dos chefes de famílias judaicas na cidade de Buenos Aires (Schenkolewski-Kroll, 1992). Apesar de alguns retrocessos eleitorais frente à esquerda antissionista, o sionismo consolidou seu domínio desde o início da década de 1950. Sobretudo imediatamente após a exclusão da esquerda próxima ao comunismo da central educativa da Amia, a principal fonte de recursos das escolas judaicas, depois de sua negativa em condenar as campanhas e os julgamentos em tribunais antissemitas realizados no bloco soviético contra intelectuais e médicos judeus em 1952 e 1953.[8]

Desde seus primeiros passos, o sionismo argentino esteve em contato com a instância central do movimento, a OSM. Até a Segunda Guerra Mundial, as relações dos partidos locais com a organização e com os fundos nacionais enquadrados nela se restringiam basicamente ao envio de recursos financeiros. De sua parte, a OSM e os distintos fundos costumavam enviar emissários à Argentina com o objetivo de fortalecer as tarefas de arrecadação. Entretanto, quando a eclosão da Segunda Guerra Mundial a impediu de continuar realizando suas atividades na Europa com normalidade, a OSM reorientou e intensificou seu vínculo com o país. A partir desse momento, contribuiu para o fortalecimento organizacional

7 No Segundo Congresso Sionista da Basileia, realizado em 1898, Teodoro [Theodor] Herzl exortou os líderes sionistas a avançar em direção à "conquista das comunidades": juntamente com a atividade política na Palestina, ele argumentou que deveria ser dada atenção ao trabalho nas comunidades judaicas da diáspora.

8 Para uma análise detalhada desse episódio, ver Lotersztain (2014).

do sionismo local e impulsionou as tarefas de formação e propaganda por meio de um emissário permanente. Em 1947, o papel de Buenos Aires como centro regional do sionismo se materializou com a fundação da filial para a América do Sul da Agência Judaica, o ramo executivo do movimento sionista.

À exceção de algumas traduções em forma de livretos, cursos de hebraico e iídiche ou a criação de bibliotecas, o sionismo local havia relegado a atividade cultural, a educação e o "esclarecimento ideológico" a um plano secundário. A partir da Segunda Guerra Mundial e do Holocausto, passou a dar maior importância a essas tarefas. A principal linha de trabalho foi a difusão da língua e da cultura hebraicas dentro do movimento sionista e nas escolas judaicas.[9] Assim que foi criado o Estado de Israel, a Agência Judaica assumiu, de forma sistemática, a tarefa educativa e cultural. Por meio do trabalho conjunto com o Conselho Central Sionista, aprofundou a linha de hebraização do sistema cultural existente. Embora as relações entre o movimento sionista local e o centro israelita nem sempre tivessem sido fáceis no âmbito da cultura, o historiador Yosef Goldstein (1993, p. 186-187) explica que:

> O judaísmo argentino soube traduzir a noção de centralidade de Israel em fatos concretos que afiançaram seu sistema educativo. [...] Israel ocupou um papel ideológico e educativo fundamental nesse processo, fosse através de seus emissários educativos, como na capacitação de docentes em seminários breves e cursos anuais, fosse como facilitador das tendências em direção à unidade e à centralização das tarefas educativas.[VII]

Os deslocamentos do setor integracionista liberal e o desenvolvimento e consolidação dos partidos sionistas no sistema institucional possibilitaram a expansão do sionismo na vida cultural e política judaica na Argentina e — com suas variantes e mudanças ao longo do tempo — sua afirmação como corrente dominante.[10]

---

9 A esse respeito, ver o posicionamento da Convenção Sionista da América do Sul de 1944 em Schenkolewski-Kroll (1988, p. 158).

10 Sobre a singularidade e as mudanças na ideologia sionista na América Latina, ver Goldstein (2003).

A RENOVAÇÃO EDITORIAL

Os projetos que participaram da nova oferta editorial foram de diversos tipos: desde autoedições e pequenos selos de existência efêmera; passando por exercícios editoriais de instituições e forças políticas judaicas, locais e internacionais, e empreendimentos privados orientados de maneira exclusiva à publicação de temas judaicos; até empresas não judaicas que, mediante coleções ou de forma isolada, publicaram livros considerados de interesse judaico. Sobre a etapa que se iniciava, e também sobre seu alcance geográfico, Salomón Resnick (1946) expressava:

> Aos primeiros sinais da época inicial, às revistas confeccionadas por improvisadores, à publicação de tímidos livretos, seguiu uma imprensa profissional e uma rede, ainda não muito abundante, mas de existência assegurada, de editoras de mercado ou idealistas que se empenham em fazer conhecer em castelhano as obras, sobretudo traduzidas, do pensamento e da imaginação judaicas. Essa atividade, orientada principalmente [para] a juventude israelita, se desenvolve continuamente e acentua mais e mais o caráter autóctone das atividades culturais judaicas dentro da Argentina e, por fim, da América de fala espanhola.
> Essa situação explica, pois, que a comunidade israelita argentina seja de fato a orientadora dos demais meios judaicos da América do Sul.[VIII]

Dentro do conjunto de selos que marcaram o tom do período, considerando-se anos de existência, número de títulos publicados e capacidade de renovação cultural, destacaram-se cinco iniciativas especializadas em temática judaica, todas elas privadas.

Esses casos podem se ordenar em três categorias em função do tipo de proposta delineada: sionista, religiosa e cultural (em sentido amplo). Começaremos com a vertente sionista e as experiências das editoras Israel e Candelabro.

TABELA 1 | Principais editoras privadas especializadas em temática judaica em castelhano

NOME	ORIENTAÇÃO GERAL	PERÍODO DE EDIÇÃO	QUANT. DE VOLUMES**
Israel	Cultural-sionista	1938-1970	72
Sigal*	Religiosa tradicional	1944-1979	44
Acervo Cultural*	Cultural	1952-1979	79
Candelabro	Cultural-sionista	1953-1972	82
Yehuda*	Religiosa tradicional	1959-1979	18

* Essas três editoras continuaram publicando após o período que aqui analisamos; as duas primeiras seguem ativas.

** Essas cifras indicam o número de volumes, não de títulos, já que um pequeno grupo de obras é composto por mais de um tomo. Isso acontece com maior frequência no catálogo da Acervo Cultural, que inclui as obras completas de alguns autores em vários tomos.

FONTE: Elaboração própria baseada em trabalho de arquivo.

OS SELOS SIONISTAS

No espaço cultural judaico em língua castelhana de Buenos Aires, a Editorial Israel rompeu como uma proposta renovadora. Em contraste com as experiências de tipo institucional ou as coleções específicas dentro de selos gerais, que caracterizaram o período anterior, esse selo se apresentou como um projeto independente especializado em temas judaicos. Ao longo de seus 27 anos de existência, editou 72 obras em castelhano e ao menos uma em hebraico (ainda que tenha seguido publicando até 1970, seu último título novo foi lançado em 1964). Do conjunto, 64 correspondem a traduções do alemão, inglês, hebraico e, excepcionalmente, do iídiche. Muitos de seus livros foram reeditados em ao menos uma oportunidade. Ainda que com as flutuações próprias de uma vida prolongada, é possível afirmar que a editora sustentou, em linhas gerais, uma concepção do povo judaico nacional sionista e secular. A intenção do selo, que não foi sempre possível de ser cumprida, era publicar quatro títulos por ano, um por trimestre. Em poucos casos, as obras superavam as 400 páginas (majoritariamente, oscilavam entre 150 e 350) e eram vendidas de maneira individual ou mediante assinatura (por quatro títulos anuais) a um preço menor.

Um artigo publicado na *Mundo Israelita* no fim de dezembro de 1937 ("A Editorial 'Israel' publica seu primeiro livro 'El rabí de la buena fama' [O rabino da boa fama]") anunciava a iminente aparição do primeiro título e mostrava que a empresa se propunha a "difundir em boas traduções castelhanas as melhores produções do pensamento judaico". De acordo com a nota, essas traduções apontavam para um leitor judeu argentino pouco familiarizado com a cultura judaica, produto da má qualidade da literatura existente em língua castelhana — a única que havia aprendido —, mas que, nos últimos tempos, havia renovado o interesse nessa cultura devido ao crescimento do antissemitismo nazista. Assim como na justificativa das edições da SHA, tal editora mostrava uma especial preocupação por alcançar o público judaico jovem, agora ampliado ao âmbito hispano-americano. O outro universo de leitores que aparecia em seu horizonte de expectativas era o não judaico, que já não se reduzia ao setor intelectual, como no caso do leitor ideal da SHA: "Também os gentios — tanto os filossemitas como os antissemitas, cada qual por motivos contrários — estão desejosos de saber e procuram elementos de juízo que lhes permitam se ratificar ou retificar em suas opiniões". O texto concluía afirmando que "o pôr fim ao caos reinante no campo das edições judaicas" não será "um dos menores méritos da Editorial Israel". Assim, diante desse "caos", esse selo se apresentava como o novo guia da cultura judaica em língua castelhana.

Os artífices da iniciativa foram José Mirelman, que assinava esses anúncios publicitários, e Máximo Yagupsky, a quem, com toda segurança, podem ser atribuídas as notas anônimas da *Mundo Israelita* que informavam sobre a criação dessa editora. A trajetória de Mirelman destoa muito da do imigrante médio vindo do Império Czarista. Nasceu em 1902 em Simferópol, capital da península de Crimeia, mas chegou ao porto de Buenos Aires em 1926, vindo da Suíça, país onde havia passado sua infância e realizado seu doutorado em Ciências Econômicas. Já na década de 1930, o sobrenome "Mirelman" se associava, na Argentina, à indústria têxtil, à fortuna familiar e à ação filantrópica. Dos oito irmãos, José foi quem assumiu o maior compromisso com o sionismo, chegando inclusive a emigrar ao novo Estado em 1949.

Por sua vez, Máximo Yagupsky nasceu em 1906 na Argentina, na colônia judaica de La Capilla (hoje Ingeniero Miguel Sajaroff), em Entre

Ríos. Resultado de seu relevante trabalho no âmbito educativo judaico e de sua participação em diferentes espaços sociais e culturais da comunidade de Buenos Aires, ingressa em 1946 no Comitê Judaico Americano (AJC), uma importante organização política estadunidense. Depois da estadia de alguns anos em Nova York com sua família, voltou ao país para encabeçar a representação sul-americana dessa instituição.

Yagupsky possuía um vasto e sólido conhecimento da literatura tradicional religiosa judaica e estava a par das novas expressões da literatura hebraica moderna. De fato, tal como veremos no capítulo seguinte, seu sionismo se fixava mais no plano da literatura que no da doutrina. Mirelman, por sua vez, parece haver conhecido relativamente bem a produção editorial judaica contemporânea em língua alemã e tinha uma atuação política mais direta: durante muitos anos, foi um referencial da direita sionista no país. Também se complementavam em outros planos não menos importantes. A função de Yagupsky como inspetor da organização educativa Cursos Religiosos — cujo nome não era de todo fiel ao alcance da educação que oferecia — era resultado de uma ampla rede de relações sociais, dentro e fora do país, que lhe permitiu conhecer em primeira mão os interesses e necessidades culturais das comunidades judaicas de parte da América Latina. Por outro lado, a riqueza dos irmãos Mirelman significou uma fonte de subsídio para o desenvolvimento do projeto, o que lhe evitava depender exclusivamente do mercado. Portanto, a força e a perpetuação do projeto foram, em grande medida, fruto da complementariedade das contribuições materiais, sociais e culturais de cada um.

Entre 1940 e 1946, a Editorial Israel pôs ao alcance do leitor de fala castelhana uma série de nomes centrais do pensamento sionista: Theodor Herzl, Vladimir Jabotinsky, Ajad Ha'am, Moses Hess, León Pinsker, Aaron David Gordon e Josef Klausner. Essas escolhas implicavam, por sua vez, opções dentro do campo ideológico sionista. A presença de Jabotinsky, líder da direita sionista, e a ausência de referências do sionismo socialista de corte marxista, como Dov Ber Borojov, Najman Syrkin ou Berl Katznelson, revelam certo viés do selo.

A orientação sionista da proposta também incluiu nomes, temas e gêneros literários nos quais o sionismo se manifestou como programa cultural antes que como corpo ideológico: a biografia, o romance, a contística, a literatura infantil e o relato testemunhal. Entre eles, a narrativa em suas distintas variantes foi o gênero privilegiado. Embora os editores expressassem uma preocupação pelo valor literário das obras (e rejeitassem o que interpretavam como "romances levianos"), o critério prioritário no momento de eleger uma obra era sua aptidão para tematizar o projeto político sionista. A edição em 1943 do compilado *De fuente viva: florilegio de prosistas hebreos modernos* [De fonte viva: antologia de prosistas hebreus modernos], com contos selecionados, traduzidos e prologados por Máximo Yagupsky, expressa essa posição. Citando o crítico literário sionista Josef Klausner, Yagupsky (1943, p. 18) afirmava no prólogo:

> [A hebraica é] uma literatura, enfim, que somente se dá uma vez que se consegue um território sob os pés, possibilidades de lavrar a terra, autonomia política, vida de liberdade e um esquecimento absoluto da Diáspora com suas penúrias e ingratidões. É nesse momento que o judeu passa a ser um "homem" de Israel; o povo judaico, uma comunidade entre todas as nações; e, no concernente aos valores do espírito, se reintegra à tradição do profetismo para empreender uma marcha ascensional em direção às realizações messiânicas.[XI]

Essa compilação era a primeira de uma série de traduções (do hebraico ao castelhano) de romances pertencentes a um conjunto de autores que contribuíram para delinear a primeira época da literatura israelense: Shalom Shin, Itzhak Shenhar, Eliezer Smolly, David Cohen, Moshé Smilansky e Aarón Megued (veja a tabela 1 do capítulo 5). A faceta literária da vertente sionista se completava com quatro obras para o público infantil, três de ensino da língua hebraica e uma de poesia.

As outras linhas que conviviam com o eixo sionista propondo formas alternativas, mas complementares, de representar "o judaico" eram a histórica e a religiosa moderna. A primeira estava constituída por estudos, ensaios e romances históricos. O estudo histórico apareceu em 1940 com a *Historia de los marranos* [História dos marranos], do respeitado historiador britânico Cecil Roth, que, com quatro títulos, foi o autor mais publicado pela editora. A linha religiosa, apesar de sua escassa proporção no catálogo, resultou numa das apostas políticas e culturais mais interessantes da editora, em razão das escolhas que pressupôs. Essa incluiu o importante ensaio *La civilización de Israel en la vida moderna* [A civilização de Israel na vida moderna] (1944), do rabino Mordechai Kaplan, fundador do judaísmo reconstrucionista nos Estados Unidos, uma corrente religiosa muito inovadora e progressista. Além dele, publicou-se o compêndio *Tradiciones y costumbres religiosas* [Tradições e costumes religiosos] (1942), de Erna C. de Schlesinger, importante animadora cultural residente no país e esposa do rabino liberal Guillermo Schlesinger. Esse livro se tornou o principal best-seller do selo, com ao menos cinco reimpressões.

A publicação de livros escritos originalmente em castelhano, menos de 15% do total do catálogo, não respondeu a um interesse particular pela voz ou pelas problemáticas argentinas. Apenas nos relatos que compõem o livro de José Rabinovich — *Los acusados* [Os acusados], de 1947, escrito inicialmente em iídiche e logo traduzido ao castelhano por Adela Shliapochnik — e no romance de Mauricio Rosenthal — *Cercanos a la tierra* [Próximos à terra], de 1963, publicado graças ao prêmio outorgado pela editora ao completar 25 anos de existência — é que se pode falar de certa receptividade direcionada aos temas locais. O primeiro descreve as penúrias sociais dos imigrantes judeus em Buenos Aires com um tom próximo à tradição crítica dos escritores de Boedo, enquanto o segundo segue os passos de um homem judeu que escapa do Holocausto e chega ilegalmente à Argentina após o fim da guerra, somente para encontrar uma atmosfera opressiva dominada pelo peronismo e pela presença de criminosos nazistas.[11]

Muito similar em forma e conteúdo foi a Editorial Candelabro. Entre 1953 e 1972, publicou 81 títulos (um deles em dois volumes), em que o sionismo e Israel ocupavam um lugar privilegiado; algo mais que 80% corresponderam a traduções do hebraico, alemão, inglês e iídiche.[12] A concisa apresentação impressa nas orelhas dos primeiros livros indicava que o selo tinha por objetivo "difundir, em idioma castelhano, os tesouros

---

11 Para uma análise desses dois livros, ver Senkman (1983, cap. 5).

12 Entre seus livros, figura *La gran visión: la vida de Theodor Herzl* [A grande visão: a vida de Theodor Herzl], da escritora Nina Brown Baker, especializada em biografias. Foi publicado em 1951, dois anos antes da abertura da editora, provavelmente porque a Candelabro tomou ou comprou de Estrellas, um selo judaico menor, o estoque restante desse livro. Entre 1942 e 1951, Estrellas publicou 15 volumes, a maioria em alemão, três dos quais correspondem à Bíblia judaica numa edição bilíngue hebraico-alemã. Ao acrescentar essa obra à lista, a quantidade de títulos do selo aumenta para 82.

da literatura hebraica, judaica e israelense, nos países de fala espanhola" e que os livros seriam vendidos mediante um sistema de assinatura anual chamado Familia del Libro Judío [Família do Livro Judaico]. Assim, chegariam diretamente ao domicílio dos assinantes com 20% de desconto e um preço diferenciado nas versões em brochura e capa dura. Enquanto a Editorial Israel, em sua primeira década de existência, apresentava a nova literatura que estava se forjando no processo de construção do "lar nacional judaico", já se adotava o adjetivo "israelense" para denominar a literatura nacional do país criado poucos anos antes.

A editora foi fundada por Abraham Mibashan. Em 1960, quando este morreu, seu sucessor foi o filho Asher (1914, Romênia-2005, Israel), doutor em Físico-Química pela Universidade Hebraica de Jerusalém por volta da segunda metade da década de 1940 e chegado à Argentina em 1947. Abraham Mibashan nasceu na Romênia em 1890, no seio de uma família de forte ativismo sionista. Graduou-se em Filosofia e se especializou em temas judaicos em Berlim. Durante a Primeira Guerra Mundial, trabalhou na Suíça como jornalista para o diário em língua alemã *Neue Zürcher Zeitung* (Novo Jornal de Zurique). Uma vez finalizada a contenda, dirigiu-se à Palestina, onde, no começo dos anos 1920, foi nomeado secretário do município de Tel Aviv. Em 1923, foi enviado à Romênia para dirigir uma instituição sionista. Tempos depois, em 1936, aterrissou na Argentina como representante na América do Sul da Agência Judaica, com o objetivo de impulsionar o trabalho sionista na região. Já no país, além de criar comitês para o estabelecimento do Estado de Israel e fundar a Associação Amigos do Instituto Científico Weizmann, ocupou diversos cargos comunitários de importância, como as presidências da Amia (1955-1957) e da Daia (1959-1960). Em 1943, fundou e dirigiu a revista ilustrada em castelhano *Eretz Israel* ("Terra de Israel" em hebraico), que também foi continuada por seu filho Asher, cuja atividade no país se dividiu entre a revista, a editora e a correspondência de notícias da Agência Telegráfica Judaica.[13] Em 1980, oito anos depois do último título publicado pela Candelabro, emigrou a Israel, onde já residia um de seus filhos. Tanto Asher como, em especial, sua irmã Noemí traduziram ao castelhano algumas obras do inglês e do hebraico.

[13] Agência internacional de notícias judaicas criada em 1917, com sede em Nova York.

O núcleo mais explícito do caráter sionista do selo correspondia aos três volumes que conformam a Biblioteca Sionista, publicados em 1954 "sob os auspícios do Conselho Central Sionista Argentino (Agência Judaica)". Eram ensaios sobre a história e o significado do sionismo, escritos por dois expoentes políticos e intelectuais do movimento: dois volumes de David Ben-Gurión, primeiro-ministro do nascente Estado de Israel, líder do sionismo socialista e herói nacional; e uma obra do intelectual sionista Jaim Grimberg. Além disso, o catálogo apresenta ensaios históricos, políticos e biográficos, testemunhos e obras de literatura com uma perspectiva geral sionista, mas não doutrinária. Assim como no caso da Editorial Israel, que combinava títulos especificamente ideológicos ou de referências intelectuais do movimento com um repertório mais amplo, essas obras podem ser interpretadas como formas de revelar e legitimar a existência do novo Estado frente ao público judaico e não judaico. Assim, por exemplo, o conjunto de ensaios biográficos se materializa em livros sobre as vidas de Eliezer Ben-Yehuda, pai do hebraico moderno (1953), do paraquedista israelense Aba Berdichev (1957), de Vladimir Jabotinsky (1957) e de Ben-Gurión (1960). Entre 1954 e 1972, a Candelabro publicou sete ensaios históricos que abordavam distintos momentos da formação e consolidação do Estado de Israel.

Seu primeiro título, *El hombre contra el cáncer* [O homem contra o câncer], pode parecer desconcertante como carta de apresentação. Não é o livro que, a priori, se esperaria que inaugurasse um selo de obras judaicas. Entretanto, o desconcerto se desfaz ao se pesquisar sobre o autor, o cientista Isaac Berenblum, e compreender que as maneiras de tratar "o judaico" podem adotar formas que escapam ao conteúdo explícito dos textos. O que importa aqui é, precisamente, seu autor: quando o livro foi publicado em Buenos Aires, em 1953, Berenblum era diretor do Departamento de Biologia Experimental do maior e mais respeitado centro científico do novo Estado, o Instituto Weizmann, além de professor visitante de Oncologia da Universidade Hebraica de Jerusalém e membro do Conselho de Pesquisas de Israel. Mas não era apenas um cientista reconhecido internacionalmente, com obra que não se limitava à história da luta do homem contra o câncer; como figura notável da ciência desse país, Berenblum era um dos grandes nomes por meio do qual a nova "nação judaica" podia mostrar sua contribuição intelectual ao conjunto da humanidade. Portanto, até mesmo um livro de divulgação sobre um tema científico podia ser apresentado como uma peça importante na edificação da imagem exterior de um país e na afirmação do orgulho nacional. Embora não tenha exposto publicamente como fizera com os principais livros dos primeiros anos, pertencentes a uma linha mais explicitamente sionista, Abraham Mibashan, como secretário local do Comitê Argentino Pró-Instituto Weizmann, tinha um especial interesse em Berenblum, que, ademais, visitou o país no ano seguinte para dar uma série de conferências.

Com relação à narrativa, que constitui pouco mais da metade dos títulos de orientação sionista da editora e se estende ao longo do catálogo, distinguem-se dois tipos de obras. Por um lado, as mais diretamente referidas ao projeto sionista, que situavam a história do Estado de Israel como centro narrativo em busca de ressaltar uma série de imagens e valores nacionais. Por outro, um conjunto muito variado de literatura, escrito originalmente em hebraico por autores que faziam parte do panorama literário israelense, que, embora não se referisse de maneira direta ao projeto sionista, pode ser interpretado como a vontade de apresentar a existência de uma cultura literária em língua hebraica; isto é, uma literatura nacional que já podia se esquivar da referência política mais explícita, própria do momento de impulso e afirmação do projeto nacional.

O fundo editorial da Candelabro permite distinguir outras linhas importantes e a presença de algumas obras e autores que, por si sós, marcam apostas e interesses particulares. Um lugar destacado merece o humorista israelense Ephraim Kishon, o autor de maior presença no catálogo, com cinco livros publicados entre 1964 e 1972. Apesar de desconhecermos o interesse do público de fala castelhana nesse escritor, é provável que, a partir do sucesso de sua obra na Alemanha e Israel, Mibashan esperasse alcançar vultosas vendas na Argentina,[14] o que não impedia que também visse nele um expoente da cultura israelense.

[14] O fato de que duas grandes editoras comerciais, Emecé de Buenos Aires e Plaza y Janes de Barcelona, tenham publicado, respectivamente, dois e sete títulos de Kishon reafirma essa suposição. Entretanto, esse autor não foi quem abriu o espaço do humor de origem israelense dentro do catálogo. Dois anos antes da sua primeira publicação, a editora apresentou *Jedva y yo* [Jedva e eu], de Aarón Mégued (Aaron Megued).

Assim, entre as vertentes que conformavam o catálogo, encontramos, por um lado, uma linha ensaística sobre a história e o presente judaicos, que, em nenhum caso, adotou uma perspectiva religiosa tradicional. A tradução de *Retrato de un judío* [Retrato de um judeu], do intelectual sartreano Albert Memmi, em 1964, é especialmente significativa por sua importância para a juventude judaica argentina da segunda metade da década de 1960 e princípios da seguinte. A paulatina radicalização de certa porção dessa juventude e sua contemporânea entrada em movimentos políticos críticos do sionismo, em consonância com o que acontecia em outros países, como a França, onde residia Memmi, exigiam ensaiar novas interpretações do sionismo de Israel e da condição judaica. Um dos livros de maior impacto nesse sentido foi *Ser judio* [Ser judeu], do filósofo argentino León Rozitchner, publicado pela De la Flor em 1967.[15]

Por outro lado, a Candelabro desdobrou mais duas vertentes que a distinguiram da maior parte de suas contemporâneas. Uma correspondia à temática do Holocausto e, em menor medida, do antissemitismo, e a outra, tardia, conjugou a literatura e a poesia judaico-argentinas. No primeiro caso, a lista foi incrementada com o passar dos anos e foi integrada fundamentalmente por ensaios e romances.[16] A opção pela narrativa e pela poesia locais de temas judaicos começou a ter regularidade 11

[15] Sobre o processo de radicalização da juventude judaica entre o final da década de 1960 e o golpe de 1976, ver Krupnik (2011).

[16] Os títulos sobre antissemitismo dentro e fora do país são: *El judío y la cruz* [O judeu e a cruz] (1965), de Dagobert Runes; *El mito de la conspiración judía mundial* [O mito da conspiração judaica mundial] (1967, sobre *Los protocolos de los sabios de Sion* [Os protocolos dos sábios de Sião]), de Norman Cohn; *La mitad de nada* [A metade de nada] (1969, romance referente à Argentina) e *Los prejuiciados de honrada conciencia (el antisemitismo de los prosemitas)* [Os preconceituosos de consciência tranquila (o antissemitismo dos pró-semitas)] (1971), de Samuel Tarnopolsky. Sobre o Holocausto: *Los que supieron morir (antología del ghetto)* [Os que souberam morrer (antologia do gueto)] (1955), com textos de vários autores; *Operación Noche y Neblina* [Operação Noite e Neblina] (1959), de Alex Weissberg; *Cuentos, memorias y ensayos* [Contos, memórias e ensaios] (1961), de Anne Frank; *El gran proceso (Eichmann y el nazismo ante la justicia)* [O grande processo (Eichmann e o nazismo diante da justiça)] (1961), de Silvano Santander (publicado num selo fictício, Editorial Silva, mas incorporado nas listas da Candelabro); *Una luz en las tinieblas (vida y pasión de Janusz Korczak)* [Uma luz na escuridão (vida e paixão de Janusz Korczak)] (1963), de Pola Apenszlak (editado inicialmente em iídiche por Dos Poylishe Idntum); *La princesa Elnasari* [A princesa Elnasari] (1963), de Alicia Raquel Hadar; e *El mendigo de Jerusalén* [O mendigo de Jerusalém] (1969), de Elie Wiesel.

anos depois de criado o selo, em 1964.[17] A presença de obras escritas originalmente em castelhano é pequena, algo mais que 18%; entretanto, nem todas pertencem a autores locais, como é o caso do já mencionado escritor e tradutor espanhol Cansinos Assens.

OS PROJETOS EDITORIAIS DE ORIENTAÇÃO RELIGIOSA

Entre as poucas iniciativas que introduziram literatura religiosa judaica no repertório editorial em língua castelhana, a Sigal e a Yehuda foram as principais. O desdobramento e o relativo sucesso de duas editoras especializadas nesse tipo de literatura — ainda que não toda a produção se vendesse dentro do país —, somados às edições isoladas por parte dos movimentos religiosos, revelam a existência de uma demanda específica que não pode ser eludida.

A prática e o estudo religioso judaico sustentam uma relação especial com a questão das línguas e da tradução. Muito antes das conotações nacionais modernas que o sionismo lhe adjudicou, o hebraico foi a língua da Torá e do culto e, junto com o aramaico, a língua do estudo e da interpretação dos textos sagrados, legais e doutrinários. Assim, existe uma relação entre língua e livro, concebida em termos de essência. Inclusive nas correntes religiosas liberais, que abriram um terreno mais favorável para a tradução das obras sagradas e de suas interpretações, o conhecimento do hebraico foi indispensável para rabinos e estudiosos.

Desses dois selos, o Sigal foi o mais importante. O número de títulos publicados, sua extensa permanência no mercado e seu vínculo com a reconhecida livraria homônima, fundada em meados da década de 1920 e especializada na temática judaica, o transformam num caso de especial relevância para explorar essa vertente. De suas primeiras publicações não se pode inferir a intenção de se dedicar de maneira decidida ao texto

---

17 Lázaro Liacho tem dois livros de poesia (1968 e 1969); José Rabinovich tem dois romances (ambos de 1969), e Samuel Tarnopolsky tem um romance (1969) e um ensaio (1971), ambos sobre antissemitismo. A edição de autores argentinos ou residentes no país se completa com a poesia de Enrique Sverdlik (1964) e as memórias originalmente escritas em iídiche — *Gimen los bosques siberianos (el ser humano en la URSS)* [Gemem as florestas siberianas (o ser humano na URSS)] — de Abraham Zak (1971), sobre sua fuga do nazismo e seu confinamento numa prisão soviética.

religioso. Embora, em 1944, tenha editado o livro de preces *Sidur Tefilat Israel*[18] em hebraico para as escolas judaicas, entre 1949 e 1951, pôs à disposição dos leitores três projetos que a alinhavam, acima de tudo, com o programa cultural da SHA; dois deles, já analisados (ver a tabela 1 do capítulo 3), implicavam um grande investimento de recursos e uma incerta garantia comercial. Em 1949, publicou em castelhano o *Manual de la historia judía* [Manual da história judaica] e, em 1951, a *Historia universal del pueblo judío* [História universal do povo judaico], ambos de Simón Dubnow.[19] Já em iídiche, publicou em 1949 os sete tomos de *La historia judía* [A história judaica], de Heinrich Graetz, um dos precursores da historiografia judaica moderna. Depois dessas volumosas edições, em 1952, publicou *Tejiná, oraciones y meditaciones para la mujer judía* [Tejiná, orações e meditações para a mulher judaica], de Erna C. de Schlesinger,[20] iniciando decididamente a tradução de autores e títulos centrais da tradição religiosa.[21]

De acordo com a interpretação de Ariel Sigal — neto de Simón (fundador da livraria) e filho de seu sucessor, Abraham —, parece muito provável que essa reorientação tenha se devido à existência de uma crescente demanda

---

18 O *Sidur* é um livro que contém, de maneira ordenada, o conjunto de orações que o judeu observante das normas tradicionais deve cumprir.

19 Nesses mesmos anos, o Cultur Congres publicava no país essa obra em iídiche.

20 Após o fechamento da Editorial Israel, a Sigal comprou os direitos de *Tradiciones y costumbres judías* [Tradições e costumes judaicos], a reeditou em 1970, traduziu e publicou em português para exportá-la ao Brasil.

21 Entre suas publicações mais importantes, que a distinguiram como um selo editorial orientado à religião, estão: *Hagadá de Pesaj* [Páscoa Hagadá] (1955) e os três volumes do *Guía de los descarriados. Tratado de teología política y de filosofía* [Guia dos desorientados. Tratado sobre teologia política e filosofia] (1955), de Maimônides; *Síntesis del Shuljan Aruj. Código de prácticas rituales y leyes judías* [Síntese do Shuljan Aruj. Código de práticas rituais e leis judaicas] (1956), de Joseph Caro; *El Cuzari. Libro de doctrina y apología del judaísmo* [Cuzary. Livro de doutrina e apologia ao judaísmo] (1958), de Yehudah Halevi; *Doctrina de los deberes de los corazones. Tratado de teología y de moral* [Doutrina dos deveres dos corações. Tratado de teologia e de moral] (1958), de Bahya ibn Paquda; *El judaísmo, religión de amor* [O judaísmo, religião do amor] (1959), de Isaac Ben Salomón Algazi; *Libro de las creencias y de las doctrinas. Tratado de filosofía, teología y moral* [Livro de crenças e doutrinas. Tratado de filosofia, teologia e moral], (1959) de Saadia Gaon; *La Torá* [Torá] (1961), numa edição bilíngue hebraico-castelhano; *Sefer Yetzirá* (1966) e os cinco volumes de *El Zohar* [Zohar] (1978), do rabino Simón Bar Yojai [Simeão filho de Yohai].

insatisfeita com textos religiosos básicos em castelhano; por exemplo, uma Bíblia judaica. Em paralelo ao critério comercial, para compreender essa inclinação, deve-se ter em consideração as orientações políticas do fundador e do sucessor do projeto editorial. Simón trazia do povo de Sfat (Safed, Palestina), de onde provinha, sua adesão ao sionismo religioso do partido Mizraji (acrônimo das palavras hebraicas "*Merkaz Rujani*", "centro religioso", ainda que o termo também signifique "oriental"), enquanto Abraham simpatizava, na Argentina, com o sionismo revisionista, ala direita do movimento, que não oferecia a mesma resistência à religião que o sionismo socialista (entrevista oral com Ariel Sigal, 24 fev. 2010). Entretanto, não é nossa intenção sugerir que a existência de uma possível contradição entre os princípios comercial e ideológico os tenha conduzido de maneira irremediável à recusa do princípio comercial, mas sim que é possível conjeturar que, por afinidade política ou cultural, tiveram maior disposição a considerar e adotar essa orientação, alheia à maior parte dos projetos editoriais.

A ACERVO CULTURAL, ENTRE O COMÉRCIO E A CULTURA

Em 1952, a Acervo Cultural publica seu primeiro livro: *Las estrellas son testigo* [As estrelas são testemunha], de Bernard Goldstein. Nessa obra, o autor relata suas memórias como partícipe da organização do Levante do Gueto de Varsóvia, a rebelião liderada por um grupo de jovens contra as forças nazistas no momento em que estas tentavam transferir os últimos habitantes do gueto em direção aos campos de concentração e extermínio. Poderíamos dizer que a publicação desse título, nove anos depois de ocorrido o levante e sete depois do fim da Segunda Guerra Mundial, foi um modo categórico de apresentar um novo selo judaico. Entretanto, ao ler hoje o prólogo com que se apresentava a editora, dificilmente se chegaria à ideia de que havia ali um projeto orientado à temática judaica. Além de seu espírito ilustrado humanista, não há, nesse texto, uma referência precisa que permita identificar e distinguir esse novo selo em relação às muitas editoras que integravam o mercado do livro argentino. Embora essa deliberada amplitude na apresentação pudesse se dever ao desconhecimento inicial do rumo que tomaria o projeto ou à intenção de não restringir de antemão o público potencial, o certo é que, com sucessivas escolhas, a Acervo Cultural foi se definindo como um selo judaico. Porém, diferentemente dos casos anteriores, a composição de seu catálogo não permite identificar, a priori, uma orientação temática ou ideológica dominante.

Abraham José Weiss (1902-1984), fundador e diretor do selo até a data de seu falecimento, chegou ao país como parte da onda imigratória judaico-polonesa da década de 1920. Depois de trabalhar como linotipista, abriu sua própria gráfica. Aconselhado por um amigo, o renomado intelectual e editor Gregorio Weinberg, e sem deixar de lado o negócio gráfico, que lhe havia permitido se afiançar economicamente, pôs em funcionamento a editora. Weiss não participou de maneira ativa ou visível em nenhuma das correntes políticas judaicas, nem esteve próximo das instituições centrais da vida comunitária. Seu compromisso institucional se expressou no apoio que brindou à criação e ao desenvolvimento da escola primária judaica Martin Buber, localizada no bairro portenho de Palermo, que, desde o primeiro momento, foi independente dos diversos movimentos políticos intracomunitários e preservou um caráter marcadamente laico.

Depois de uma série de livros que versavam sobre Israel e o antissemitismo, na qual o Holocausto tem mais espaço que nos demais selos em castelhano, a Acervo Cultural ampliou a possibilidade de publicar para outros gêneros. Por um lado, voltamos a encontrar Sholem Aleijem, publicado em 16 volumes, e a trilogia histórica do romancista judeu alemão Lion Feuchtwanger, em 1960.[22] Por outro lado, seu catálogo se abriu a nomes da história e da filosofia de grande relevância dentro de certa tradição judaica humanista ilustrada, por meio da coleção Valores en el Tiempo [Valores no Tempo] (1961-1977): cinco tomos do filósofo e historiador Filón de Alejandría [Fílon de Alexandria], cinco do historiador Flavio Josefo e cinco do filósofo Baruch de Spinoza.[23] Diferentemente de

[22] Em termos de publicações em castelhano, a ICUF estava muito longe do trabalho editorial que, durante esses mesmos anos, realizava em iídiche e que analisamos no capítulo 2. Assim, diante das 68 obras nessa língua, publicou apenas 4 títulos em castelhano, que corresponderam a uma seleção de textos de Sholom Aleichem.

[23] As obras de Flávio Josefo foram traduzidas diretamente do grego por Luis Farré; as de Filón de Alejandria, também do grego, por José María Triviño, que também fez as introduções e as notas. As obras de Spinoza contaram com a tradução de Oscar Cohan e Mario Calés e com a introdução por Gregório Weinberg.

autores como Sholem Aleijem, que eram lidos por um público amplo, os nomes que compunham essa coleção se orientavam, a princípio, a um grupo mais restrito. Mediante essa seleção, Weiss colocava à disposição do público universitário e intelectual uma série de autores e temas judaicos que, até aquele momento, não haviam sido integrados sistematicamente ao repertório da filosofia e da história em castelhano.

Em 1964, lançou o que seria sua proposta mais arriscada em termos econômicos e de produção. Entre esse ano e 1979, momento até o qual chega nosso estudo, a Acervo Cultural publicou 13 volumes do Talmude Babilônico. Quando faleceu seu impulsor, havia 11 traduzidos a serem publicados e só dois sem tradução. E, próximo ao final da década de 1970, Weiss trabalhava na edição em castelhano da história da literatura judaica de Israel Zinberg, que, em sua versão iídiche, constava de dez volumes, projeto que não chegou a se materializar. Por último, se levarmos em consideração os 79 títulos que publicou no período estudado, o espaço destinado a autores de língua castelhana repete o padrão das editoras anteriores, em termos tanto de proporção, com não mais de 10%, quanto de ausência de uma coleção temática diferenciada que os aglutinasse.[24]

O fundo editorial da Acervo Cultural reflete melhor que nenhum outro a singularidade da edição judaica, em que o compromisso e a vontade de intervenção político-cultural tenderam a primar sobre o interesse econômico. Singularidade que o próprio Weiss sintetizou em 1978, frente à pergunta "O que significa para o senhor, hoje e aqui, o trabalho de editar livros judaicos?":

> Tratarei de não falar como editor, mas [...] como homem judeu dominado pela inquietude de difundir nosso acervo cultural em castelhano. E me propus[,] a partir desse ponto de vista, a pôr à disposição do leitor judeu hispanofalante (focando, obviamente, fundamentalmente nas gerações jovens) valores judaicos que, por suas características próprias, não conseguiam ser "potáveis" com um fechado enfoque comercial. Não direi que faço esta dura tarefa que me apaixona por inteiro como um simples hobby. Debrucei-me sobre essa tarefa porque sou um admirador

24 Entre essas obras, estão os ensaios históricos de Salomon Wassertzug (1961, 1978), a poesia de Carlos M. Grünberg (1965), o ensaio filosófico-religioso de Jaime Barylko (1970), a literatura de Arminda Ralesky (1971) e Bernardo León Pecheny (1975) e o testemunho de vida de Salvador Kibrick (1978).

da cultura judaica (não falo de suas facetas vulgares, que me são indiferentes) ("Diálogo con dos editores judíos" [Diálogo com dois editores judeus], OSFA, revista da Organização Sionista Feminina Argentina, jan.-mar. 1978, p. 18).[X]

Não ter aderido abertamente a uma corrente ideológica ou religiosa dentro do campo judaico, ainda que, em suas escolhas, ressoe o espírito humanista da SHA, não significou que a Acervo Cultural estivesse mais afastada do polo cultural e mais próxima do critério comercial que os demais selos. Ou, pelo menos, não foi assim desde que se propôs a traduzir as obras de filósofos e historiadores da Antiguidade, em especial o Talmude. O enorme investimento consumido nessa iniciativa e a inexistência de uma demanda certa para esse tipo de obra implicavam sérios riscos financeiros que Weiss, provavelmente por convicções culturais e graças ao respaldo econômico proveniente da sua gráfica, decidiu e esteve em condições de assumir.

AS EDIÇÕES INSTITUCIONAIS E POLÍTICAS

A edição de livros de interesse judaico não se limita a esses selos. Pelo contrário, o número de participantes cresceu em paralelo ao desenvolvimento das forças políticas e instituições, das disputas políticas, do interesse por alcançar tanto o público judeu como o não judeu, e da evolução socioeconômica geral da comunidade. Ainda que menos regulares e individualmente menos importantes em termos de volume, encontramos, por um lado, projetos de instituições inscritas em alguma das grandes correntes ideológicas que davam forma à vida judaica e, por outro, um punhado de pequenos empreendimentos de agrupações políticas, em especial de distintas expressões do sionismo.

OS SELOS INSTITUCIONAIS

A atividade editorial da maior parte das instituições se canalizou através de um órgão de difusão, como revista, boletim ou, em menor medida, livros e livretos. Entre as instituições que tiveram uma política editorial mais ativa, destacam-se, além da SHA, tanto a Daia como a Amia. Seguiram-lhe outras com menor atividade, mas que contribuíram com a ampliação do repertório de temas e gêneros.

A Daia tentou afirmar, no âmbito da palavra impressa, a função que havia se proposto a ocupar como organismo político representativo da comunidade judaica frente ao Estado nacional e ao conjunto da sociedade argentina, sobretudo em questões relativas ao antissemitismo, representatividade que ciclicamente se via questionada e disputada por distintos setores. Desde sua própria fundação, em 1935, considerou a palavra impressa um instrumento-chave para alcançar seus objetivos políticos, em especial para levar adiante o "trabalho de esclarecimento" sobre diversos temas.[25] Por isso, todas as suas intervenções editoriais estavam ligadas às agendas e aos confrontos políticos de cada contexto histórico: combate contra o antissemitismo e o surgimento do nazismo na Argentina e no mundo, conservação da memória do Holocausto, defesa e promoção dos direitos humanos, comemorações de datas centrais da vida judaica no país, vínculo com o Estado de Israel etc. Pelo público para o qual apontava, os setores com os quais se confrontava e os temas tratados, o caráter das ações editoriais da Daia não pode ser equiparado às numerosas iniciativas editoriais políticas que povoavam a cena cultural judaica de Buenos Aires. Seu campo de ação estava mais orientado à sociedade e ao poder político argentino que ao campo judaico. Na maior parte dos casos, as publicações consistiam em pequenos livretos gerados a partir de fragmentos de obras maiores de autores reconhecidos (Sartre, Maritain, Cassirer), intervenções de intelectuais locais (César Tiempo, Schallman, Fayt) e breves ensaios. Excepcionalmente, a Daia publicou livros, como a recompilação de conferências de um dos presidentes da instituição, Isaac Goldenberg, ou um romance histórico de Marcos Aguinis sobre o almirante Brown.

A participação da Amia na oferta editorial foi tardia em comparação com a do resto das iniciativas: somente em 1966 é que começou a publicar obras de maneira mais ou menos regular. Próximo a 1975, quando pôs fim à série Judaísmo Contemporâneo, nela já haviam sido publicados 13

25 *¿Qué es la DAIA?*. Buenos Aires: Daia, 1971. Sua publicação periódica mais importante e regular foi a revista anual *Índice* (primeiro período de 1967 a 1971, segundo período a partir de 1988).

títulos. Poucos anos depois, em 1978, abriu uma nova, de vida mais breve: Coleção Universal. Embora nesta a tradução também predominasse, na maioria dos casos, tratava-se de antologias selecionadas por intelectuais locais. Por meio dessas obras, pretendia-se oferecer uma visão panorâmica e sintética, ao mesmo tempo, de diversas áreas e problemas do judaísmo contemporâneo, tal como indicava o nome da série, com uma pronunciada marca sionista.

Assim, entre os títulos, estão: *El pensamiento nacional judío* [O pensamento nacional judaico] (1969) — em dois tomos, *La ideología sionista* [A ideologia sionista] e *El sionismo contemporáneo* [O sionismo contemporâneo] —; *El problema judío* [O problema judaico] (1969); *Ghettos, martirio y rebelión* [Guetos, martírio e rebelião] (1969); *Identidad judía y literatura* [Identidade judaica e literatura] (s. d.); *Israel: la liberación de un pueblo* [Israel: a libertação de um povo]; e uma seleção de textos de Martin Buber, *Humanismo hebreo y nacionalismo* [Humanismo hebraico e nacionalismo] (1975), cuja segunda edição saiu logo em seguida, em 1978, como volume independente e com outro título. Dentro de sua pequena produção, destacam-se dois textos sociológicos sobre a comunidade judaica de Buenos Aires escritos por pesquisadores estrangeiros — essa é uma vertente muito pouco trabalhada no âmbito local, o que a distingue do caso estadunidense, onde o estudo histórico e sociológico da vida judaica tem uma presença mais constante e extensa. Não por acaso, o Instituto Judaico de Cultura e Informação (IJA), ligado ao AJC, foi a instituição mais interessada nesse tipo de estudo.

Um dos projetos editoriais mais relevantes do período foi a Biblioteca Popular Judia [Biblioteca Popular Judaica], publicada entre 1966 e 1978 pelo Escritório Sul-Americano do Congresso Judaico Mundial — reorganizado em 1969 como Congresso Judaico Latino-Americano. Essa série foi dirigida por Marc Turkow, chefe desse escritório entre 1954 e 1978 (a quem já nos referimos ao resenhar a experiência da Dos Poylishe Idntum). A Biblioteca foi composta por duas coleções de livretos: Grandes Figuras del Judaísmo [Grandes Figuras do Judaísmo], com 104 títulos; e Hechos de la Historia Judia [Fatos da História Judaica], com 95 títulos e uma média de 50 páginas por número. Como aconteceu com quase todas as empresas de edição resenhadas, os jovens apareciam explicitamente como os principais destinatários dessas obras.

A irrupção do Movimento Conservador no início da década de 1960, depois da chegada do carismático rabino estadunidense Marshall Meyer, alterou significativamente o mapa ideológico e cultural judaico do país e, por seu alcance, também o latino-americano.[26] À parte das sinagogas que constituíam o núcleo básico sobre o qual se sustentava a presença e expansão desse movimento, foram criadas duas instituições complementares em Buenos Aires: o Escritório Latino-Americano do Conselho Mundial de Sinagogas e o Seminário Rabínico Latino-Americano, que agruparam os distintos templos e funcionaram como nexos com a sede central do movimento nos Estados Unidos. Com relação ao Seminário Rabínico, tinha por propósito formar rabinos e líderes comunitários. Ambas as entidades levaram adiante uma política editorial conjunta cujo resultado mais importante não foram livros, mas a revista trimestral *Maj'Shavot* ("pensamentos" em hebraico), que rodou a partir de 1961. Mas também avançaram numa política editorial independente, com ideias afins aos princípios e necessidades do movimento: textos de orações, bendições e rituais e textos de educação em hebraico, traduções isoladas sobre temas como os "casamentos mistos" (1966) ou obras do rabino e intelectual polonês Abraham Joshua Heschel, residente nos Estados Unidos. Apesar disso, a contribuição mais significativa foi a associação dessa instituição com a editora Paidós a partir de 1959, a qual será objeto de nossa atenção em seguida.

AS FORÇAS POLÍTICAS

Diferentemente do entreguerras, neste período as expressões políticas e ideológicas estiveram mais presentes devido ao trabalho do sionismo. Por exemplo, a Associação Racionalista Judaica, de tendência anarquista, que continuou editando livros em iídiche até o começo da década de 1970, publicou só uma pequena coleção de oito opúsculos em castelhano entre

[26] O Movimento Conservador é uma das expressões liberais da religião judaica com sede em Nova York, cuja base social e institucional se encontra, em sua maioria, nos Estados Unidos.

1955 e 1957, com traduções sobre temas culturais judaicos seculares de autores iidichistas. Além das editoras privadas que já estudamos (Israel e Candelabro), participou da ampliação do repertório da literatura sionista, ainda que de maneira assistemática e muitas vezes isolada, uma miríade de partidos, movimentos e organizações políticas que, em conjunto, refletia a faceta secular dessa ideologia.

Embora, durante e depois da Segunda Guerra Mundial, a quantidade de publicações das forças sionistas tenha crescido, o incremento não foi tão pronunciado nem tão regular como caberia esperar do grau de desenvolvimento alcançado simultaneamente por esse movimento. Salvos os nove títulos em castelhano da Kium, ramo editorial da fração sionista socialista dominante, predominou entre partidos, instituições e pequenos selos sionistas privados uma lógica editorial irregular e efêmera. À esquerda do espectro, encontramos um pequeno número de livretos e livros dos movimentos juvenis; à direita, alguns livretos da Nova Organização Sionista na Argentina (1939-1940) e uns poucos livros publicados por distintas e muito breves experiências editoriais, como a Biblioteca Oriente (1941), Altalena (1958), Sifrut (1972) e talvez a Editorial Moledet (1946-1951).[27]

O quadro da produção sionista local se completa com a tarefa de um número de instituições não partidárias que funcionavam como representantes locais ou regionais de instituições maiores de Israel: os escritórios locais da OSM, transformada logo na Organização Sionista Argentina; a Escritório Central do Keren Kayemet LeIsrael (Fundo Nacional Judaico) para América Latina,[28] o Centro de Difusão de Israel para América Latina, a Associação Amigos da Universidade Hebraica de Jerusalém e Amigos Argentinos da Histadrut (central de trabalhadores de Israel) etc. Diferentemente dos partidos, a maior parte dessas instituições não centrou sua atenção numa vertente determinada do sionismo, mas apontou a aspectos gerais dessa ideologia e do Estado de Israel. De qualquer modo, a ação editorial das organizações sionistas com centro em Israel não só se expressou por

---

27 O motivo para adicionarmos a Modelet é a posição ideológica dos dois autores dos títulos publicados, David Elnecavé e seu filho Nissim, que aderiram ao sionismo de direita.

28 Esse fundo específico para a compra de terras e florestamento, fundado em 1901, era muito popular entre as diferentes classes sociais da comunidade judaica.

meio de suas representantes locais, como de forma direta mediante a publicação de livros, livretos e revistas em castelhano, em Jerusalém e Tel Aviv. Essas iniciativas editoriais contavam com o trabalho ativo de intelectuais e ensaístas latino-americanos, argentinos em sua maioria, que colaboravam a distância ou haviam se radicado em Israel.

Como devemos interpretar a defasagem entre o progresso do movimento que hegemonizou política e culturalmente a vida institucional comunitária argentina, por um lado, e a fragmentária tarefa editorial das próprias organizações políticas sionistas, por outro? Decerto, os livros das editoras Israel e Candelabro eximiram as forças políticas parcialmente de assumir as tarefas de difusão — mas apenas parcialmente, porque nenhuma dessas editoras se propôs a cobrir a gama inteira das posições sionistas nem a ser um canal de expressão dos debates locais e internacionais em torno do sionismo e Israel. Ambas tiveram um papel importante, mas insuficiente, para partidos que necessitavam se distinguir entre si dentro do largo tronco sionista e fixar posição acerca de temas conjunturais. Essas funções foram cumpridas, em grande medida, pela imprensa. As revistas e periódicos partidários permitiam um tratamento mais regular dos temas cotidianos, tinham um alcance que correspondia às necessidades dessas organizações e eram mais acessíveis em termos de custo e de tempo a ser dedicado à leitura. Assim, apesar do alto valor cultural consagrado ao livro, da função especial da imprensa como instrumento de ação política e do tempo e dos recursos que implicavam sua publicação regular, a edição de livros ficou em segundo plano.

Entretanto, esse desajuste — entre crescimento do sionismo e escassa presença dos partidos no âmbito editorial — encontra também sua explicação se recorrermos aos relatórios e discursos apresentados na Segunda Convenção Sionista Sul-Americana, realizada em Buenos Aires em 1950. O desenvolvimento escolar do hebraico, a ampliação da rede escolar e de seu alcance e o aperfeiçoamento dos professores em Israel constituíam alguns dos grandes desafios culturais do sionismo na região. Nas escassas oportunidades em que se mencionava o livro, este aparecia de modo muito geral e subordinado ao âmbito escolar (Convención Sionista Sudamericana, 1951, p. 162).

UM EPISÓDIO DA EDIÇÃO POLÍTICA: OS JUDEUS NA UNIÃO SOVIÉTICA

Desde o início da década de 1960 até ao menos 1977, foram publicados numerosos livretos e alguns livros que denunciavam a situação dos judeus na então União Soviética. De fato, somente dois projetos se centraram na publicação desse tipo de obra: entre 1965 e 1976, a Biblioteca Judaica Contemporânea traduziu e publicou 15 livretos e pequenos livros da Contemporary Jewish Library de Londres, cujo propósito era reunir material sobre essa questão e difundi-lo de maneira periódica em distintas línguas. Um tom similar adotou o Comitê Argentino para o Estudo da Situação da Minoria Judaica na União Soviética, que, entre 1973 e 1977, editou uma série de traduções de testemunhos e materiais documentais em forma de livretos, assim como um livro com textos selecionados, traduzidos e prologados por Simja Sneh. Em ambos os casos, as obras não incluíam referências sobre as instituições ou pessoas que os promoviam, mas sabemos, por algumas referências orais de entrevistados, que o comitê era parcialmente integrado por líderes e funcionários de órgãos políticos da comunidade judaica. Selos e instituições da comunidade também participaram dessa denúncia ao publicar obras referentes ao tema. Em contrapartida, a editora de esquerda Heimland ("Pátria" em iídiche) tentou uma demarcada defesa da política soviética mediante alguns livretos publicados em 1970 e 1972.

A difusão desse tópico esteve em relação direta com um movimento de opinião mais amplo impulsionado pelos Estados Unidos, Europa Ocidental e Israel. Embora a preocupação com o antissemitismo na União Soviética no pós-guerra tenha começado no fim dessa mesma década de 1940 e se acentuado em 1952 e 1953, foi somente no começo dos anos 1960 que se desenvolveu uma estratégia concertada de crítica às políticas soviéticas direcionadas aos judeus. Isso se expressou em conferências e encontros internacionais e regionais, dois dos quais foram realizados na América do Sul (no Rio de Janeiro em 1963, e em Buenos Aires em 1973).

Esse episódio da história editorial nos permite ver, de modo mais explícito, um fenômeno que observamos em repetidas ocasiões neste livro: a difusão local e regional de uma corrente de opinião a partir da adequação de estratégias definidas em outros centros geográficos sobre a base de uma agenda política internacional. Compreende-se melhor a intensidade da crítica ao antissemitismo na União Soviética ao inscrevê-la no quadro das tensas relações entre esse bloco e Israel em meados da Guerra Fria e no quadro do propósito do jovem Estado de receber imigrantes judeus da Europa Oriental. Nesse contexto, e considerando que tal movimento tinha por objetivo primordial recrutar formadores de opinião judeus e não judeus mediante a difusão de informação, tal evento nos mostra uma das funções políticas fundamentais levadas a cabo pela palavra impressa.

OS SELOS COMERCIAIS NÃO JUDAICOS

As iniciativas estudadas estiveram longe de monopolizar a oferta de interesse judaico em castelhano. Diferentemente do panorama editorial iídiche, em que havia selos que não foram considerados judaicos de modo algum, a língua, no caso em questão, as situou dentro de um espaço maior, composto por um arco de empresas editoriais argentinas, latino-americanas e espanholas que, sem serem especializadas, contribuíram com a formação do repertório cultural judaico. Com efeito, numerosas empresas, por motivos fundamentalmente comerciais, optaram por publicar temas e autores que as instituições e o público leitor da comunidade consideravam "de interesse judaico". Assim, houve "selos genéricos" que, ocasional e até involuntariamente, publicaram alguma obra que podia entrar nessa categoria, e houve outros que contaram com coleções específicas de temas judaicos.

Com exceção da publicação de um autor consagrado da literatura judaica, cujos livros, por si só, podiam ser considerados "de interesse judaico" — caso do prolífico e polêmico escritor iídiche Schalom [Sholem] Asch (1880, Polônia-1957, Inglaterra), publicado em distintos momentos pelas editoras Interamericana, Lautaro, Claridad, Futuro, Siglo XX, Kraft, Hermes, Sudamericana —, a entrada de um escritor ou uma obra à instável categoria de autor ou livro judaico pode ser analisada de duas maneiras: ou a partir das estratégias comerciais dos selos que optavam por divulgar seus títulos na imprensa comunitária pressupondo-os atrativos para esse público; ou mediante a incorporação de um autor ou uma obra ao repertório editorial judaico, realizada pelos próprios agentes culturais. Os catálogos do Mês do Livro Judaico oferecem um bom exemplo desse fenômeno. No catálogo correspondente a 1964, pouco mais da metade dos títulos em castelhano não fora publicada pelos selos que estudamos neste capítulo: 111 pertenciam a editoras comerciais locais não judaicas (Bajel, Futuro, Compañía General Fabril Editora, Guillermo Kraft, Santiago Rueda, Siglo XX, Losada, entre outras), e 40, a selos estrangeiros que se dividiam entre empresas comerciais (como Plaza y Janés, Seix Barral, Bruguera e Hispano-Americana de Barcelona, Aguilar y Gredos de Madrid, Ercilla de Santiago de Chile, Fundo de Cultura Econômica, Centauro e Grijalbo de México)[29] e, em menor medida, editoras especializadas (Wainstein, de Montevidéu; Enciclopedia Judaica Castellana e Organização Sionista Sefardita, ambas do México).

Do extenso e diversificado mercado editorial argentino das décadas de 1960 e 1970, a Paidós se distinguiu por propor uma série de coleções específicas de temática judaica. Fundada em 1945 pelos jovens professores universitários Jaime Bernstein e Enrique Butelman, começou como um projeto voltado a editar em castelhano obras de psicologia infantil. Entretanto, com o passar dos anos e a modernização científico-universitária — iniciada em 1955, depois da derrocada de Juan Domingo Perón, e acelerada durante a presidência de Arturo Frondizi —, gradualmente incorporou numerosas coleções que propiciaram a difusão de novos discursos científicos e culturais. A esse ímpeto inovador se acrescentou um elevado ritmo de edição, que lhe permitiu contar, em 1973, com um fundo de mais de 1.300 títulos (Aguado, 2006, p. 134).

Em seu catálogo, está disponível um número expressivo de traduções ao castelhano de textos acadêmicos de autores estadunidenses, relativos à religião em geral e ao judaísmo em particular. A publicação desses títulos era realizada sob a supervisão do rabino Marshall T. Meyer, que também era diretor de algumas dessas coleções. Embora logo advertamos que alguns desses títulos faziam parte da extensíssima Biblioteca del

---

29 O caso do Fundo de Cultura Econômica é especial. Em 1945, abriu uma sede em Buenos Aires, cujo objetivo inicial era a distribuição local de livros. No entanto, desde o início, teve um impacto na definição do catálogo mexicano. Então, na década seguinte, e de maneira limitada, começou a fazer suas próprias edições. A esse respeito, ver Sorá (2010b).

Hombre Contemporáneo [Biblioteca do Homem Contemporâneo][30] e eram divulgados por sua especificidade judaica, a tarefa mais significativa de Meyer nesse sentido foi a direção da Biblioteca Ciencia e Historia de las Religiones [Biblioteca Ciência e História das Religiões], iniciada em 1964 e composta por três coleções. Entre as obras publicadas se destacam oito tomos da *Historia social y religiosa del pueblo judío* [História social e religiosa do povo judaico], do já famoso historiador Salo W. Baron, da Universidade Columbia. Por fim, o projeto promovido por Meyer se distingue das experiências estudadas neste capítulo por sua busca de uma modernização na compreensão da história judaica e pela proposta de uma aproximação acadêmica ao fenômeno da religião.

O interesse da Paidós pelo judaico e o tipo de escolhas efetivadas são explicados, em grande medida, pelas trajetórias de algumas das figuras que participaram do projeto. León Bernstein, irmão de Jaime e diretor comercial da Paidós durante os anos 1960 e 1970, participava ativamente na faceta religiosa liberal da vida judaica portenha, liderada por Meyer, o qual contava com uma destacada trajetória acadêmica, que o situava num lugar privilegiado para empreender uma aposta intelectual como a que levou adiante com a Paidós. O rabino havia começado sua formação acadêmica na prestigiosa Universidade Dartmouth e obtido uma pós-graduação com especialização em literatura hebraica no Seminário Teológico Judaico de Nova York (onde também recebeu a ordenação rabínica) e na Universidade Hebraica de Jerusalém. Logo se doutorou em Filosofia da Religião na Universidade Columbia e no seminário teológico de orientação liberal cristã associado a essa universidade (Union Theological Seminary). Portanto, na escolha dos autores, subjazem não somente seus interesses, como também as relações desencadeadas durante sua formação acadêmica. De fato, graças a esses vínculos, Meyer obteve, em distintas oportunidades, a cessão dos direitos das obras de seus antigos professores.

---

30 Entre essas obras, estão *El Shabat y el hombre moderno* [O Schabat: seu significado para o homem moderno] (1964) e os três volumes de *Los profetas* [Os profetas] (1973), de Abraham Joshua Heschel; *¿Qué es la herencia judía?* [O que é a herança judaica?] (1963), de Ludwig Lewisohn; *Hillel el Sabio. Surgimiento del judaísmo clásico* [Hillel, o Sábio. Surgimento do judaísmo clássico] (1963), de Nahum Glatzer; *Fe y razón. Introducción al pensamiento judío moderno* [Fé e razão. Introdução ao pensamento judaico moderno] (1963), de Samuel Bergman; e *La Biblia. Um enfoque judio moderno.* [A Bíblia. Uma abordagem judaica moderna] (1963), de Bernard J. Bamberger.

SINAIS DE DECLÍNIO

Como já mencionamos, a publicação da última novidade da Candelabro coincidiu com a marcada queda na produção de selos judaicos. Em 1971, a Acervo Cultural lançou apenas um livro, o último até o retorno à atividade quatro anos depois. A Sigal freou seu plano editorial em 1970, retomando-o também em 1975, enquanto a Yehuda publicou tão somente dois textos novos, um em 1972 e outro em 1974. Recordemos, além disso, que a Editorial Israel havia cessado suas atividades anos antes.

Em 1972, a *Mundo Israelita* pôs luz sobre essa situação ao observar que as casas editoriais não estavam cumprindo com sua responsabilidade de prover um número suficiente de obras. Diante dessa crítica, Asher Mibashan respondeu que era praticamente impossível continuar publicando livros de conteúdo judaico, porque o público leitor não estava interessado neles. E acrescentou que, a menos que obtivesse algum tipo de subsídio, essas iniciativas eram inviáveis (*American Jewish Year Book*, 1973, v. 74, p. 325-326). As estatísticas do Mês do Livro Judaico atestam essa percepção: em 1969, reportava a venda de 14.762 volumes em castelhano; em 1972, a cifra se reduzia a pouco mais da metade, 7.842. Seis anos depois e sem sinais de recuperação do setor, o jornalista Ariel Ploschuk propagou a interpretação de Mibashan ao conjunto da vida comunitária: "Nesse plano tão sensível, foi registrada uma retração bem preocupante a nosso ofício cultural (a atividade editorial) e que se insere, temos que reconhecer, no contexto de apatia generalizada lamentavelmente, em termos gerais, o quadro de nossa realidade comunitária" ("Diálogo con dos editores judíos" [Diálogo com dois editores judeus], *OSFA*, 1978, p. 18).[XI]

Além das causas do desinteresse dos leitores — entre as quais não se podem esquecer os possíveis efeitos da radicalização política da juventude judaica, dentro e fora do campo comunitário, sobre o tipo de leituras escolhidas — e do seu impacto sobre a viabilidade dos projetos, não devem ser perdidas de vista algumas condições econômicas mais gerais que emolduraram esse fenômeno. Embora, entre 1970 e 1974, se tenha registrado um notável aumento na produção de livros na Argentina em geral, que não foi acompanhado pelas editoras judaicas (Centro de Estudios para la Producción, 2005), observamos que, a despeito do crescimento econômico do país e da elevação real dos salários durante os primeiros anos da década, também se viveu um contínuo processo inflacionário, que afetou a sustentabilidade e previsibilidade de algumas empresas culturais. Isso fica evidente no caso das publicações periódicas: em 1970, deixam de ser editadas duas revistas muito importantes — a *Comentario*, do IJA, e a *Índice*. Outras, como a *Davar*, da SHA, continuaram existindo por mais algum tempo, ainda que com menos regularidade.

Depois desse declínio, os selos voltaram à tarefa editorial nos primeiros anos da década de 1980, mas com menos ímpeto. Apesar de tudo, o encerramento dessa etapa é atestado pela ausência da Editorial Israel e da Candelabro e pela aparição de alguns pequenos e médios projetos de edição, que — como o caso da Pardés, criada em 1981 — propuseram novos olhares sobre o judaico. Mesmo que exceda os limites temporais do nosso estudo, cabe destacar que as pesquisas futuras que abordem a passagem entre o fim desse período e o surgimento de um novo deverão analisar os efeitos, sobre a vida cultural judaica, do incremento do antissemitismo impulsionado por grupos paramilitares em meados dos anos 1970, como a Aliança Anticomunista Argentina e os da ditadura militar a partir do golpe de Estado de 1976. Segundo Emmannuel Kahan (2010), as implicações na cotidianidade da vida comunitária, assim como com os judeus em termos individuais, estão longe de serem lineares ou evidentes. De acordo com ele, o regime militar não buscou limitar nem censurar direta ou abertamente a dinâmica da vida institucional comunitária. Tendo isso em conta e considerando o contexto da repressão generalizada que se impôs no país, análises futuras da experiência editorial durante essa etapa deverão atender aos modos como essas lógicas incidiram sobre cada projeto em particular.

A ascensão do antissemitismo na Europa e na Argentina, o Holocausto, a criação do Estado de Israel e o avanço político e cultural do sionismo no plano local foram fatos determinantes na reorientação da vida judaica de Buenos Aires. A atividade editorial os expressou e processou de forma muito nítida.

A expansão política e cultural do sionismo revela que, quão mais próximas das instituições comunitárias centrais estivessem as editoras, mais peso ganharam essa corrente e o tópico do Estado de Israel dentro de seus catálogos. Se nos afastarmos do centro institucional, encontraremos propostas mais heterogêneas, como as da Acervo Cultural, da Sigal e das coleções da Paidós.

Diferentemente da produção editorial iídiche, promovida quase exclusivamente por selos institucionais, a edição castelhana foi impulsionada por editoras privadas. Entretanto, também existiram outras formas de apoio econômico. A Editorial Israel seria impensável sem o apoio material de Mirelman, e também impensável é a orientação antieconômica que Weiss imprime à Acervo Cultural com a tradução e edição do Talmude.

Na nova configuração transnacional na produção e circulação de ideias e livros, Buenos Aires se situou como um centro de produção editorial dentro do espaço regional de fala castelhana, por meio de suas editoras privadas e dos escritórios regionais das entidades sionistas. Porém, no Estado de Israel, instâncias partidárias e extrapartidárias produziram e exportaram literatura sionista em castelhano.

I No original, "¿Cuál sería, pues, el fin de una literatura nacional en una época tan dolorosa, sino el de tratar de formar y fortificar entre sus lectores un nuevo carácter nacional?".

II No original, "Quien haya tenido ocasión de visitar los países del continente sudamericano, habrá notado que, en lo que concierne a la vida social judía, particularmente en lo tocante a la actividad cultural, las colectividades respectivas, de hecho menos capacitadas que la Argentina, buscan en esta un punto de apoyo y un ejemplo inspirador".

III No original, "Se discute la vuelta a Palestina en congresos y asambleas, cuando el problema estriba en sacar a los judíos de los dominios helados del zar, arrancarlos a las garras de los bárbaros y conducirlos a los países libres, donde puedan trabajar y vivir en paz y concordia con los demás seres. Los israelitas no necesitan volver a Sion".

IV No original, "Se habla, es cierto, de los fracasos de la democracia, de los males del parlamentarismo. Y se habla así porque no se tiene en cuenta la trayectoria histórica de las Naciones. ¿Qué tiranía ha subsistido, desde las teocracias asiáticas hasta el total imperio de los zares? Las democracias, en cambio, viven de la modificación y asimilan, dentro del orden, el contenido substancioso de los postulados que en las tiranías derivan hacia la revolución".

V No original, "¿Son más resistentes esas reglas [constitucionales] y esas leyes [igualitarias] que el embate furioso que pretende quebrantarlas entre nosotros, aquí, en la Argentina, como se quebrantaron en Alemania [...]? He ahí el problema que es indispensable plantear. No hay judío, partidario o no de la asimilación, que no haya intentado resolverlo hipotéticamente. Tal vez sea este problema insoluble por su duración indefinida y por su índole".

VI No original, "Sé que si se forma de un modo completo la nacionalidad judía en Palestina, el antisemitismo cuestionará al judío el privilegio de continuar en su núcleo racial o religioso en los países donde ya se le niega la facultad de conservar su diseño tradicional y se le dificulta, a la vez, la mezcla en los crisoles étnicos de la vida moderna. Es una discusión que nunca se ha interrumpido y probablemente nunca terminará".

VII No original, "El judaísmo argentino supo traducir la noción de centralidad de Israel en hechos concretos que afianzaron su sistema educativo. [...] Israel ocupó un rol ideológico y educativo fundamental en este proceso, sea a través de sus emisarios educativos, como en la capacitación de docentes en seminarios breves y cursos anuales, o como facilitador de las tendencias hacia la unidad y centralización de las tareas educativas".

VIII No original, "A los balbuceos iniciales de los primeros tiempos, a las revistas confeccionadas por improvisadores, a la publicación de tímidos folletos, ha seguido una prensa profesional, y una red, no muy abundante todavía, pero de existencia asegurada, de editoriales mercantiles o idealistas que se empeñan en hacer conocer en castellano las obras, sobre todo traducidas, del pensamiento y la imaginación judías. Esta actividad, orientada principalmente [hacia] la juventud israelita, se desarrolla continuamente y acentúa más y más el carácter autóctono de las actividades culturales judaicas dentro de la Argentina y, por ende, de la América de habla española.
Esta situación explica, pues, que la colectividad israelita argentina resulte de hecho la orientadora de los demás núcleos judíos de la América del Sur".

IX No original, "[La hebrea es] una literatura, en fin, que sólo se da una vez que se logra un territorio bajo los pies, posibilidades de labrar la tierra, autonomía política, vida de libertad y un olvido absoluto de la Diáspora con sus penurias e ingratitudes. Entonces es cuando el judío torna a ser un 'hombre' de Israel, el pueblo judío una comunidad entre todas las naciones, y en lo concerniente a los valores del espíritu, se reintegra a la tradición de profetismo para emprender una marcha ascensional hacia las realizaciones mesiánicas".

X No original, "Trataré de no hablar como editor, sino [...] como hombre judío dominado por la inquietud de difundir nuestro acervo cultural en castellano. Y me propuse[,] desde ese ángulo de miras, poner a disposición del lector judío hispanoparlante (con la mirada puesta, claro está, fundamentalmente en las jóvenes generaciones) valores judíos que, por sus características propias, no resultaba[n] "potables" con un cerrado enfoque comercial. No diré que hago esta dura tarea que me apasiona por entero como un simple hobby. Me volqué a este quehacer porque soy un admirador de la cultura judía (no hablo de sus chabacanas facetas que me son indiferentes)".

XI No original, "En ese plano tan sensible a nuestro quehacer cultural (la actividad editorial) se ha registrado una retracción por demás preocupante y que se inserta, reconozcámoslo, en el marco de atonía generalizada que signa lamentablemente, a grandes rasgos, el cuadro de nuestra realidad comunitaria".

5 DA TRAJETÓRIA AO CATÁLOGO: O CASO DA EDITORIAL ISRAEL

Em nenhum momento, devemos esquecer que somos, atualmente e há 2 mil anos, somente um povo de ciganos estudiosos; vagamos pelo galuth ["diáspora" em hebraico] e estamos sempre em viagem, com nosso fiel companheiro, que é o livro — em viagem em direção ao último refúgio do livro judaico, da cultura judaica, da ação judaica, Eretz Israel.

JOSÉ MIRELMAN, DISCURSO PROFERIDO DURANTE A INAUGURAÇÃO DA BIBLIOTECA DA SOCIEDADE B'NAI B'RITH, 17 DE JULHO DE 1940[1]

Um catálogo é, entre outras coisas, a expressão primeira do projeto político, cultural e/ou comercial de uma editora. Nele convivem os autores, títulos, temas e ideias que ela procura fazer circular e ler ao longo de sua existência. Em nosso caso, trata-se de catálogos que tiveram como fim produzir e pôr em movimento imagens, valores e ideias, muitas vezes alternativos e em disputa, do judaico. Assim, perguntar-se pelos fundamentos sociais que condicionaram a escolha das obras que compõem um catálogo supõe indagar as lógicas que, ao possibilitarem a introdução e difusão de ideias, contribuíram com a definição do horizonte cultural do legível e, por fim, do pensável sobre o judaico. Em consonância com tal proposição, visamos neste capítulo, a partir do caso da Editorial Israel, nos aproximar das vidas dos editores com o objetivo de analisar os modos como suas competências intelectuais, relações sociais, convicções políticas, posição econômica etc. orientaram as escolhas editoriais e se materializaram em livros. Não se trata unicamente de acrescentar mais um nível à análise que viemos desenvolvendo, mas também de explorar os modos como essas trajetórias se articulam com as dimensões transnacional e local que percorremos nos capítulos anteriores.

Assim, questionaremos com maior nível de detalhe as trajetórias de José Mirelman e Máximo Yagupsky, fundadores e responsáveis da Editorial Israel, para depois avançar rumo ao estudo dos modos como tais trajetórias biográficas se expressaram nas decisões editoriais que deram forma aos primeiros dez anos do catálogo. Tomamos somente o período 1938-1947, a fim de contar com um número delimitado de obras que nos permita propor essa análise, não extrapolando o plano geral deste livro. Contudo, é preciso ressaltar que a história, o catálogo e os editores transformam esse selo num caso especialmente pertinente para tal tipo de análise; analogamente, essa estratégia poderia ser ensaiada com as demais editoras mencionadas ao longo do livro.

OS PRIMEIROS DEZ ANOS DA EDITORA

Eliahu Toker (s. d.) evoca as lembranças de Máximo Yagupsky acerca da fundação da editora:

> Certa vez, [...] sentado na sala de sua casa lendo, viu entrar um homem que seguiu até o fundo, até onde estava sua biblioteca. "Deve querer roubar algum livro, mas e daí! *ij hob es in d'rerd*" [em iídiche, no sentido de "ao diabo com ele"], pensou. Mas o homem que havia entrado em sua casa era o sr. José Mirelman, e o estava buscando; portanto, voltou do fundo e lhe propôs se encarregar de organizar uma editora judaica.[II]

Este encontro fundacional, do que somente temos conhecimento através das palavras de Toker, haveria ocorrido entre 1936 e 1937. É muito provável que essa visita inesperada tenha sido motivada por uma nota publicada num meio de comunicação comunitário, na qual Yagupsky enfatizava a necessidade de um projeto editorial que desse resposta às novas demandas culturais da época. Pouco depois, em 1938, a Editorial Israel publicava seu primeiro livro. Após dois anos, e frente ao crescimento do projeto, incorporou-se, a princípio como secretária e depois como codiretora, a terceira integrante: a doutora em Filosofia Rebeca Trabb.

A primeira notícia sobre essa editora aparece em 11 de novembro de 1937 no semanário *Mundo Israelita*:

> Acaba de ser fundada, em Buenos Aires, com o auspício de um grupo de amigos do livro judaico, a editora "Israel", que tem o propósito de publicar uma série de obras de autores hebraicos contemporâneos. Em pequenos volumes, de apresentação agradável, esta editora deseja levar ao leitor de fala castelhana uma seleção da riqueza literária puramente judaica, excluindo [...] os escritos sobre o antissemitismo ou temas de caráter polêmico.[III]

Os cinco livros em preparação que anunciava a nota oferecem uma primeira ideia da orientação do catálogo. Num só caso, há uma referência concreta, *Roma y Jerusalén* [Roma e Jerusalém], do ensaísta Moses Hess, publicado originariamente em alemão em 1862. A esta se somam quatro menções pouco precisas: "uma evocação do hassidismo", "contos dos *pioneers* de *Eretz Israel*", "lendas midráshicas" e "um romance heroico judaico". Duas grandes linhas editoriais podem ser intuídas a partir de tais escolhas. Por um lado, uma orientação sionista, já que um título pertencia ao corpus doutrinário dessa ideologia e eram incluídos relatos ficcionais acerca da imigração e do assentamento em Israel. Por outro lado, uma recuperação, em termos históricos, da tradição religiosa, e não a priori como culto. Na sequência, o artigo informava o nome dos colaboradores e tradutores que "prometeram seu concurso": Máximo Yagupsky, Aarón Spivak, Lázaro Liacho, León Dujovne, Luis Kardúner, Sigfrido Krebs e Pablo Link. A reputação desses homens no âmbito da cultura judaica estava ali como argumento de autoridade para afirmar e distinguir a Editorial Israel das demais experiências prévias e contemporâneas.

A breve nota concluía convocando "todos os escritores judeus em língua castelhana" e os "bibliófilos em geral" a fazer chegar suas sugestões sobre a "melhor forma de proporcionar a nossos correligionários da América do Sul o que lhes falta: o livro judaico". Embora, uma década antes, a Associação Hebraica tenha justificado seu empreendimento editorial em termos similares, a Editorial Israel dava a esse problema um sentido, um alcance e uma resposta novos.

Entre sua estreia editorial e o ano de publicação de sua última novidade (1964), editou 72 obras em castelhano e ao menos uma em hebraico. Muitas foram reeditadas uma vez, e apenas algumas o foram em mais de uma oportunidade. Desde 1964 até seu fechamento definitivo, alguns anos depois, publicou somente reimpressões isoladas de parte do catálogo.

Sua oferta editorial era majoritariamente composta por traduções do alemão, do inglês, do hebraico e, excepcionalmente, do iídiche. Além de publicar, o selo importava e vendia, em suas instalações, livros e revistas de interesse judaico nesses três primeiros idiomas. Em 1950, expandiu seu raio de ação ao instituir o Prêmio Ketty Mirelman, uma bolsa destinada a um estudante universitário para aperfeiçoamento durante um ano numa universidade israelense.

Entre 1938 e 1945, o selo compartilhou a sede com o principal periódico judaico em língua castelhana, o semanário *Mundo Israelita*, em pleno bairro do Once. A afinidade político-cultural sugerida por essa coexistência ficava mais evidente ainda em outros planos: durante esses mesmos anos, Máximo Yagupsky encabeçou a nova seção literária mensal do semanário, enquanto José Mirelman, com o pseudônimo de Israel, publicou um punhado de notas no periódico. Tais laços se expressaram na frequência com que as páginas da *Mundo Israelita* incluíam anúncios, resenhas, comentários e adiantamentos dos títulos do selo.

Desde seu início, a editora procurou conformar uma rede de vendedores em distintas cidades da Argentina e da América Latina. Em 1939, anunciava os nomes de seus representantes em Montevidéu, Rosário, Córdoba, Tucumán, Mendoza, La Plata, Ceres e Monigotes, e até 1941 já dizia contar com agentes em "toda a América do Sul", ainda que sem especificar onde. Durante os primeiros anos e também nos posteriores, a Editorial Israel promoveu a modalidade de assinaturas anuais, que equivaliam à compra das quatro obras que seriam publicadas nesse período, com um desconto de 20%, que excepcionalmente chegou a 30%. Podia ser feita por intermédio dos agentes ou pelos correios — se fosse enviado o cupom impresso em alguma campanha publicitária, juntamente com o cheque correspondente. Isso lhes permitia convidar "todos os judeus de América Hispânica" a serem assinantes.

Parte substancial do plano de edições dos primeiros dez anos estava previsto na obra *Renacimiento de Israel: un libro del pensamiento judío moderno* [Renascimento de Israel: um livro do pensamento judaico moderno], cuja tradução e publicação — em 1937, ou seja, um ano antes de lançar seu próprio selo — impulsionou e financiou José Mirelman. Publicado originalmente em inglês em Nova York em 1935, consistia numa coletânea de textos de diferentes autores realizada pelo escritor e ensaísta Ludwig Lewisohn. Seu objetivo era enfrentar a ascensão do antissemitismo na

Alemanha por meio da afirmação nacional do povo judaico, da adesão à visão sionista e da oposição enfática ao assimilacionismo como ideologia. Além de um texto do próprio compilador, a obra reunia escritos de nomes-chave do pensamento sionista clássico (Moses Hess, León Pinsker, Theodor Herzl, Max Nordau, Ajad Ha'am, Aaron David Gordon, Martin Buber), junto a outros que, embora não integrassem o cânone, contribuíam com suas reputações para legitimar esse projeto ideológico (Albert Einstein, o juiz da Suprema Corte dos Estados Unidos, Louis Brandeis, os rabinos liberais Stephen Wise e Mordejai Kaplan, o escritor Max Brod, entre outros). A versão argentina levava o prólogo de Alberto Gerchunoffz e a edição estava ao cuidado de Manuel Gleizer.

A decisão de transformar essa obra em parte do programa editorial inicial e a escolha dos autores e títulos que integraram os primeiros dez anos do catálogo responderam a um processo em que as origens familiares, a educação, o conhecimento de diferentes línguas, o capital econômico, as convicções ideológicas, os vínculos sociais — tanto de José Mirelman como de Máximo Yagupsky– não deixaram de ter um peso decisivo.

AS TRAJETÓRIAS DOS EDITORES

JOSÉ MIRELMAN

Olhar a trajetória de José Mirelman até o fim da década de 1940, momento da sua emigração do país, pressupõe prestar uma atenção especial aos seus irmãos, sobretudo a três dos sete: Simón, Roberto e León. A chegada ao país de José, sua fortuna e sua posição social estiveram indissociavelmente ligadas a eles e à empresa familiar que o irmão mais velho fundou. Mas, antes até dos irmãos, os pais são inalienáveis desse empreendimento.

Meier e Sissel se casaram em Varsóvia em 1890. Pouco depois, partiram rumo a Londres a fim de evitar o longo serviço militar russo que Meier devia cumprir. Ali, em 1894, nasce o primeiro de seus oito filhos, Simón. A estadia na capital britânica não foi tão longa como inicialmente estimaram. Sua frágil situação econômica e a notícia de uma provável anistia do czar aos desertores, com a condição de que se apresentassem ao serviço militar, os fez decidir retornar. Já de retorno, Meier foi enviado pelo exército para cumprir funções na cidade portuária de Sevastópol, na península de Crimeia, onde a família permaneceu durante os quatro anos regulamentares e onde nasceram Kathy e Roberto (ao que parece, em 1897 e em 1900, respectivamente). Apesar da comodidade que encontraram, a permanência em Sevastópol tinha limites precisos. A restrição aos judeus de fixar residência ali permanentemente os obrigou a se mudar uma vez acabado o serviço militar obrigatório. Simferópol, capital da Crimeia, foi a escolha mais confortável. Entre suas vantagens, contava-se uma comunidade relativamente grande, que lhes permitia oferecer uma educação judaica a seus filhos. Ali nasceram Jacob (provavelmente em 1901), José (1902) e Elsie (1905).

Em 1904, com a eclosão da Guerra Russo-Japonesa e a possibilidade certa de ser convocado e enviado à frente de batalha, Meier decidiu escapar mais uma vez. Depois de uma breve passagem por Viena, seguiu caminho em direção à Suíça. Pouco antes de chegar a Sankt Gallen, cidade de fala alemã do noroeste do país, e notar que o comércio de roupa lhe garantia uma situação econômica relativamente estável, reuniu a família. Essa cidade, onde nasceram seus dois últimos filhos — Rosa (também em 1905) e León (1907) —, lhes ofereceu um cotidiano cada vez melhor e o ambiente comunitário judeu adequado para a educação de seus filhos.

A nova mudança na história familiar se iniciou em 1912, com a decisão do filho mais velho, Simón, de tentar enriquecer em Nova York. Depois de trabalhar alguns anos na indústria têxtil, setor no qual havia se iniciado na Suíça, um tio que vivia em Buenos Aires lhe enviou a passagem para que fosse trabalhar com ele. Aceito o convite, chegou ao porto de Buenos Aires em 1914, mas sua permanência foi breve. Assim que chegou, conheceu a jovem uruguaia Lola Marber, com quem se casou em Montevidéu. Depois de alguns anos no Uruguai, retornou a Buenos Aires para se dedicar novamente ao setor têxtil. Em pouco tempo, e graças à importação de bordados de Sankt Gallen e de rendas da Alemanha, Inglaterra e França, entre outros países, conseguiu desenvolver sua empresa. Essa ampliação coincidiu, ao longo da década de 1920, com a chegada e incorporação de seus irmãos ao negócio, que passou a se chamar Mirelman Hermanos. José — que, na Suíça, havia se doutorado em Ciências Econômicas e dado os primeiros passos políticos e, na Itália, havia tentado a sorte no jornalismo — chegou ao país em 1926 para se unir à empresa familiar e se casou em 1934. Entretanto, graças à importação de maquinaria para fabricar casacos e rendas, à contratação de um mestre tecedor de Zurique e à sua contínua especialização em peças de seda, a Mirelman Hermanos cresceu até se transformar numa das mais importantes de seu setor no país e, evidentemente, na comunidade judaica.

Como se pode ver, a chegada dos irmãos Mirelman à Argentina e sua inserção econômica se distanciaram das formas mais comuns de imigração judaica da década de 1920. Tal singularidade se estende também ao plano social: assim que chegaram, foram bem-recebidos pela elite social e cultural local, nucleada em torno da Congregação Israelita da República Argentina (Cira) e da SHA, entre outras entidades. Essa rápida assimilação foi, em grande medida, consequência da educação dos irmãos Mirelman na cultura judaica liberal de fala alemã da Suíça, por um lado, e da posição econômica que rapidamente alcançaram em Buenos Aires, por outro. Sua entrada nesse círculo social é fundamental para compreender o horizonte de expectativas, as alianças e as apostas políticas que cada um dos irmãos desdobrou com o tempo.

Em 1939, Simón assumiu a presidência da Associação Beneficente Argentina B'nai B'rith ("Filhos do Pacto" em hebraico) — entidade fundada em 1930 como filial local da associação criada em Nova York em 1843 —, com que os Mirelman contribuíram para organizar. Seu antecessor havia sido Ezra Teubal, uma figura análoga à sua: assim como Simón, era membro de uma poderosa família dedicada ao negócio têxtil, que se destacava pela ativa participação institucional e filantrópica na comunidade. Por sua origem, a família Teubal tinha, além disso, uma forte influência sobre a comunidade sefardita de Buenos Aires. Um exemplo do setor social que se congregava na B'nai B'rith durante esses anos é o grupo juvenil, que começou a atuar em 1933 e funcionou como um espaço no qual se forjaram e consolidaram laços sociais que logo veremos se projetar em diversos âmbitos. Adolfo Weil (1988, p. 36), um de seus membros, recorda alguns dos nomes que participaram dele: Moshé Tov, futuro integrante do corpo diplomático israelita nas Nações Unidas e posteriormente embaixador de Israel na Argentina; Isaac Harcavi, também embaixador de Israel no país; Isaac Goldenberg, futuro dirigente sionista e presidente da Daia; Nissim Elnecavé, jornalista e dirigente sionista sefardita; Jaime Bernstein, pedagogo, psicólogo e criador da Paidós junto com Enrique Butelman; León Bernstein, irmão do anterior, diretor da Paidós e presidente da congregação Bet El; Samuel Schmukler, secretário executivo de Arturo Frondizi durante sua presidência; José Mazar Barnet, presidente do Banco

Central durante o governo de Frondizi,[1] e seu irmão Max Mazar Barnet, presidente da B'nai Brith e da Cira.

Os Mirelman também se incorporaram à SHA, instituição à qual nos referimos com mais detalhes no terceiro capítulo. Quase uma década depois de chegar ao país, León, Roberto, Simón e provavelmente José se associaram, junto com suas esposas, a essa entidade, que Simón presidiria durante o período de 1942 a 1944.

A terceira entidade que perfazia o triângulo institucional da elite judaica portenha de fala castelhana era a Cira. Fundada por imigrantes alemães e alsacianos formados no espírito da ilustração judaica e da reforma religiosa das Europas Central e Ocidental em 1862, abrigava a sinagoga mais antiga do país e era a primeira entidade do país oficialmente reconhecida como judaica. Esses traços adquiriram um significado singular quando a população judaica de Buenos Aires cresceu e se diversificou com a imigração massiva. Os procedentes da Europa Oriental, trabalhadores de fala iídiche, viam na Cira e em seu templo um conjunto de "judeus aristocratizantes originários da Europa Ocidental", que, próximo a 1916, já não era composto somente por "alsacianos e alemães, mas [que contava] com um bom agregado de judeus orientais enriquecidos" (Katz, 1982 [1939], p. 54-55). Os irmãos Mirelman encontraram na Cira um entendimento da religião similar àquele com o qual haviam sido educados na Suíça, assim como um âmbito social e cultural afim. Roberto foi tesoureiro da instituição e logo seu presidente, entre 1946 e 1954.[2]

---

1 Weil (1988) comete um erro em seu texto, pois confunde José Mazar Barnet com Jaime Mazar Barnet.

2 Durante o período em que ingressaram e começaram a participar ativamente da Cira, Max Glücksmann foi presidente (1922-1946). Apesar de pertencer a uma geração anterior, Glücksmann foi outra figura de destaque dessa elite. Em 1890, sendo muito jovem, havia chegado à Argentina desde a Galícia (atual Ucrânia), a leste do Império Austro-Húngaro. Construiu sua fortuna introduzindo filmes e gravações musicais no país durante a época do cinema mudo. Sua empresa vendia gramofones, discos importados e de músicos locais, gravados em Buenos Aires — entre outros, inclusive Gardel; foi representante de companhias, como a francesa Pathé; tinha as próprias salas de cinema na cidade de Buenos Aires — entre eles o cineteatro Grand Splendid —, em algumas cidades do interior e de países vizinhos; e produziu alguns dos primeiros noticiários para cinema. O próprio Glücksmann chegou a filmar alguns curtas-metragens. Sobre sua vida, ver Lewis (2008, cap. 5) e a nota "Cumplió 70 años Don Max Glücksmann" [Don Max Glücksmann completou 70 anos] na *Mundo Israelita* do dia 10 de março de 1945.

A caracterização desse grupo como elite a partir de uma série de traços distintivos (sociais, econômicos, culturais e políticos) e de sua união via laços institucionais, de amizade e às vezes até de parentesco reafirma a percepção que eles tinham de si mesmos. Na ocasião da inauguração da biblioteca da B'nai B'rith, em julho de 1940, José Mirelman (1940), que integrava a Comissão de Cultura da sociedade, dizia: "Não há na Argentina outra instituição que esteja em condições de adquirir livros judaicos em quantidade, e, se a Bené Berith acredita realmente representar a 'elite' do judaísmo argentino, deve [...] se impor a tarefa de salvar o que possa de obras culturais judaicas do velho continente." Nobreza obriga: "ser" uma elite, ocupar uma posição de prestígio e de poder social exigia certos atos. Esse setor da elite não se conformava com o lugar do mecenato puro, em que o doador procura se preservar da ação pessoal direta. Além do poder econômico, ou talvez em parte devido a ele, seus integrantes se consideravam um grupo esclarecido, com a autoridade intelectual e política necessária para guiar os destinos da comunidade judaica argentina. Assim, entre as décadas de 1930 e 1940, uma parte dessa elite organizou e levou adiante distintas iniciativas e campanhas políticas sustentadas pelo poder econômico e pela ascensão social dos seus referenciais.[3]

A primeira iniciativa foi a criação do Comitê Israelita de Ajuda (1942-1943) e da Junta de Apoio às Vítimas da Guerra (1943-1947). Ambas as organizações eram lideradas por Simón Mirelman.[4] A arrecadação de fundos para ajudar os judeus vitimados pela guerra havia começado alguns anos antes, mas a fundação do comitê teve como ponto de partida a firme oposição de Simón ao modo como a Daia conduzia as campanhas. Esta última respondeu defendendo, entre outras coisas, que Mirelman e seus seguidores não passavam de um "pequeno grupo" que procurava impor sua vontade a uma maioria favorável à instituição. Nas sucessivas réplicas e tréplicas na imprensa, a Daia advertia contra esse círculo de pessoas que acreditava ser superior aos demais e cuja ação enfraquecia a autoridade e o prestígio da associação.

---

3 Esse grupo também criou empresas culturais indiretamente políticas, como a Sociedade de Amigos Argentinos da Universidade Hebraica de Jerusalém, que dava apoio local e gerava intercâmbios com essa universidade, para eles um símbolo da cultura e prestígio do futuro Estado.

4 Sobre a criação desses fundos, ver Bell (2002) e Schenkolewski-Kroll (2009).

Esse não foi o único conflito entre a Daia e o setor cujo núcleo estava ao redor da figura de Simón Mirelman. Em novembro de 1945, um grupo de pessoas assinou um abaixo-assinado publicado na *Mundo Israelita* apresentando uma nova entidade política, a Organização Judaica Argentina. Os objetivos da nova entidade não deixavam dúvidas com relação à investida contra a ordem institucional e política comunitária que tinha a Daia em seu centro: ajudar os judeus sobreviventes do nazismo, garantir seu direito à cidadania, pressionar para reorganizar a representação política da comunidade, promover a unificação das campanhas de arrecadação e favorecer o aperfeiçoamento dos serviços sociais e das instituições de interesse geral. Apesar de não ter alcançado maior transcendência, a OJA foi o germe de outra mais importante: o IJA. Este foi criado em 1948 a partir do modelo e do apoio do AJC, entidade política da elite liberal judaica estadunidense que, no mesmo ano, havia aberto, em Buenos Aires, um escritório para a América Latina liderado por Máximo Yagupsky. Somou-se aos motivos que impulsionaram a fundação da Organização Judaica Argentina nesse momento a discordância da aproximação da Daia ao governo peronista, que, de acordo com seu ponto de vista, era resultado de gestos e concessões que o governo havia feito à causa sionista e ao Estado de Israel.[5]

Em termos sociais e políticos, esse grupo se diferenciou do amplo setor urbano conformado por imigrantes judeus poloneses, em sua maioria chegados a partir dos anos 1920: o valor atribuído ao castelhano como capital de integração, a inserção profissional e econômica nas classes média alta e alta, e a participação em diferentes esferas da alta cultura e da política argentinas os distinguiam da maior parte da população de fala iídiche, formada sobretudo por trabalhadores e pequenos comerciantes e empresários. Em termos políticos, diferenciavam-se dos imigrantes da Europa Oriental por repudiarem a organização e atuação via partidos fundamentalmente de esquerda, que, a seu entender, fragmentavam a

---

5 Em 1947, fora criada a Organização Israelita Argentina, uma entidade judaica peronista que, a princípio, buscou competir com a Daia pela adesão do público judeu. Assim, como bem mostra Bell (2002), a Daia estava sob pressão de ambos os lados, o peronista e o liberal. Sobre as políticas do governo peronista (1946-1955) em relação ao Estado de Israel, a partir do Plano de Partição das Nações Unidas em diante, ver Rein (2001).

solidariedade intrajudaica. A ação política era concebida, em primeiro lugar, como uma ação liderada por notáveis. Frente às expressões do sionismo que acompanhavam a reivindicação de um Estado judaico com a afirmação e difusão de uma cultura nacional nova, que tinha o hebraico no centro, esse setor reafirmava seu apoio à criação do Estado de Israel por meio do apoio político e da ajuda econômica, sem destacar a dimensão cultural.

José Mirelman partilhava dos valores e sensibilidades gerais dessa constelação, assim como algumas de suas empresas sociais e culturais, mas se diferenciava desta em aspectos importantes. O primeiro aspecto que requer atenção é o caráter da sua militância. Diante do sionismo "passivo" da elite liberal de fala castelhana (Bell, 2002), Mirelman aderiu ao sionismo revisionista local — do qual foi um referencial inconteste até sua partida —, corrente que se opunha tanto à forma negociada de alcançar o Estado impulsionada pelo sionismo de centro quanto à ordem socialista proposta pela esquerda. Um dos propósitos do revisionismo durante as décadas de 1930 e 1940 foi romper com a limitação à imigração judaica à Palestina imposta pelo mandato britânico e possibilitar, de todos os meios possíveis, a chegada de judeus à região. Por outro lado, convocava firmemente a expulsar o Reino Unido da Palestina, em prol de alcançar a independência do Estado judaico.[6] Ao mesmo tempo, Mirelman defendia um esquema territorial baseado na Israel bíblica, que almejava ambas as margens do rio Jordão, ou seja, incluía o que atualmente são os territórios palestinos e a monarquia jordaniana.

Em 1935, assim que os postulados do movimento foram rejeitados pela OSM, Vladimir Jabotinsky (1880-1940), líder do movimento, criou a Nova Organização Sionista. A exclusão dessa corrente por parte das principais instâncias e forças políticas sionistas teve um correlato imediato na Argentina quando, respondendo aos mandatos de suas centrais, a Federação Sionista e o Poalei Tzión acrescentaram a marginalização política do revisionismo, que já haviam decidido desde a criação formal destse movimento no país em 1930. Em contraste com tais organizações, esse foi um partido de dimensões reduzidas e de escassa influência na "rua judaica" argentina.

---

6 A noção de Palestina denotava a geografia do Estado de Israel antes de sua criação e não tinha o significado político e cultural que obteria após a fundação desse Estado.

Na Argentina, o revisionismo se concentrou em criar e sustentar um fundo nacional próprio, Tel Jai; convidar Jabotinsky para o país, projeto que, no último momento, se frustrou; abrir um centro de formação política; e publicar um jornal próprio, o *La Idea Sionista*, que circulou durante os anos 1940. José Mirelman teve um papel exclusivo em todas essas ações, como incentivador, canal de comunicação com a direção mundial do movimento e suporte financeiro. Entretanto, até assumir a presidência da filial local do revisionismo, em meados da mesma década, resistiu a se incorporar e atuar organicamente no âmbito partidário.

A orientação política que abraçava era disruptiva dentro do setor social ao qual estava ligado, especialmente entre quem, próximo aos últimos anos da década de 1930, ainda defendia uma visão liberal clássica em que o sionismo não passava de uma opção política possível de atender, mas não decisiva. (Isso não impedia, entretanto, que fosse reconhecido como uma figura de grande destaque, com peso próprio.) Numa extensa carta aberta dirigida a Jacobo Saslavsky — que apoiou muitas empresas culturais e sociais argentinas, judaicas e não judaicas –,[7] Mirelman (1938, grifos do autor) afirmava:

> Todo judeu atacado como tal acredita que o antissemitismo começa com ele e que, em *seu* país, será fácil combatê-lo e removê-lo. Não procura as causas permanentes do sentimento antijudeu nem uma solução duradoura. [...] Alguns grandes homens [...] que amaram seu povo mais que nenhuma outra coisa no mundo estudaram esse problema durante toda a vida e chegaram todos à mesma conclusão: há uma solução da questão judaica. Uma só: o Estado judaico. Todos os outros caminhos são falsos e equivocados, são paliativos e inúteis. E há somente um país para reconstruir a pátria dos hebreus: é a Palestina. [...] Aqui estão os judeus ricos de Buenos Aires; homens sem fé nem vontade [que] conversam e opinam e se sobressaltam pela onda antissemita e, sem ter estudado jamais o problema judaico, dão conselhos, e dão um peso para Polônia, e outro peso para Viena, quando deveriam dar a metade de sua fortuna para *Eretz Israel*, a pátria para onde poderão voltar sempre e que defenderá os seus filhos. [...] Os judeus de Buenos Aires não querem enfrentar a verdade, fogem da realidade. Não entendem até que recebam chicotadas.[IV]

7 Por exemplo, ele fez contribuições para a fundação da Editorial Sudamericana.

A ação sionista de José Mirelman não se limitou ao âmbito revisionista. Em consonância com as estratégias e práticas políticas do setor social ao qual pertencia, em 1946, criou e esteve à frente de uma organização conformada por notáveis: a Companhia Argentino-Palestinense para o Intercâmbio e Turismo (Arpalsa), cujos objetivos eram estimular as relações comerciais entre a Argentina e a Palestina e que os judeus argentinos investissem no desenvolvimento do futuro Estado. O modelo dessa sociedade foi tomado da Companhia Estadunidense de Israel, fundada em 1942 nos Estados Unidos, que desempenhava funções análogas.

A última motivação de Mirelman residia em suas firmes convicções sobre a orientação que devia ter a edificação do novo Estado. Diante das experiências socialistas do *kibutz* e das campanhas de arrecadação econômica sionistas e em consonância com os postulados da Nova Organização Sionista, reivindicava o papel da iniciativa privada como principal propulsor do futuro país. Durante os últimos anos da década de 1930, a afiada pluma de Mirelman também apontou contra as formas tradicionais de prática religiosa. Ressaltava a importância de resgatar as sinagogas e a religião como uma dimensão central e plena em sentido da vida judaica, mas as modernizando e adequando às necessidades contemporâneas. Entre outras coisas, e imediatamente após descrever sem rodeios o estado da vida religiosa judaica no país, assinalava:

> Os dirigentes dos templos podem fazer muito para mudar esse estado de coisas e atrair os indiferentes e a juventude. Têm que reduzir as cerimônias religiosas para que os fiéis possam realmente se concentrar e não queiram ficar o mínimo possível no templo. [...] E para os que não comparecem aos sábados, pode-se explicar o parágrafo correspondente da Torá [sic] em castelhano aos domingos pela manhã, fazendo um comentário histórico atual. [...] O casamento deve ser uma santificação [...] não uma operação mecânica com coro. [...]
> Os templos pensaram em celebrar funerais cívicos para os heróis que caem diariamente no *front* de *Eretz Israel*? (Mirelman, 1937).[V]

Outro aspecto que distingue José Mirelman do seu círculo social são os vínculos que mantinha com editoras e escritores do exterior. Essas relações lhe permitiram estar informado das novidades literárias e intelectuais de outros países, em especial da Alemanha, dos Estados Unidos e da Palestina/Israel. A partir de 1937, foi membro da JPS, sociedade editorial sediada na Filadélfia que descrevemos no primeiro capítulo deste livro. O modelo da JPS foi uma inspiração decisiva na formulação do projeto da Editorial Israel. Um detalhe serve como primeiro indício dessa relação: as folhas comerciais da editora levavam no timbre a legenda "Um livro judaico em cada lar judaico", tradução do lema utilizado pela JPS desde, pelo menos, 1934 até meados da década de 1940: "Jewish books in every Jewish home".

O interesse na produção editorial dos centros culturais judaicos mencionados e, obviamente, a criação de uma empresa editorial se explicam em parte por sua fé no livro como último portador e agente transformador da cultura judaica. O crítico discurso que citamos algumas páginas atrás revelava essa crença:

> Não é suficiente colecionar livros: também há que os ler. A esse respeito, devo comprovar que os judeus da Argentina não leem livros, muito menos livros judaicos. Lemos muitas notícias e escutamos informações. Mas notícias e informações não nos fazem melhores, não podem nos servir de roteiro e não podem nos dar força, fé e inspiração. Somente o livro, um livro profundamente judaico, pode acender em nossa mente e em nosso coração a iniciativa que conduz a algo melhor, à ação judaica (Mirelman, 1940).[VI]

Em novembro de 1949, em consonância com sua pregação e ação sionista, emigra a Israel com sua família. Lá, junto a Máximo Yagupsky e Rebeca Trabb, continuará dando vida à editora, ao mesmo tempo que promoverá novas empresas filantrópicas, culturais e econômicas.

MÁXIMO YAGUPSKY

Como poucos na comunidade judaica, Máximo Yagupsky soube combinar a atividade intelectual, a atuação cultural e a ação política. Filho de imigrantes da Europa Oriental, esse "*gaucho* judeu" da primeira geração originária das colônias agrícolas da JCA nasceu — como já mencionamos — em 1906, em La Capilla (província de Entre Ríos) e foi o quarto de sete filhos.[8]

---

[8] O pai de Máximo chegou ao país aos 13 anos, vindo da Romênia com a família.

Tal como muitos outros de sua geração, deixou a colônia ao finalizar os estudos secundários, atraído pelas oportunidades educacionais, culturais e econômicas que as grandes cidades do país ofereciam. E, como tantos outros que procuravam seu lugar na Argentina dos anos posteriores ao centenário, aderiu ao credo liberal e à cultura em língua castelhana como capitais de integração.

Yagupsky se distinguiu de seus pares geracionais em alguns pontos fundamentais. Diferentemente da maioria deles, possuía sólida formação hebraica e bíblica. Seu pai, Efraim, além de pertencer ao que um jornalista certa vez caracterizou como a "aristocracia" do saber tradicional judaico (Schallman, 1973, p. 11), atuava como *shoijet* [shochet] (abatedor ritual) e *mohel* (perito em circuncisão) e também como rabino na ausência de algum sacerdote titular em La Capilla, razão pela qual os *gauchos* da zona o chamavam "Cura Froike", diminutivo de Efraim (Yagupsky, 1990).

Dentre os filhos homens, Máximo foi o eleito por Efraim para cumprir seus desejos de contar com um doutor ou um rabino na família. Chegou a aspirar que se mudasse para a Polônia para estudar numa escola de formação religiosa tradicional (*ieshivá*). Embora finalmente não seguisse nenhum desses caminhos, seu pai o orientou naquela direção de maneira decidida. Com somente 9 anos e logo após a formação que ele mesmo lhe brindou, levou Máximo a outra colônia para que aprofundasse a imersão nos textos religiosos.[9] Tempo depois, decidiu enviá-lo a Buenos Aires para realizar os estudos secundários com a condição de que não descuidasse sua aprendizagem do hebraico. Lá teve aulas com I. L. Gorelik, um dos primeiros e mais importantes divulgadores dessa língua no país.

Tal era a preocupação de Efraim pelo aperfeiçoamento do hebraico do filho que, ao considerar que este não prestava atenção suficiente à sua formação, lhe pediu que regressasse ao povoado para continuar sua educação sob seu olhar atento. Alguns anos depois, Máximo viajou novamente a Buenos Aires para iniciar o curso de Direito, que não concluiu, entre outras razões, pelo crescente compromisso e grau de exigência empenhados em seu trabalho na educação judaica. Ao chegar à cidade, em meados da década de 1920, começou a trabalhar como professor nas

9 Máximo recorda que enviá-lo para estudar lá representou um grande esforço, pois consumia pouco mais de 50% do não muito alto salário do pai como *shoijet* [*shochet*].

escolas judaicas pertencentes aos Cursos Religiosos, instituição formada pela JCA e pela Cira, que organizava, subsidiava e supervisionava uma rede educacional de escolas em hebraico e castelhano que abarcava Buenos Aires, as colônias do interior argentino e até o Chile, o Uruguai e o Paraguai.[10] Diante da escassez de bons docentes de hebraico, sua sólida formação nessa língua, em história bíblica e judaica antiga, assim como a amizade do pai com Iedidio Efron, diretor-geral da rede, lhe permitiu uma rápida incorporação como professor. Com o tempo, foi designado inspetor e, mais adiante, promovido ao cargo de diretor.

Sua contratação e promoção foram passos-chave para a trajetória posterior em dois sentidos importantes. Por um lado, sua atividade o levou a recorrer e conhecer, em primeira mão, diferentes comunidades do interior e de países vizinhos (Uruguai, Paraguai, Chile, Bolívia e Peru). Por outro, aproximou-o e integrou-o à elite social e cultural judaica de fala castelhana de Buenos Aires, que liderava a Cira, a B'nai B'rith e os círculos da SHA. A conquista da direção da nova seção literária mensal da *Mundo Israelita* em 1938 foi um sinal de consagração intelectual dentro do meio judaico e uma prova inequívoca do lugar alcançado dentro do âmbito social que encontrava sua expressão nesse semanário.

Assim como a aprendizagem da língua hebraica e da literatura religiosa tradicional, a trajetória sionista de Máximo Yagupsky tem origem na infância em Entre Ríos. Yagupsky lembrava as manifestações prematuras do sionismo nas colônias e a imagem de seu pai como um dos primeiros leitores locais do jornal sionista polonês de língua hebraica *Hatzefirá* (A Época), e logo se recordava de receber a estadunidense *Hatoren* (O

---

[10] Os Cursos Religiosos se estabeleceram em 1911 a partir de iniciativa do rabino Samuel Halphon (1868-1938), que chegou ao país sob a responsabilidade da JCA para estudar a situação do ensino de hebraico no país e lecionou na Cira entre 1905 e 1930. No início, eles tinham sete escolas, que cresceram para mais de 150 em todo o país. Em 1917, foi formado o Comitê Central para a Educação Hebraica na Argentina, que incorporou os Cursos e, em 1939, criou a Associação de Cursos Religiosos Israelitas da República Argentina, patrocinada pela Cira (Yagupsky, 1941, p. 138-139). Apesar do nome do órgão, o currículo não se limitava ao conteúdo religioso. Os cursos foram orientados pelo projeto ideológico da JCA: educar os imigrantes no espírito da nacionalidade argentina, apresentando o judaísmo como religião antes mesmo de como nação, usando o castelhano como língua de transmissão e o hebraico para o estudo de orações e do Pentateuco (Zadoff, 1994).

Mastro) (Yagupsky, 1990, p. 130), publicação sionista de cultura hebraica. Essa orientação inicial adquiriu contornos mais definidos depois da sua primeira chegada a Buenos Aires. Seu tio Israel Yagupsky, nesse momento um jovem dirigente sionista, passou a ser seu tutor e exerceu uma forte influência na direção intelectual e ideológica que tomaria o jovem Máximo. Ainda assim, a evolução de seu sionismo o distanciou das expressões mais comuns da época, pois esteve mais próximo do surgimento e do desenvolvimento da literatura hebraica moderna que da sua face política.

Não obstante, sua diferença com relação às posições sionistas mais difundidas no país não se esgotava em seu interesse pela criação literária. Num texto ficcional de 1938 em que narra um diálogo entre um jovem, as sombras do seu pai e o ideólogo sionista Moisés Hess sobre a definição do "povo judaico", define este como uma união de indivíduos que, ao longo de três mil anos de história, incorporaram, até "transformar em instinto", máximas morais e aspirações espirituais que não são senão os "valores essenciais do gênero humano". Os judeus, nessa concepção, seriam os portadores privilegiados desses valores universais, e o sionismo, um retorno às fontes de vigor judaico. Assim, no diálogo, o pai afirma: "Somos um povo unido para além das fronteiras, unido com os sutis laços da comunidade de ideias, nos quais o sionismo não tende senão a voltar a conjugar o povo judaico com as fontes originárias de sua vitalidade" (Yagupsky, 1938). Sem negar o plano político-territorial do sionismo, dava ênfase especial à dimensão cultural desse projeto ideológico.

Questionar os significados que Máximo Yagupsky atribuiu ao hebraico, ao iídiche e ao castelhano é fundamental para compreender suas preferências literárias. As três línguas lhe foram familiares desde pequeno, mas seu pleno domínio se produziu em diferentes momentos.[11] Logo cedo, considerou o hebraico a língua da cultura e da tradição judaica, e o iídiche o idioma coloquial da casa e da colônia, carente de outro valor que não o de instrumento de comunicação: "Naquele momento, o iídiche não era cultura nem ciência" (entrevista com Máximo Yagupsky, Centro Marc Turkow, p. 53). Sua apreciação sobre essa língua era compartilhada por grande parte da geração de jovens que migrou das colônias a Buenos

---

[11] Ele também aprendeu inglês nos Estados Unidos e, de acordo com seu filho Guido, conseguia ler alemão com a ajuda de um dicionário.

Aires nas primeiras décadas do século XX. A concepção do iídiche como elemento central da identidade judaica, inclusive como um adversário político do hebraico, apareceria na vida judaica argentina tempo depois, próximo do entreguerras, especialmente com a chegada da onda imigratória judaico-polonesa. "Quando surgiram os iidichistas — recorda Yagupsky —, o iídiche chegou a se transformar num substituto da religião. Os iidichistas lutaram contra os hebraístas com o ardor de uma fé" (entrevista com Máximo Yagupsky, Centro Marc Turkow, p. 50).

Em contrapartida, o castelhano representava a língua da escola e do país, e como tal, adquiriu maior importância para ele à medida que procurou se integrar à vida cultural portenha, em especial ao círculo em torno da *Mundo Israelita* e da SHA. Sua relação com esse idioma tem ao menos dois momentos importantes. No primeiro, nas colônias, o castelhano aparece sobretudo como o idioma da educação estatal: "Meu castelhano era precário. [...] o judeu aprendia o castelhano na escola". Não leu a literatura que circulava em castelhano e que era "adequada" para sua idade, como as obras de Júlio Verne: "A cultura livresca que eu tinha era a cultura religiosa" (entrevista com Máximo Yagupsky, Centro Marc Turkow, p. 51).

O segundo momento começa com a chegada a Buenos Aires e a aproximação aos circuitos e valores da elite liberal judaica. Lá, o castelhano demonstrou cada vez mais sua importância para ele, até se transformar em parte fundamental de suas apostas culturais. Em 1945, foi convidado a Nova York pelo AJC — o principal expoente, nos Estados Unidos, da postura liberal integracionista, que o sionismo argentino considerava a expressão mais definitiva do não sionismo ou, inclusive, do antissionismo estadunidense — para avaliar a possibilidade de abrir uma seção latino-americana. Quando, em setembro do mesmo ano, Yagupsky partiu em direção aos Estados Unidos numa viagem que se prolongaria até o início de 1948, levava três cartas de apresentação (guardadas em seu fundo documental pessoal, no IWO de Buenos Aires), que indicam o lugar social que ocupava naquele momento.

A primeira levava o timbre e a assinatura do empresário Enrique Schuster, que o apresentava como um escritor e pesquisador famoso. A segunda era de Guillermo Schlesinger, grão-rabino da Cira, que o descrevia nestes termos: graduado pela Faculdade de Direito da Universidade de Buenos

Aires; ativo colaborador da congregação; diretor dos Cursos Religiosos Israelitas e membro da mesa diretora do Instituto Superior de Estudos Religiosos Judaicos, ambos patrocinados pela Cira; e um dos diretores da Editorial Israel. A terceira, assinada por Samuel Polack e Leonardo Glusberg — respectivamente, presidente e secretário da SHA —, não era uma carta de apresentação, mas de representação da sociedade frente às instituições com as quais quisesse gerar um "ativo intercâmbio cultural".

No início de 1948, retornou ao país para abrir o Escritório Sul-Americano do AJC. Com o apoio de membros da Cira, da B'nai B'rith e da SHA, criou o IJA, de onde lançou a revista de cultura, política e judaísmo *Comentario* (1953-1970).[12] Suas atividades durante tal etapa foram além do contexto argentino. Um artigo de 1955, provavelmente escrito por ele mesmo, assinalava que, na qualidade de representante latino-americano do AJC, Yagupsky "fundou o Instituto Judaico do Peru, ajudou a organizar o escritório para a instalação de milhares de imigrantes judeus no Paraguai e lhe foi solicitada colaboração para reorganizar o sistema escolar judaico de Porto Alegre" (*American Jewish Year Book*, 1955, v. 56, p. 630). Em 1962, Yagupsky recebeu uma nova proposta do Comitê Judaico Americano, dessa vez para criar um escritório em Tel Aviv. Mudou-se para Israel com a esposa e um dos filhos e lá se fixaram até o final da década. Foi durante sua estadia em Tel Aviv que a Editorial Israel, talvez mais pela perda de interesse de José Mirelman no projeto em favor de outros no novo país que por sua vontade, cessou a publicação de novos títulos, para fechar definitivamente alguns anos depois. Independentemente de onde se encontrassem seus correspondentes — Nova York, Buenos Aires ou Tel Aviv —, até o último momento, as cartas continuaram levando de um lugar a outro possíveis autores, títulos e traduções.

O contraste com outros intelectuais contemporâneos a ele e pertencentes ao mesmo universo, tais como Salomón Resnick e León Dujovne, permite compreender melhor a figura de Yagupsky. Como vimos no terceiro capítulo, Resnick, assim como Yagupsky, foi um notável incentivador de

[12] A ideia de *Comentario* foi tirada da revista mensal *Commentary* do AJC. Publicada pela primeira vez em 1945, tratou de questões políticas, sociais, culturais e temas judaicos a partir de uma perspectiva de esquerda antistalinista até as décadas de 1970 e 1980, quando virou decisivamente para a direita.

traduções, mas seu principal interesse era a literatura em língua iídiche. O centro da cultura judaica para Resnick não se encontrava em Sião, mas nas cidades e povoados da Europa Oriental. Por sua vez, a comparação com a trajetória de León Dujovne ressalta os possíveis efeitos de possuir um título universitário. Diferentemente de Dujovne, que, graças à consagração acadêmica, podia alternar e multiplicar suas ações dentro e fora do âmbito judaico, os projetos e movimentos de Yagupsky estavam a princípio limitados a esse espaço. Seu vasto conhecimento de hebraico e história, literatura e religião judaica estavam longe de ter, fora do ambiente judaico, o valor e o reconhecimento que as credenciais universitárias conferiam.[13] Em contrapartida, pode-se conjeturar que essa carência, ao levá-lo a reforçar os investimentos políticos e culturais dentro do espaço judaico, lhe permitiu ocupar cargos centrais na comunidade judaica argentina e no AJC.

A FORMAÇÃO DO CATÁLOGO

Retomemos agora a pergunta que motiva este capítulo: de que modos as trajetórias de Yagupsky e Mirelman se traduziram num programa editorial? Ou, em outras palavras, de que maneiras os círculos sociais que eles integravam, seus saberes e sensibilidades culturais, convicções e adesões políticas orientaram as sucessivas escolhas que deram forma a seu catálogo? De qualquer modo, antes de ensaiar algumas respostas, é preciso levar em conta que as escolhas não se davam no vazio. Pelo contrário, estavam condicionadas pela produção intelectual e literária dos grandes centros judaicos estadunidenses, europeus e israelitas — mais ainda pelo que certas editoras desses países visibilizavam e prestigiavam —, de onde se alimentavam suas escolhas, assim como pela dinâmica política, cultural e editorial, judaica e não judaica, da Argentina. Dito isso, observemos os 36 títulos publicados pela editora nos primeiros dez anos de existência.

---

[13] Não se deve esquecer que, por exemplo, o AJC foi a instituição que, durante a década de 1940, financiou as pesquisas de Theodor Adorno sobre o preconceito que levaram ao livro *La personalidad autoritaria* [A personalidade autoritária]. O comitê também impulsionou e subsidiou o estudo sobre antissemitismo de Gino Germani no país, que Yagupsky havia lançado através do IJA e da revista *Comentario*.

TABELA 1 | Autores e títulos publicados no período 1938-1947[14]

1938	
Martin Buber	*El rabí de la buena fama* [O rabino da boa fama] *(Baal Shem Tov)*
Joachim Prinz	*Relatos de la Biblia* [Relatos da Bíblia]
Ludwig Lewisohn	*Los últimos días de Shylock Jaim* [Os últimos días de Shylock Jaim]
Najman Bialik	*Poemas selectos* [Poemas selecionados]
1939	
Lion Feuchtwanger	*La guerra de los judíos* [A guerra dos judeus] (dois tomos)
Schalom [Sholem] Asch	*Héroes de la fe* [Heróis da fé]
Abraham Benschalom	*Surcos profundos* [Fendas profundas]
1940	
Vladimir Jabotinsky	*La Legión Judía en la guerra del 14* [A Legião Judaica na guerra de 14]
Salomón Goldman	*El pensamiento judío y el universo* [O pensamento judaico e o universo]
Tehodor Herzl	*Páginas escogidas* [Páginas escolhidas]
1941	
Cecil Roth	*Historia de los marranos* [História dos marranos]
Angelo S. Rappoport	*El folclore de los judíos* [O folclore dos judeus]
Joachim Prinz	*Héroes y príncipes hebreos: segunda parte de Relatos de la Biblia* [Heróis e príncipes hebreus: segunda parte dos Relatos da Bíblia]
1942*	
Ajad Ha'am	*El sendero de retorno (selección de A. Spivak)* [O caminho de retorno (seleção de A. Spivak)]
Moses Hess	*Roma y Jerusalén* [Roma e Jerusalém]
Joseph Kastein	*El Falso Mesías-Sabbetai Zevi* [O Falso Messias-Sabbetai Zevi]
León Pinsker	*Autoemancipación* [Autoemancipação]
Erna C. de Schlesinger	*Tradiciones y costumbres judías: un viaje alrededor del año hebreo* [Tradições e costumes judaicos: uma viagem ao redor do ano hebraico]

14 Este número inclui, como títulos independentes, volumes que compõem uma mesma obra, na medida em que foram apresentados pelo próprio selo.

1943	
Max Brod	*David Reubeni: romance de un soñador* [David Reubeni: romance de um sonhador]
Anna Nordau e Maxa Nordau	*Max Nordau, centinela de la civilización* [Max Nordau, centinela da civilização]
Máximo Yagupsky (seleção)	*De fuente viva: florilegio de prosistas hebreos modernos* [De fonte viva: antologia de prosadores hebreus modernos]
1944	
Aaron David Gordon	*De vuelta a la tierra: ensayos sobre la restauración judía* [De volta à terra: ensaios sobre a restauração judaica]
Mordejai Kaplan	*La civilización de Israel en la vida moderna* [A civilização de Israel na vida moderna]
Israel Zangwill	*Soñadores del Ghetto (selección) y otros relatos* [Sonhadores do Ghetto (seleção) e outros relatos]
1945	
Kalischer Ben-Svi	*No moriremos: diario de un fugitivo del infierno nazi* [Não morreremos: diário de um fugitivo do inferno nazi]
M. Margolis e A. Marx	*Historia del pueblo judio* [História do povo judaico]
1946	
Vladimir Jabotinsky	*Sansón* [Sansão]
Josef Klausner	*Pasión de libertad (episodios nacionales hebreos)* [Paixão de liberdade (episódios nacionais hebraicos)]
Cecil Roth	*La contribución judía a la civilización* [A contribuição judaica à civilização]
Shin Shalom	*Romance en Galilea* [Romance na Galileia]
1947	
Bartley Crum	*Detrás del telón* [Detrás da cortina]
Isaac Leibush Peretz	*Adán y Eva* [Adão e Eva]
José Rabinovich	*Los acusados* [Os acusados]
Itzhak Shenberg (Shenhar)	*Mientras llega el día* [Enquanto chega o día]
Eliezer Smolly	*David, el héroe de Hulé* [David, o herói de Huleh]

* Não incluímos entre os títulos correspondentes a esse ano o livro em hebraico *Hayeled* (O menino), de Pinjas Neaman, já que a própria editora não o menciona em suas listas. Essa obra para o ensino da língua hebraica foi editada especialmente para a rede escolar dos Cursos Religiosos.

FONTE: Elaboração própria baseada em trabalho de arquivo.

Em paralelo a suas próprias obras, durante os primeiros dois anos de funcionamento, a Editorial Israel vendeu livros em alemão do selo sionista Jüdischer Verlag, de Berlim, que, naquele momento, publicava em Jerusalém sob o nome Hozaah Ivrith Ltd.

Numa série de anúncios escritos em alemão, a Editorial Israel enumerava os livros que tinha à venda e se apresentava como representante dessa companhia. Além de mostrar que em Buenos Aires existiam leitores judeus em língua alemã,[15] majoritariamente chegados nos anos anteriores como refugiados do crescente perigo nazista, a publicidade deixava em evidência que havia vínculos entre essas duas editoras. Tal relação se devia a José Mirelman, que muito provavelmente estava informado sobre a produção editorial judaica em alemão tanto por seu conhecimento dessa língua (e por sua própria experiência de vida na Suíça) como pelo ininterrupto contato com essa literatura assim que chegou à Argentina.

Os autores e títulos da Jüdischer Verlag anunciados correspondem em parte aos publicados pela Editorial Israel em seus primeiros anos, em especial os textos-chave do pensamento sionista: entre 1940 e 1944, traduziu as obras de Herzl, Pinsker, Hess, Ajad Ha'am, Jabotinsky e Gordon. Entretanto, a influência editorial alemã se propagou para além desse selo. As obras de Buber, Prinz, Feuchtwanger, Kastein e Brod provinham de outras casas editoriais alemãs. Essas escolhas revelam a intensidade com que, durante os primeiros anos, a editora estava estreitamente ligada a esse centro editor.

Apesar de tudo, o nascimento da Editorial Israel coincidiu com o momento de declínio do polo editorial berlinense e do alemão como uma das línguas centrais da produção intelectual judaica moderna. O rápido fechamento desse centro cultural por parte dos nazistas obrigou editores, tradutores, escritores e intelectuais a emigrar, a maioria em direção aos Estados Unidos e à Palestina. Nos novos destinos, as possibilidades do alemão ficaram cada vez mais reduzidas, até serem enfim substituídas pelo inglês e pelo hebraico, respectivamente.

---

15 Uma análise das experiências de publicação em língua alemã na Argentina durante as décadas de 1930 e 1940 — incluindo pelo menos duas especialmente interessadas em publicar temas e autores judeus — consta em Cartolano (1999).

Desde a queda do polo alemão até o surgimento do centro hebraico, a Editorial Israel dependeu sobretudo do que o mercado estadunidense oferecia. Em 8 de abril de 1946, frente à incerteza sobre o que publicar no ano seguinte, Rebeca Trabb escreveu preocupada a Yagupsky: "E a menos que nos chegue algo bom da América do Norte[VII], não sei o que daremos aos nossos leitores". Com efeito, a editora comprou numerosos direitos de tradução tanto da JPS como de outros importantes selos judaicos, entre eles Schocken, Behrman, Bloch e Hebrew Publishing Co. Paralelamente a essa troca, em meados da década de 1940, havia substituído a venda de livros em alemão por obras importadas em inglês e hebraico.

Graças a um intercâmbio epistolar perene e a viagens frequentes, José Mirelman conheceu e estreitou vínculos com escritores e editores residentes na Palestina, em Nova York e em algumas capitais europeias. Entretanto, por vários anos, Máximo Yagupsky foi o principal interlocutor com os selos estadunidenses, aos quais teve acesso devido à sua estadia em Nova York. Lá não só pôde conhecer de imediato as obras que eram publicadas, mas também conseguiu um trato direto com os autores, editores e agentes literários. Mas suas cartas revelam o caráter assimétrico da relação entre os polos editoriais de Nova York e Buenos Aires, aspecto que não pode ser esquecido no estudo da circulação de ideias. Em 14 de agosto de 1946, Yagupsky lhe informava os avanços de suas negociações:

> [Irei em breve a Buenos Aires] para que me "castigue" pessoalmente por todos os encargos que não pude cumprir porque os *publishers* [...] fazem muito bom negócio aqui tanto para que se interessem pelos nossos pedidos quanto para que prestem atenção a eles. Cheguei à conclusão [de] que se deve estar em condições de fazer com eles contratos em forma definitiva e permanente; do contrário, respondem que não têm tempo.[VIII]

A escolha dos títulos que eram deixados de lado é tão reveladora quanto a decisão do que efetivamente se traduziria. O contraste entre os grandes eixos temáticos que organizavam a edição — por exemplo, da JPS — e o tipo de obras que Yagupsky e Mirelman tomavam do catálogo desse selo permite apreciar a maneira como pensavam sua ação editorial. Apesar da notável marca religiosa de corte liberal da JPS, que era extensiva a outros selos estadunidenses, Yagupsky e Mirelman apenas selecionaram uns poucos títulos dessa vertente. Isso não significa que não foram permeáveis aos títulos que os catálogos estadunidenses propunham — por exemplo, a ideia de modernização religiosa alentada pelo rabino liberal Mordejai Kaplan, traduzida ao castelhano como *La civilización de Israel en la vida moderna* [A civilização de Israel na vida moderna] —, mas, em linhas gerais, continuaram respeitando a marca original que haviam dado ao selo.

A tradução de autores contemporâneos de língua hebraica começou com a seleta de contos compilada e introduzida por Máximo Yagupsky. Entre 1946 e 1948, o selo publicou quatro livros de ficção de autores hebraicos israelitas, um deles dirigido ao público infantil e outro ao juvenil. Essa orientação, reforçada em anos posteriores ao período aqui considerado, responde à ideia de sionismo que inspirava o projeto e as preferências de Yagupsky.

Por outro lado, o relevante contraste entre a vitalidade cultural do iídiche na Europa e nos Estados Unidos na primeira metade do século XX — e seu eco na vida judaica de Buenos Aires, que se estenderia por mais algumas décadas — e sua quase total ausência no catálogo da Editorial Israel ajudam a compreender melhor o projeto do selo. Os motivos desse desinteresse se encontram no oposto das mesmas disposições que os orientavam em direção à produção alemã, estadunidense e israelita. Por sua educação e por suas inclinações políticas e culturais, nem Yagupsky nem Mirelman atribuíam um valor especial à cultura iídiche para o presente e o futuro do judaísmo. Ainda mais, se poderia dizer que, com o passar do tempo, foram se desinteressando pela cultura judaica da diáspora em geral para concentrar a atenção na cultura do novo Estado. No caso de Yagupsky, sua grande valorização do hebraico como língua literária era correspondente ao seu menor apreço pelo iídiche. No de Mirelman, a marca sionista revisionista se expressava no escasso valor dado à permanência dos judeus na Polônia e na Rússia e à cultura iídiche. Por outro lado, a dinâmica e as tramas sociais e institucionais da vida cultural iídiche de Buenos Aires, em certa medida, lhes pareciam alheias, já que eram outros seus interesses e relações sociais. Evidentemente, isso não quer dizer que não houvesse espaços compartilhados ou relações entre ambos os universos.

As trajetórias de Mirelman e Yagupsky e o momento em que surge a Editorial Israel explicam por que o sionismo foi o eixo dominante do catálogo. Entretanto, há aspectos que não ficam tão evidentes. O primeiro deles é o privilégio dado à literatura e a certos ensaios doutrinários em especial, assim como a concepção de que o livro era um meio imprescindível para a difusão do sionismo. Tal ideologia não constituía uma mera resposta prática frente a um problema objetivo para nenhum dos dois editores, e sim a expressão do "renascimento espiritual" e "nacional" judaico, no qual a cultura ocupava um lugar central. Essa tradição estava enraizada em alguns dos autores publicados pelo selo, como Aaron David Gordon, Ajad Ha'am ou Martin Buber, e encontrava sua expressão literária materializada na épica romântica dos "pioneiros" que forjaram o Estado de Israel, retratada numa série de contos e romances. Nesse sentido, o livro era concebido como o "mediador imprescindível do espírito" (publicidade da Editorial Israel publicada na *Mundo Israelita* em 27 de novembro de 1937), como o instrumento essencial para difundir a nova experiência a um público extenso e, assim, contribuir para a construção de uma identidade nacional comum.

O segundo traço é a marca que cada editor deu à proposta sionista do catálogo. Basta um exemplo: entre 1939 e 1940, a Editorial Israel publicou os dois tomos do romance histórico *La guerra de los judíos* [A guerra dos judeus], de Lion Feuchtwanger, e *La Legión Judía en la guerra del* 14 [A Legião Judaica na guerra de 14], de Vladimir Jabotinsky. Ambas as obras recuperam capítulos heroicos da história judaica — antiga num caso e recente no outro —, nos quais os judeus empunharam armas para defender sua liberdade e autodeterminação política. A significação desses títulos para nossa análise não reside em seu número, pois não representam uma proporção relevante dentro dos primeiros dez anos do catálogo, mas no modo como expressam a posição ideológica e política de Mirelman.

O movimento revisionista enfatizava, em seus postulados, a importância da autodefesa judaica por meio de um exército próprio, tanto para combater os nazistas como para expulsar os britânicos do território palestino e defender a população judaica frente aos árabes. A ênfase na via militar como estratégia entrava em embate com as posições do resto do movimento. Ainda que Mirelman se mostrasse contrário às ações terroristas que os dissidentes do revisionismo empreendiam contra as forças inglesas, foi um ativo promotor da militarização judaica. Assim, por exemplo, propôs que uma parte do dinheiro arrecadado nas campanhas que foram realizadas na Argentina se destinasse à criação de uma unidade militar judaica para combater na Segunda Guerra Mundial. Como esse objetivo não encontrou um eco favorável, exigiu que esses recursos fossem distribuídos entre os regimentos que contavam com soldados judeus, com a intenção última de assentar as bases para a formação de um exército próprio.[16]

Em 1941, quase um ano depois da morte de Jabotinsky, José Mirelman financiou a tradução de *La nación judía y la guerra* [A nação judaica e a guerra], que foi publicado por um pequeno selo paralelo à Editorial Israel, a Biblioteca Oriente. As palavras carregadas de paixão e romantismo com que prologou a obra ajudam a compreender melhor sua posição:

> É possível chamar, com justo direito, o autor deste livro de O GRANDE CAPITÃO dos judeus. [...] Uma alma pura, um coração ardente, um caráter indomável, visão de estadista, orgulho de príncipe asmoneu, todo concentrado num só ideal: transformar os restos desse povo, disperso e humilhado, numa nação livre em sua antiga pátria. [...] Na guerra de 1914, criou a Legião Judaica, a qual lutou valentemente no exército do general Allenby pela conquista da Terra Santa. [...] isso não impediu que, em 1920, fosse condenado por um tribunal militar inglês a 15 anos de prisão (pena que foi perdoada mais tarde), por haver querido organizar, na Palestina, uma defesa judaica contra os terroristas árabes. [...] E veio a guerra, e com ela o colapso do judaísmo polonês, que chegou a Jabotinsky como golpe direto ao coração, do qual já não se recobrou. Reuniu suas últimas forças para gritar novamente aos judeus do mundo: *Aux armes, citoyens! Formez vos bataillons!* Via claramente que essa guerra traria ao povo judaico sofrimentos horrendos, mas também a oportunidade histórica de poder lutar enfim por sua própria causa, por uma pátria, com armas, como aliado de grandes nações, como futura nação.[IX]

---

16 A esse respeito, ver Schenkolewski-Kroll (1996a, cap. 6).

Sua convicção acerca da necessidade de favorecer, por todos os meios ao alcance, o desenvolvimento de uma organização militar não se restringiu a esses primeiros anos do selo. Desde o final de 1945 até meados do ano seguinte, se não durante mais tempo, Mirelman considerou com muito entusiasmo a ideia de compilar um livro sobre "grandes soldados judeus", que deveria ser publicado pela editora em 1947. Essa obra seria uma coletânea de "esboços biográficos de todos os combatentes judeus de destaque desde a Antiguidade até o presente" (Mirelman, 4 dez. 1945). Ainda que nunca tenha sido publicada, a correspondência a esse respeito deixa entrever que o projeto chegou a um grau bastante avançado de realização.

Em 10 de janeiro de 1948, menos de dois meses depois que as Nações Unidas aprovaram a resolução de dividir a Palestina em dois Estados, e ante a iminência da declaração da fundação do Estado judaico, Máximo Yagupsky expressava a José Mirelman, de Nova York:

> O senhor havia me escrito que vinha para cá com vistas a [adquirir] teares para *Eretz* [Israel]. Quero acreditar que *teares* [...] significa outra coisa. O que se necessitam lá agora são armas. E é por isso que penso, com *guilty feeling*, que os senhores[,] os *enfants terribles* do sionismo[,] tinham razão. Eu já não posso nem sirvo porque "*eth karmi schelí lo natarti*".[17]–[X]

A intuição de Yagupsky era que muito provavelmente Mirelman, a quem conhecia bem, enfim estava concretizando seu velho desejo de contribuir para a formação de um exército judaico.

A RECUPERAÇÃO DA RELIGIÃO EM CHAVE MODERNA

No terreno da religião, a editora publicou apenas seis títulos, quatro deles no período compreendido neste capítulo. Em nenhum dos casos, tratou-se de traduções de textos centrais do culto e do pensamento

---

[17] "Não sou a favor dessa luta" em hebraico; corresponde a uma linha do *Cantar de los cantares* [Cântico dos cânticos], no capítulo 1 do volume 6. A tradução literal do hebraico é "Eu não cuidei do meu vinhedo".

religioso, obras em que a Sigal e a Yehuda se especializaram, como vimos no capítulo 4. Diferentemente desses selos, Mirelman e Yagupsky se mostraram mais interessados em obras elementais sobre a tradição judaica dirigidas a crianças e a adultos. A mais importante em termos de vendas foi *Tradiciones y costumbres judías: un viaje alrededor del año hebreo* [Tradições e costumes judaicos: uma viagem ao redor do ano hebraico], de Erna Cohen de Schlesinger. Essa obra, à qual fizemos referência no capítulo anterior, recorre ao calendário tradicional judaico mediante simples e breves explicações, matizadas com comentários extraídos de autores contemporâneos, ilustrações e algumas partituras.

No prólogo, Máximo Yagupsky delimita de que modo esse livro se integra ao projeto editorial: propõe uma recuperação marcadamente laica das tradições, na qual estas, desprendidas da sua origem religiosa, passam a informar "o espírito popular de ideais" e, por último, a "receber hierarquia histórica e se transformar em tradição" (Yagupsky, 1967 [1942], p. 7). Uma vez reduzida sua potencial leitura em chave religiosa, a obra é posta sob o prisma sionista:

> De um ponto de vista liberal se pode, obviamente, objetar o cerimonial das tradições judaicas, alegando um primitivismo artificioso ou um resquício de superstição extemporânea. Talvez isso esteja certo, por um lado; mas, por outro, não poderia residir nesse primitivismo e naquela "superstição artificiosa" um germe de beleza e elevação? [...] Pois assim como no tronco antigo da cultura judaica rebentam novos brotos, reverdecendo em cada primavera de esperança, a antiga tradição de Israel, restituída à Terra de origem, recobra agora, novamente, o esplendor do passado (Yagupsky, 1967 [1942], p. 10-11).[XI]

Essa apropriação moderna das tradições religiosas estava de acordo com o espírito geral da proposta editorial, mas também com a trajetória do próprio Yagupsky. Com efeito, quando ensaiava as páginas desse prólogo, fazia já vários anos que se afastara do âmbito tradicional religioso de seu lar em Entre Ríos e que participava nos círculos da SHA, da *Mundo Israelita* e da Cira, instituição na qual a religião, ainda que tivesse relevância, adotava um caráter mais liberal, ocidentalizado, que a religião vivida no povoado de La Capilla.

Os interesses ideológicos guiavam as preferências, mas, como já vimos, as escolhas eram feitas em condições de possibilidade tão elementais como: que obras chegavam ao conhecimento dos editores? Com que selos tinham relações? etc. No caso de *Tradiciones...* [Tradições...], as tramas sociais ganham força como chave explicativa. Erna Cohen, doutora em Filosofia nascida na Alemanha e "filha do rabino Cohn de Breslau",[18] se casou com o rabino Guillermo Schlesinger, que chegou ao país vindo da Suíça, convocado pela família Mirelman. No momento de publicar a obra, o rabino estava (desde 1937) à frente da sinagoga da Calle Libertad, pertencente à Cira, instituição da qual Erna Cohen também era uma ativa integrante. Por sua vez, tal como assinalamos ao reconstruir sua trajetória, Máximo Yagupsky seguia vinculado com a Cira. Assim, a posição de Erna Cohen nessa rede social ajuda a compreender como a proposta de editar tal obra, a primeira do selo realizada originariamente no país, foi aceita e concretizada.

A publicação de outra obra importante à qual já fizemos referência, *La civilización de Israel en la vida moderna* [A civilização de Israel na vida moderna], de Mordejai Kaplan, respondeu ao interesse de José Mirelman, que escreveu seu prólogo, apresentando-a como um projeto que apontava à adequação do judaísmo, concebido como uma civilização que devia guiar a vida judaica individual e coletiva. Num artigo, Mirelman (1937) apresentava esse autor e seu trabalho como o norte ao qual devia se dirigir a vida judaica, sobretudo depois do que considerava ter sido o fracasso histórico do movimento religioso reformista, que via como uma cristianização do judaísmo, que o despojava de seu caráter nacional:

> O judaísmo reformista dos tempos liberais (1848-1914) criou em Paris e Viena, em Londres e Berlim, essa igreja da fé mosaica que é o templo. Deu-lhe o órgão e o coro, o "concerto" de cantor e a vestimenta eclesiástica. Quis reduzir o judaísmo a uma religião. Agora, depois do ano 1933 [ano da ascensão de Hitler ao poder], sabemos que o liberalismo passou à história e o movimento reformista fracassou.[XII]

---

18 É dessa maneira que José Mirelman a apresenta numa carta enviada a Salman Schocken em 24 de junho de 1946.

Entretanto, a inovadora expressão editorial aberta com a obra de Kaplan não teve continuidade. Depois, foram publicadas somente algumas obras mais relativas, de um ou de outro modo, à esfera religiosa. A razão desse paulatino desprezo pareceria ser o choque provocado pela criação do Estado de Israel e a crescente orientação do selo dirigido a autores hebreu-israelitas em detrimento da "importação" estadunidense.

Neste capítulo, procuramos nos aproximar dos editores não a partir das operações cotidianas, concretas, próprias de sua função, mas mediante a análise dos modos como suas trajetórias sociais foram traduzidas na criação de uma editora e em sucessivas escolhas de obras que deram forma a esse programa. Mas outros capitais faziam falta. Um, o básico, era o econômico: a preocupação dos editores acerca dos depósitos e dos custos da produção não implicou que essa variável fosse determinante em suas decisões, pelo menos até princípios da década de 1960.

Como veremos, a cidade de Buenos Aires foi um espaço mais delimitado: um bairro, no máximo dois, concentrava a importação, a produção e circulação da palavra impressa judaica.

I No original, "En ningún momento debemos olvidar que somos actualmente y desde hace dos mil años, solamente un pueblo de gitanos estudiosos; vagamos por el *galuth* y estamos siempre de viaje, con nuestro fiel compañero, que es el libro -de viaje hacia el último refugio del libro judío, de la cultura judía, de la acción judía, *Eretz Israel*".

II No original, "Cierta vez, [...] sentado en la sala de su casa leyendo, vio entrar a un hombre que siguió hasta el fondo, hasta donde estaba su biblioteca. 'Debe querer robarse algún libro, pero ¡qué me importa! *ij hob es in d'rerd*', pensó. Pero el hombre que había entrado a su casa era don José Mirelman, y estaba buscándolo a él; por lo tanto, volvió del fondo y le propuso hacerse cargo de organizar una editorial judía".

III No original, "Acaba de fundarse en Buenos Aires, con el auspicio de un grupo de amigos del libro judío, la editorial 'Israel', que tiene el propósito de publicar una serie de obras de autores hebreos contemporáneos. En pequeños volúmenes, de presentación agradable, esta editorial de sea hacer llegar al lector de habla castellana una selección de la riqueza literaria netamente judía, excluyendo [...] los escritos sobre el antisemitismo o temas de carácter polémico".

IV No original, "Todo judío atacado como tal cree que el antisemitismo comienza con él y que en *su* país será fácil combatirlo y extirparlo. No busca las causas permanentes del sentimiento antijudío ni una solución duradera. [...] Algunos grandes hombres [...] que han querido a su pueblo más que a ninguna otra cosa en el mundo, han estudiado este problema durante toda su vida, y han llegado todos a la misma conclusión: hay una solución de la cuestión judía. Una sola: el Estado Judío. Todos los otros caminos son falsos y equivocados, son paliativos e inútiles. Y hay un solo país para reconstruir la patria de los hebreos: es Palestina. [...] Aquí están los judíos ricos de Buenos Aires; hombres sin fe ni voluntad [que] charlan y opinan y se sobresaltan por la ola antisemita, y sin haber estudiado jamás el problema judío, dan consejos, y dan un peso para Polonia, y otro peso para Viena, cuando deberían dar la mitad de su fortuna para *Eretz Israel*, la patria a donde podrán volver siempre y que defenderá a sus hijos. [...] Los judíos de Buenos Aires no quieren mirar de cara a la verdad, huyen de la realidad. No entienden hasta que reciben el latigazo [destacado en el original]".

V No original, "Los dirigentes de los templos pueden hacer mucho para cambiar ese estado de cosas y atraer a los indiferentes y a la juventud. Tienen que acortar los servicios religiosos para que los feligreses puedan realmente concentrarse y no traten de estar el menor tiempo posible en el templo. [...] Y para los que no concurren los días sábado, se puede explicar el párrafo correspondiente de la Thora [sic] en castellano los domingos de mañana, haciendo un comentario histórico actual. [...] El casamiento debe ser una santificación [...] no una operación mecánica con coro. [...]

¿Han pensado los templos en hacer oficiar funerales cívicos para los héroes que caen diariamente en el frente de *Eretz Israel*?".

VI No original, "No es suficiente coleccionar libros: también hay que leerlos. A este respecto debo comprobar que los judíos de la Argentina no leen libros, y menos libros judíos. Leemos muchas noticias y sintonizamos informaciones. Pero noticias e informaciones no nos hacen mejores, no pueden servirnos de guión y no nos pueden dar fuerza, fe e inspiración. Solamente el libro, un libro profundamente judío, puede encender en nuestra mente y en nuestro corazón la iniciativa que conduce a algo mejor, a la acción judía".

VII No original, "Norte América [sic]". Em espanhol, a "América do Sul" é chamada de "Sudamérica", mas a "América do Norte" é dominantemente traduzida como "América del Norte" mesmo. Designar esse espaço como "Norte América" nos parece um modo de fazer confrontar, na língua, essas duas porções do continente.

VIII No original, "[Iré en breve a Buenos Aires] para que me 'castigue' personalmente por todos los encargos que no pude cumplir porque los *publishers* [...] hacen demasiado buen negocio aquí como para que les interesen nuestros pedidos o les presten alguna atención. He llegado a la conclusión [de] que hay que estar en condiciones de hacer con ellos contratos en forma definitiva y permanente; de lo contrario, contestan que no tienen tiempo".

IX No original, "Al autor de este libro se le puede llamar con justo derecho EL GRAN CAPITÁN de los judíos. [...] Un alma pura, un corazón ardiente, un carácter indomable, visión de estadista, orgullo de príncipe hasmoneo, todo concentrado en un solo ideal: transformar los restos de este pueblo, disperso y humillado, en una nación libre en su antigua patria. [...] En la guerra de 1914 creó la Legión Judía, la cual luchó valientemente en el ejército del general Allenby por la conquista de Tierra Santa. [...] esto no impidió que en 1920 fuera condenado por un tribunal militar inglés a quince años de prisión (pena que fue perdonada más tarde), por haber querido organizar en Palestina una defensa judía contra los terroristas árabes. [...] Y vino la guerra, y con ella el colapso del judaísmo polaco, que llegó a Jabotinsky como golpe directo al corazón, del cual ya no se recobró. Reunió sus últimas fuerzas para gritar nuevamente a los judíos del mundo: *Aux armes, citoyens! Formez vos bataillons!* Veía claro que esta guerra traería al pueblo judío horrendos sufrimientos, pero también la oportunidad histórica de poder pelear por fin por su propia causa, por una patria, con armas, como aliado de grandes naciones, como futura nación".

X No original, "Usted me había escrito que venía para aquí con vistas a [adquirir] telares para *Eretz* [Israel]. Quiero creer que telares [...] significa otra cosa. Lo que allí se necesita ahora son armas. Por lo cual pienso con *guilty feeling* que ustedes[,] los *enfants terribles* del sionismo[,] tenían razón. Yo ya no puedo ni sirvo porque '*eth karmi schelí lo natarti*'".

XI No original, "Desde un punto de vista liberal se puede, claro está, objetar el ceremonial de las tradiciones judías, alegando un primitivismo artificioso o un dejo de superstición extemporánea. Acaso sea cierto, por una parte; mas, por la otra, ¿no podría residir en ese primitivismo y en aquella 'superstición artificiosa' un germen de belleza y elevación? [...] Pues así como el tronco añoso de la cultura judía retoña nuevos brotes y reverdece en cada primavera de esperanza, así también la antigua tradición de Israel, restituida a la Tierra de origen, recobra ahora, nuevamente, el esplendor del pasado".

XII No original, "El judaísmo reformista de los tiempos liberales (1848-1914) ha creado en París y Viena, en Londres y Berlín esta iglesia de la fe mosaica que es el templo. Le ha dado el órgano y el coro, el 'concierto' de cantor y la vestimenta eclesiástica. Ha querido reducir el judaísmo a una religión. Ahora, después del año 1933 [año del ascenso de Hitler al poder], sabemos que el liberalismo ha pasado a la historia y el movimiento reformista ha fracasado".

6 GEOGRAFIA URBANA E PALAVRA IMPRESSA: LIVRARIAS, BIBLIOTECAS E GRÁFICAS JUDAICAS DE BUENOS AIRES

A tarde de sexta-feira, 10 de janeiro, o tio Petacovsky estava, como sempre, sentado junto a seus livros, tomando mate. [...] Próximo das 17h30, um grupo de jovens bem-vestidos irrompeu na calçada da boate, exaltando à pátria. [...] Um do grupo, que avistou o rosto amedrontado do tio Petacovsky, chamou a atenção de todos sobre a boate, e os garçons detiveram-se em frente à vitrine.
— Livros maximalistas! — observou, berrando, o mais próximo. — Livros maximalistas!

ENRIQUE ESPINOZA (SAMUEL GLUSBERG), "MATE AMARGO" (EM *LA LEVITA GRIS: CUENTOS JUDÍOS DE AMBIENTE PORTEÑO* [A LEVITA CINZA: CONTOS JUDAICOS DE AMBIENTE PORTENHO], 1924)[I]

Não fosse o fato de que quando passeias por Corrientes enlouqueces livreiros a granel, argh!, judeus maltrapilhos, donos dos livros, irmãos de sorte.

WASHINGTON CUCURTO, "DÍA TRAS DÍA, UN TRÍO DE MUJERES" [DIA APÓS DIA, UM TRIO DE MULHERES] (EM *LA MÁQUINA DE HACER PARAGUAYITOS* [A MÁQUINA DE FAZER PARAGUAIOZINHOS], 2005)[II]

Nosso interesse nos selos editoriais não deve nos levar a perder de vista outros atores importantes na produção e circulação de livros judaicos. Desde as primeiras décadas do século XX, Buenos Aires contou com um crescente número de livrarias, bibliotecas e gráficas mais ou menos especializadas nessa temática, cujo estudo nos permitirá tornar visível um arco de tramas sociais, movimentos de livros e agentes culturais habitualmente subestimados nas pesquisas. Ao mesmo tempo, poderemos indagar as distintas funções que estes desempenharam ao longo do tempo. Sua inclusão em nossa análise nos permite objetivar uma dimensão essencial para compreender a unidade e dinâmica desse universo cultural: a espacial. Propomo-nos, assim, identificar esses atores, explorar o mundo social em que estavam imersos e, mediante um mapa da cidade de Buenos Aires, levantar algumas hipóteses no que se refere à relação entre sua localização urbana e a vida cultural judaica.

OS LIVROS AO ALCANCE DA MÃO: LIVRARIAS E BIBLIOTECAS JUDAICAS EM BUENOS AIRES

As livrarias e as bibliotecas especializadas em obras judaicas puseram à disposição do leitor portenho os livros publicados tanto no país como no exterior. Além de vendê-los, algumas editaram suas próprias obras. Entre estas, sobressaem a Sigal e a Kaplansky, cuja produção resenhamos no capítulo 2.[1]

No mesmo nível das livrarias especializadas, ainda que não limitadas, em temas judaicos, houve outros canais de venda que facilitavam e ampliavam a circulação de livros. Um deles eram as publicações periódicas. É o caso da revista cultural iídiche de frequência mensal *Shriftn* ("Escritos" em hebraico), que circulou entre 1942 e 1971, e do semanário em castelhano *Mundo Israelita*. Pelo menos desde 1937 em diante, este último oferecia aos leitores duas listas de títulos em castelhano. Na primeira, chamada simplesmente "Seção Livraria", que era mais extensa e de caráter geral, compartilhavam espaço desde Aristóteles até Hegel, passando por Antón Chejov [Anton Tchekhov], Rubén Darío e Marcel Proust. A segunda,

[1] Em suas memórias, Mijl Hacohen Sinay, criador do primeiro jornal judaico na Argentina, *Der Viderkol* ("O Eco", em iídiche), em 1898, se refere à existência de pelo menos um vendedor de jornais em Buenos Aires nesse mesmo ano que importava jornais iídiches dos Estados Unidos e da Europa (comunicação pessoal de Javier Sinay em 26 de setembro de 2012).

TABELA 1 | Livrarias especializadas que ofereciam livros e publicações periódicas em iídiche, castelhano, inglês, alemão, hebraico e outras línguas

LIVRARIA	PERÍODO ESTIMADO DA ATIVIDADE*	SEDES (ANOS ESTIMADOS)	MAIS INFORMAÇÕES
Der Onfang (O Começo)	Provavelmente entre o final da década de 1900 e 1914	Lavalle, 2037	Livraria de Mordejai Stoliar, que logo foi um dos principais referenciais do jornalismo iídiche como diretor e redator de *Di Idishe Tzaitung*. Teria sido a primeira livraria a importar livros da literatura iídiche moderna para o país
Agência Norte-Americana Ravitch & Berenstein	1910-1920	Bermejo (atual Jean Jaurès), 467	
David Gorodisky	1910-1940	Avenida Córdoba, 3358, ap. 4 (1910-1929) Castelli 395 (primeiros anos da década de 1930) Sánchez de Bustamante, 551 (1934-1940)	

CONTNUA

LIVRARIA	PERÍODO ESTIMADO DA ATIVIDADE*	SEDES (ANOS ESTIMADOS)	MAIS INFORMAÇÕES
G. Kaplansky	1919-1960	Bermejo (Jean Jaurès) 467 (década de 1920) Avenida Corrientes, 2614 (década de 1930) Avenida Corrientes, 2883 (1940-1958) Avenida Pueyrredón, 451 (1960)	Livraria e editora. A coincidência entre o primeiro endereço de Kaplansky e a da Agência Ravitch & Berenstein faz supor que Kaplansky deu continuidade a esse negócio refundando-o com seu próprio nome
Regalsky e Fain	1924-1925 (certamente criada antes e fechada logo após esta data)	Ecuador, 408	
Sigal	Desde 1926 (continua ativa)	Uriburu 510 (década de 1920) Avenida Corrientes 2854 (década de 1930 adiante)	Livraria e editora
Livraria de livros iídiches e castelhano de Shmidt un Kunpenblat	1935-1945	Avenida Corrientes, 4836	A livraria muda de nome no transcurso desses anos por Shmidt un Eijenblat

LIVRARIA	PERÍODO ESTIMADO DA ATIVIDADE*	SEDES (ANOS ESTIMADOS)	MAIS INFORMAÇÕES
Editorial Israel	1938-1952 (é muito provável que tenha prolongado além desta data)	Azcuénaga, 365 (1938) Sarmiento, 2396 (1938-1945) Sarmiento, 2198 (de 1945 em diante) (Os primeiros dois domicílios, no mesmo edifício da *Mundo Israelita*)	No primeiro período importa livros e publicações periódicas em alemão da Palestina e, depois, em hebraico, de Israel, e em inglês, dos Estados Unidos. Diferentemente da maior parte das outras livrarias, não teria vendido livros em iídiche
Livraria Hebraica Milberg	Desde 1947 até o final da década de 2000	Lavalle, 2223	
Carlos Hirsch	1947-1951 (certamente criada antes e fechada logo após esta data)	Florida, 165	A livraria se apresentava do seguinte modo: "Literatura judaica em iídiche, inglês e alemão. Representante exclusivo da Schocken Books"
Idisch	A única data que identificamos é 1951, mas é certo que foi criada antes e fechada logo após esse ano	Ecuador, 637	Sucessora da livraria David Gorodisky, também propriedade de D. Gorodisky

* Os anos consignados correspondem às datas iniciais e finais de funcionamento que conseguimos identificar. É provável que parte dessas livrarias tenha começado a funcionar antes e fechado as portas depois dos anos indicados em cada caso.

FONTE: Elaboração própria baseada em trabalho de arquivo.

"Livros de Interesse Judaico" (inicialmente chamada "Obras e Autores Judaicos"), se apresentava como uma seção específica da primeira e abarcava livros de temática judaica de autores de renome internacional, como Martin Buber e Schalom [Sholem] Asch, e local, como Alberto Gerchunoff, além de um punhado de obras de temas judaicos escritas por reconhecidos autores não judeus, tais como Thomas Mann ou Jacques Maritain. A partir de 1938, o semanário anunciava que seus assinantes obteriam um desconto de 10% nas compras.

O Mês do Livro Judaico da Amia foi outra dessas vias e, como veremos no capítulo seguinte, não se tratou de uma via qualquer, mas que teve um papel especialmente significativo na difusão do livro judaico. Desde 1947 até o início dos anos 1990, o principal centro comunitário judaico de Buenos Aires organizou esses eventos anuais de venda e divulgação de livros judaicos, que, ao menos até meados da década de 1970, se transformaram num dos principais acontecimentos do calendário judaico portenho.

Outra forma de ter acesso a esse tipo de obras foram as bibliotecas. Desde as primeiras décadas do século XX, mas fundamentalmente durante o entreguerras, elas proliferaram em todos os bairros portenhos onde havia alguma presença judaica — e não somente naqueles em que esta era mais notável, como Once e Villa Crespo —, simultaneamente às necessidades sociais e culturais dos imigrantes e da primeira geração de argentinos.[2]

Em seu clássico estudo sobre as sociedades de bairro e bibliotecas, Gutiérrez e Romero (2007) situam as bibliotecas populares do entreguerras no mesmo nível de outros tipos de associações próprias de um momento de expansão da cidade e da "argentinização" dos imigrantes (sociedades de fomento, clubes, associações mutuais, comitês de partidos políticos etc.), ainda que as diferenciem dessas pela função cultural que cumpriam. Nesse trabalho, os autores indicam que, embora as bibliotecas populares existissem desde o final do século XIX, sua expansão se produziu entre 1920 e 1945. Desse modo, se, entre 1924 e 1930, seu número ficava em torno

[2] Diferentemente das livrarias, gráficas e editoras judaicas estudadas neste livro, não realizamos um levantamento sistemático e exaustivo das bibliotecas. Seu número, variedade e a dificuldade de rastreá-los nos impedem de abordá-las da mesma maneira. Portanto, optamos por privilegiar a descrição de alguns aspectos qualitativos que consideramos relevantes para a finalidade do capítulo.

de 46, ele praticamente duplicou nos sete anos seguintes, alcançando os 90 estabelecimentos, para logo se expandir, entre 1937 e 1945, para quase 200 (Gutiérrez; Romero, 2007).

Tais quais as demais bibliotecas criadas durante esse período, as judaicas foram ou a base para a fundação de organizações de tipos muito diferentes ou um componente central das associações culturais, sociais, educativas e políticas já existentes. Além do empréstimo de livros, eram oferecidas conferências, cursos e concertos, e eram organizadas reuniões sociais e festas. Por exemplo, o programa de eventos para a segunda quinzena de maio e primeira de junho de 1940 do Clube Israelita Argentino Biblioteca Enrique Heine, localizado na Avenida Corrientes, 1854. Ele contava com duas séries de três conferências, uma do "prestigioso comentarista cinematográfico" León Klimovsky (que foi um dos fundadores do cineclubismo local) e outra a cargo do pintor Antonio Berni, e com um número de conferências individuais, entre as quais figuram: "Essência da democracia", pelo doutor J. M. Velasco Ibarra, naquele momento ex-presidente do Equador (cargo que voltaria a ocupar também em outras quatro oportunidades); "Significado da Semana de Maio na Independência Argentina", proferida pelo senhor Raúl C. Cabral; e uma apresentação do professor Gregorio Berman.[3] O programa se ampliava com dois recitais, o primeiro a cargo de Isa Kremer[4] e o segundo, de Hertz Grosbart,[5] e se completava com duas "revistas orais", atividade em que confluíam comentários musicais, teatrais, bibliográficos e cinematográficos, um espaço musical e uma seção com informação de atualidade de "interesse judaico" (caixa 62 no arquivo da Fundação IWO, Buenos Aires).

---

3 Apesar de o sobrenome ser escrito com uma só letra "n" final, entendemos que se trata do renomado intelectual e médico psiquiatra Gregorio Bermann.

4 Isa Kremer (1887-1956) foi uma cantora judia de origem russa que alcançou fama como intérprete de música folclórica, especialmente na língua iídiche, e artista de *vaudeville*. Depois de viver e trabalhar nos Estados Unidos por mais de uma década, mudou-se para a Argentina em 1938, onde viveu até sua morte.

5 Nascido em Lodz, na Polônia, Hertz Grosbart (ou Grosbard) (1892-1994) foi um recitador e ator da língua iídiche que alcançou certo reconhecimento no mundo de fala iídiche. Ele viveu na Argentina entre 1934 e 1936 e, em 1971, migrou do Canadá para Israel, onde morreu em 1994.

Novamente, à semelhança do que estava representado no restante da sociedade portenha, entre os principais incentivadores da criação de bibliotecas judaicas se encontravam as correntes políticas. Qualquer dos espaços controlados por elas — sedes partidárias, centros culturais ou escolas — eram lugares propícios para fundar uma biblioteca. Por sua recente criação e seu papel político, cabe mencionar a Biblioteca Rusa [Biblioteca Russa], cuja sede foi atacada e cujos livros foram queimados em maio de 1910, no contexto da repressão operária. Apesar do seu caráter panrusso, a maioria dos membros eram trabalhadores e intelectuais judeus; e, de fato, funcionou como espaço de desenvolvimento de distintas correntes políticas judaicas de esquerda.

Em seu estudo, Gutiérrez e Romero observam com atenção a função integradora ("argentinizadora") das associações de bairro e, em especial, das bibliotecas. Estas teriam desempenhado um papel fundamental no processo de reconstituição da cultura dos setores populares. Mas tal ênfase no caráter integrador faz perder de vista as bibliotecas étnicas, ou seja, as organizadas pelos diferentes grupos de imigrantes e seus descendentes em função da língua e da cultura de origem, que, sem necessariamente contradizer esse processo, o relativizava ou, ao menos, introduzia outros fatores na linearidade com que se pensou tal função. Essa lacuna nos impede de observar a pregnância que tinham as línguas dos imigrantes na vida social e cultural portenha, bem como, no caso daqueles que falavam e liam em castelhano, sua vontade de recriar dada cultura de origem.

De toda forma, seria um erro concluir o contrário: que os imigrantes judeus ou seus filhos se isolavam nas próprias instituições para resistir à "argentinização". Assim como participavam dos mesmos processos educacionais, culturais e sociais que o resto dos imigrantes e da primeira geração de argentinos, esperava-se que, igualmente, os leitores judeus se associassem de modo alternativo ou complementar a uma biblioteca popular geral e se somassem a suas atividades sociais e culturais.

Entretanto, também nas bibliotecas judaicas se constata essa participação no processo de integração cultural geral da cidade de Buenos Aires no entreguerras. Com efeito, os incentivadores das bibliotecas judaicas parecem ter estado imbuídos do mesmo espírito que os promotores das bibliotecas populares retratadas por Gutiérrez e Romero. Além de considerá-las instrumentos de elevação cultural da nova sociedade que estava sendo forjada, a composição da seção castelhana de seus catálogos revela que compartilhavam um mesmo horizonte de valores culturais que seus pares não judaicos.

Um exemplo entre outros: além dos títulos em iídiche que figuram na lista de livros não devolvidos de 27 de outubro de 1935, do Centro Cultural Israelita e Biblioteca de Villa Devoto, localizado em Chivilcoy, 2906, figuram obras de Émile Zola, Friedrich Nietzsche, Fiódor Dostoiévski [Dostoiévski], Henri Barbusse, León [Liev] Tolstói, Máximo Gorki, Alejandro [Alexandre] Dumas, o Prêmio Nobel norueguês Knut Hamsun[6] e M. Delly,[7] junto a uns poucos autores argentinos, como Samuel Eichelbaum, Miguel Cané e Marcelo Peyret. A maior parte desses escritores, que vemos também se repetir nas diferentes listas de obras que a *Mundo Israelita* oferecia alguns anos depois em sua "Seção Livraria", eram autores inescapáveis para as bibliotecas populares de Buenos Aires. Nesse sentido, Gutiérrez e Romero (2007) explicam que sua presença se dava, por um lado, porque, "no âmbito das bibliotecas de bairro, pesou sobretudo a ambição de se incorporar ao mundo da 'cultura', ou seja, à bagagem cultural própria das elites, acumulada e canonizada"; por outro lado, devia-se ao interesse por escritores e ensaístas atentos aos problemas sociais partindo de uma perspectiva humanista, cuja obra tivesse afinidade com a sensibilidade integradora de divulgadores e leitores.

A relevância da composição e do tipo de obras demandadas nas bibliotecas, ou da lista de obras oferecidas pela *Mundo Israelita*, reside em sua aptidão para nos deslocar do âmbito restrito da circulação de títulos de interesse judaico em castelhano e nos colocar num lugar com fronteiras menos claras, o que nos permite fazer uma aproximação, ainda que tangencial, do trânsito dos leitores entre diferentes tipos de livros e repertórios culturais.

A criação e o desenvolvimento de bibliotecas não foram isentos de dificuldades. O livro de atas do primeiro ano da Biblioteca Peretz

---

6 Cabe lembrar que K. Hamsun, além de autor de prestígio que influenciou grandes escritores das primeiras décadas do século XX, foi um aberto defensor do racismo, do antissemitismo e, antes e durante a guerra, da Alemanha nazista.

7 M. Delly era o pseudônimo sob o qual os irmãos Petitjean de la Rosière — Frédéric Henri Joseph (1876-1949) e Jeanne Henriette Marie (1875-1957) — escreveram romances sentimentais de grande sucesso entre as décadas de 1920 e 1940.

Hirschbein, fundada em 1925 e situada na Directorio, 2687, no bairro de Flores, mostra, por exemplo, as incontáveis vicissitudes que o conselho diretor teve que atravessar para arrecadar um mínimo de fundos com que comprar os primeiros livros (Arquivo da Fundação IWO, Buenos Aires, caixa nº 62). Até uma biblioteca como a da SHA, criada e sustentada pelos quadros mais destacados da elite intelectual, precisou enfrentar problemas recorrentes. Assim, enquanto, em 1928 (ano de sua criação), podia se apresentar como "a única que aspira a ser diferente" por contraste com as numerosas bibliotecas iídiche-castelhanas distribuídas por Buenos Aires, cujos livros, "no esforço de circular, [...] adquirem esse aspecto pastoso e anti-higiênico que tanto choca os amantes de uma apresentação bonita" ("Nuestras bibliotecas" [Nossas bibliotecas], *Mundo Israelita*, 15 set. 1928), seu principal problema, após conseguir reunir uma quantidade suficiente de títulos, foi o escasso uso que os sócios da instituição faziam dela. A tarefa não parece ter sido fácil, já que a maior parte dos títulos divulgados no *Boletín* [Boletim] da SHA era de obras publicadas em francês e alemão e, em menor medida, em castelhano, inglês e italiano. Embora se saiba que, nessa época, era difícil apresentar um número relevante de títulos sobre temas judaicos em castelhano, pôr em primeiro plano livros em línguas conhecidas por poucos não parece ter sido a melhor estratégia para atrair os leitores.

Após um longo período de estagnação, em junho de 1934, o *Boletín* assinalou o que se insinuava como o princípio de remissão dessa tendência, depois de sua reorganização por obra de um novo diretor, o doutor León Dujovne. A nota evidencia esse incipiente processo nas cifras de movimentos de livros. Entre 10 de março desse ano, data de reabertura da biblioteca, e 25 de maio, haviam sido retirados 211 livros; dentre eles, 140 publicados em castelhano, 46 em iídiche, 24 em francês e um em inglês. As seções mais solicitadas eram "conto e romance", com 91 títulos; na sequência, "escritores argentinos", representados por 80 (distinção que faz supor que a categoria anterior remetia a autores estrangeiros); e o restante se dividia entre "história", "antissemitismo", "filosofia" e "vários". À parte dessas quantidades, o conciso relatório adiciona, entre parênteses, um dado significativo: 85% dos leitores eram mulheres, preeminência já observada por Gutiérrez e Romero nas bibliotecas populares de Buenos Aires no entreguerras.

Também devemos levar em consideração a variável econômica, que teve um peso determinante no desenvolvimento e na posterior queda do número e da atividade das bibliotecas. O custo dos livros, em especial dos novos, incidia na decisão entre pedir emprestado um livro numa biblioteca ou adquiri-lo numa livraria. Tais qual o resto dos imigrantes do fim do século XIX e das primeiras décadas do XX, os judeus se incorporaram à estrutura produtiva argentina fundamentalmente como trabalhadores ou pequenos comerciantes autônomos. Sua ascensão e consolidação econômica generalizada, evidenciada por sua progressiva desproletarização, se produziu de maneira mais notável próximo a meados dos anos 1940 e dali em diante. Em 1933, pouco mais de 85% do salário de um operário industrial de baixa renda estava destinado a cobrir as necessidades básicas (alimentação, aluguel, combustível e eletricidade) de uma família com três filhos (Marshall, 1981). Por fim, é compreensível que, além de seus papéis culturais e sociais, a biblioteca tenha funcionado como uma alternativa à compra de livros em livrarias. Sobretudo no que se refere aos livros de literatura iídiche moderna, que, até o fim da Segunda Guerra Mundial, provinham dos grandes centros editores e cujos preços, por essa razão, eram mais elevados. Por sua vez, o aumento do salário real dos operários, especialmente desde meados da década de 1940,[8] o crescimento socioeconômico dos judeus de Buenos Aires em termos gerais e a ampliação da produção editorial local em iídiche e castelhano, com a conseguinte diminuição de preços, permitem pensar que, depois de 1945, a compra individual de livros aumentou em detrimento do uso das bibliotecas.

EXPANSÃO DA EDIÇÃO E DAS NOVAS FORMAS DE CIRCULAÇÃO

A expansão das editoras judaicas argentinas em castelhano e iídiche que se produziu no pós-guerra trouxe uma mudança favorável na circulação de livros, que se relacionou tanto com a relativa diminuição dos preços em relação aos dos importados quanto com o desenvolvimento de canais

[8] A esse respeito, ver Sofer (1982, p. 28). Sobre as mudanças na renda dos trabalhadores durante o período, ver Gerchunoff e Aguirre (2006).

de venda diretos. Além das vias já descritas, as editoras chegavam aos leitores por intermédio de agentes e assinaturas. E, no caso da maioria dos projetos editoriais institucionais, os volumes podiam ser adquiridos nas sedes das próprias organizações e por assinatura. Desse modo, a proximidade ou participação em atividades de um partido político, uma escola ou uma sociedade de conterrâneos podia facilitar a compra dos títulos publicados por eles. E mais: a adesão a alguma dessas instituições orientava, mediante as assinaturas, as aquisições dos leitores.

À margem desses espaços formais, estava a maioria dos escritores locais em língua iídiche, os quais se viam triplamente prejudicados por sua situação. Em primeiro lugar, a falta de apoio institucional ou editorial se traduzia na exigência de autofinanciar suas edições ou procurar a ajuda de familiares ou conhecidos. Em outros termos, ver-se excluídos do dispositivo cultural de hierarquização da produção literária que as editoras mais importantes constituíam — na medida em que só se interessavam de modo excepcional e muito seletivo pela produção local — supunha de antemão um menor valor relativo de sua obra. Enfim, estavam fora dos canais de distribuição dos selos. Assim, em muitos casos, viam-se obrigados a vender eles mesmos suas obras de casa em casa, de comércio em comércio. Uma anedota contada por Alberto Zlotopioro,[9] em cuja graça se situa o drama desses homens e mulheres, narra o ocorrido a uma escritora numa de suas "visitas" a Villa Lynch,[10] provavelmente no início da década de 1960. Depois de sua insistência frente a um atarefado comerciante têxtil para que comprasse seu livro em dois volumes, o homem, cansado, lhe alfinetou em iídiche: "Está bem, está bem! Deixe-me uma dezena de um volume deste lado e outra dezena de outro daquele e vá embora". De acordo com os testemunhos, essa situação pouco decorosa não era excepcional.

---

9 Atual proprietário da tradicional gráfica de "livros judaicos" que leva seu sobrenome.

10 Distrito localizado no norte da metrópole portenha que, por muitas décadas, teve uma forte presença de empresas e trabalhadores têxteis judeus.

AS GRÁFICAS

As gráficas constituem uma peça fundamental no processo de produção editorial. Sem elas, os livros tal como os conhecemos hoje simplesmente não teriam existido, e seu impacto histórico não teria sido o mesmo. No entanto, é provável que a obviedade dessa informação, assim como o fato de que sejam levadas em conta somente a partir de sua faceta técnica ou econômica, tenha tornado esse o elo da produção editorial menos atendido pela pesquisa histórica.[11] Nesse sentido, e com o propósito de obter uma imagem o mais ampla possível do mundo do livro, nos ocuparemos, ainda que não detalhadamente, de situar as gráficas dentro das estruturas sociais e materiais do livro judaico em Buenos Aires.

Não era qualquer gráfica que estava em condições de se encarregar de livros e publicações periódicas em iídiche. Para fazê-lo, eram necessárias máquinas de impressão e linotipos que contassem com tipos hebraicos, além de compositores e corretores com competência nessa língua.[12] Mas até aquelas que dispunham da tecnologia e dos recursos humanos necessários não se limitaram a esse tipo de publicação e se ocuparam também do mais amplo mercado em castelhano. O auge editorial iídiche do pós-guerra em Buenos Aires se fundou sobre a preexistência tanto de uma massa crítica de agentes e animadores culturais, como do conjunto de empresas, máquinas e homens com saberes específicos na tarefa de impressão, que haviam sido desenvolvidos no calor do florescimento da imprensa entre 1920 e 1940. Do grupo de gráficas capazes de publicar livros em iídiche, duas dominaram o mercado no período do auge: Zlotopioro Hermanos e Julio Kaufman. É provável que as demais oficinas tenham subsistido ou até feito bons negócios, ocupando-se de imprimir jornais, propagandas e até cartões e papéis timbrados.

A tabela 2 identifica as gráficas de Buenos Aires que, de acordo com nosso levantamento — que é amplo, embora não exaustivo —, publicaram pelo menos um livro em iídiche.

---

11 A exceção mais importante a essa afirmação é o trabalho de Robert Darnton, publicado em diferentes livros e artigos, sobre a Société Typographique de Neuchâtel, selo e oficina gráfica suíça que operou nas últimas três décadas do século XVIII.

12 Sobre a história do primeiro jogo de tipos móveis hebraicos para impressão de publicações em língua iídiche na Argentina, ver Sinay (2013).

TABELA 2 | Gráficas de Buenos Aires que publicaram livros em iídiche

NOME	PERÍODO ESTIMADO DE ATIVIDADE*	ENDEREÇOS (ANOS ESTIMADOS)	PRINCIPAIS SELOS COM OS QUE TRABALHARAM**
Krasilovsky y Pertzovsky (Krasilovsky logo segue só)	1918-1938	Valentín Gómez 2700	G. Kaplansky
Cultura (de Muschkat e Zaslavsky)	1931-1966	Tucumán, 3067 (1931-1932) Sarmiento, 2157 (1934-1966)	Icuf, G. Kaplansky
Talleres Gráficos A.J. Weiss [Gráficas A. J. Weiss]	1935	Riobamba, 562	G. Kaplansky
Julio Kaufman	1936-1979	Junín, 344 (1936-1951) Avenida Corrientes, 1976 (1950-1979)	Besaraber landslait farein in Argentina, Tsentral farband fun Poylishe Idn in Argentine, Cultur Congres, Kium, IWO, entre outros
Poliglotn (de M. Perzovsky)	1938-1943	Avenida Corrientes, 3114	Edições do autor
Talleres Gráficos Heuman [Gráfica Heuman]	1946-1954	Pasteur, 333	Tsentral farband fun Poylishe Idn in Argentine
Zlotopioro Hermanos	1948 — continua ativo	Gascón, 1231 (1948-1956) San Luis, 3149 (1957-1975) Sarmiento, 3149	Idbuj, Cultur Congres, IWO, Musterverk, Tsentral farband fun Poylishe Idn in Argentine, Kium, entre outros

NOME	PERÍODO ESTIMADO DE ATIVIDADE*	ENDEREÇOS (ANOS ESTIMADOS)	PRINCIPAIS SELOS COM OS QUE TRABALHARAM**
Impresora Baires [Gráfica Baires] (de Simón Eidelman)	1951-1953	Cangallo, 2981	Icuf
Talleres Gráficos Optimus SRL [Gráficas Optimus SRL] (provavelmente de Krasilovsky)	1950-1967	Valentín Gómez, 2715-2719	Icuf
Graficon (de N. Zielony)	1951-1959	Pasteur, 356 (1951-1956) Sánchez de Loria, 618 (1959)	Icuf
Talleres Gráficos Kalifón SRL [Gráficas Kalifón SRL]	1954	Miró, 747	Edições do autor
Talleres Gráficos Mexico [Gráficas México] (de Simón Eidelman)	1955	México, 2230	Tsentral farband fun Poylishe Idn in Argentine

* Os anos apontados correspondem às datas-limite de publicação que conseguimos identificar em nosso levantamento. É provável que parte dessas oficinas tenha começado a trabalhar antes e fechado depois dos anos indicados em cada caso.

** Todas as oficinas publicavam também autoedições ou edições de autor.

FONTE: Elaboração própria baseada em trabalho de arquivo.

Por sua importância na ampliação da edição do pós-guerra, as trajetórias dos fundadores e diretores das gráficas Julio Kaufman e Zlotopioro Hermanos merecem uma análise mais pormenorizada.

As vidas de David Zlotopioro (dono da gráfica junto com o irmão Jacobo) e de Julio Kaufman têm um mesmo ponto de partida:[13] nasceram em dois pequenos povoados poloneses, o primeiro em 1903 e o segundo um ano depois. Kaufman chegou ao país por volta de 1920 e começou a trabalhar como aprendiz de gráfica, até que adquiriu a experiência necessária para tentar a sorte por conta própria. Para isso, trouxe os irmãos e abriu uma pequena empresa familiar com seu nome. Já David Zlotopioro, vindo de Varsóvia, chegou a Buenos Aires com a esposa no início da década de 1930. Iniciou-se como tipógrafo e continuou como linotipista no diário *Di Presse*, tarefas às quais se somou seu irmão. Quando conseguiram reunir certo capital, compraram uma linotipo, que, tempo depois, lhes permitiu deixar o trabalho no jornal para se dedicar por inteiro à própria empresa.

Tal quais muitos de sua geração, Kaufman se distanciou da religiosidade tradicional de seu pai, que era *shoijet* (*shochet*) e havia sido fundador de uma sinagoga no bairro do Once, para abraçar o sionismo socialista do MAPA'I e, na política nacional argentina, aderir com entusiasmo ao Partido Socialista. Nesse sentido, seu filho Eduardo recorda ter visto Alfredo Palacios e Alicia Moreau de Justo dar conferências em algumas das tertúlias organizadas na casa da família. Os irmãos Zlotopioro, por sua vez, se somaram inicialmente à esquerda não sionista do Icuf. Romperam com esta quando, em 1952, seus líderes se negaram a condenar os processos jurídicos perpetrados contra os escritores judeus na União Soviética. Por outro lado, Eduardo Kaufman e Alberto Zlotopioro coincidem na lembrança de um aspecto relevante para este estudo: que seus pais conheciam e tinham vínculos pessoais com intelectuais e editores judeus.

Os Talleres Gráficos Julio Kaufman [Gráficas Julio Kaufman] chegaram a contar com dez operários, alguns deles necessariamente judeus, já que, para imprimir em iídiche, precisavam de trabalhadores qualificados na língua. Julio foi o único dono da gráfica até 1960, ano em que emigrou a Israel. Depois da morte de David e Jacobo, seus filhos continuaram as

---

13 Os dados aqui apresentados surgem das entrevistas com seus filhos, Alberto Zlotopioro (janeiro de 2010) e Eduardo Kaufman (abril de 2009).

respectivas empresas. Segundo afirma seu atual dono, Zlotopioro foi a última gráfica que realizou trabalhos em iídiche no país, ao final da década de 1980. Embora ambas as gráficas tenham sobressaído pelo número de livros iídiches, também se ocuparam de obras em castelhano e revistas e periódicos em ambos os idiomas.

Essa breve abordagem de suas trajetórias indica que a participação de tais gráficas na produção editorial e, ainda mais, sua posição dominante durante o pós-guerra não só se deviam a custos e à realização de um trabalho satisfatório, mas também ao modo como esses empresários participavam das estruturas sociais e culturais judaicas da cidade. Seus percursos revelam experiências, convicções e compromissos políticos, formação e sensibilidade literárias, e determinadas relações que os situaram num lugar especialmente apto para se encarregar dos principais selos.

Em contraposição, cabe pensar que o peso das trajetórias e das relações sociais parece ter sido menor na edição em castelhano por critérios econômicos e de qualidade, por exemplo. Teria sido assim porque as edições nessa língua não precisavam se restringir a gráficas judaicas ou, dito de outra forma, a gráficas que contassem com tipos hebraicos e compositores e corretores competentes em iídiche. A opção pelo castelhano, ao mesmo tempo que diluía o peso desses vínculos intracomunitários ao momento de escolher a gráfica, ampliava o mercado potencial das oficinas.

A ESPACIALIDADE DA PRODUÇÃO E DA CIRCULAÇÃO

Nas epígrafes que abrem este capítulo, os escritores Samuel Glusberg (sob o *nom de plume* de Enrique Espinoza) e Washington Cucurto (outro *nom de plume*) sugerem a existência de uma relação entre judeus, livros e certa geografia urbana de Buenos Aires.[14] Nossa hipótese nesta seção é que tal relação, da qual tentaremos dar conta aqui, possui uma singular importância para compreender a parte da vida cultural judaica na Argentina.

---

[14] "Mate amargo", a obra de Glusberg, narra o assassinato de um livreiro judeu, o "tio" Petacovsky, no bairro do Once, nas mãos de jovens patrícios, durante a Semana Trágica (1919).

A produção e a circulação de livros têm, por si só, uma dimensão espacial que, nesse caso, se expressa numa área específica da cidade de Buenos Aires. Sobre a base de um mapa da cidade construído a partir das livrarias, editoras e gráficas, é possível conjeturar as implicações do nexo entre espacialidade, produção e circulação do livro.

Um dos índices utilizados para observar o grau de assimilação ou de segregação dos imigrantes e de seus descendentes no plano das interações sociais são as pautas de inserção residencial. A relação seria: quão maior a concentração residencial, maior a segregação; inversamente, quão mais dispersa a inserção residencial, maior a integração ao conjunto da sociedade. Apesar disso, a concentração geográfica não necessariamente redundava numa maior interação, já que contiguidade não era sinônimo de vínculo social (Devoto, 2009, p. 341). Em todo caso, a análise da relação entre os padrões de assentamento e a localização das associações étnicas teria como resultado uma estratégia mais adequada para estudar o nexo entre espaço urbano e intensidade da sociabilidade. No caso judaico, essa distinção é especialmente significativa: como já vimos, havia dois bairros de Buenos Aires com uma alta densidade de habitantes judeus, Once e Villa Crespo, mas o primeiro concentrou a maior parte da vida institucional. Por esse ponto de vista, a interação social judaica mais intensa durante a etapa estudada neste livro se dava ali.

No plano editorial, essa correspondência espacial teria características particulares. Em seu estudo do campo editorial francês contemporâneo, Pierre Bourdieu (2000c) estabelece uma correlação tendencial entre propriedade e acumulação de capitais (simbólico e econômico) e a situação geográfica das editoras: quão maiores os volumes e tipos de capitais, maior proximidade do centro de Paris e vice-versa (isso também é válido para selos situados no interior do país e no estrangeiro). Bourdieu sugere, portanto, a existência de uma relação entre centralidade no campo editorial e centralidade geográfica. Sem dúvida, esse caso é especial, já que o universo político e cultural francês tem em Paris e, em particular, em certas zonas dessa cidade, seu centro inequívoco de referência. Mas em que medida isso poderia se aplicar em nosso caso?

Ao situarmos o conjunto de livrarias, editoras e gráficas que publicavam e vendiam livros judaicos num mapa de Buenos Aires e dispormos numa mesma linha do tempo suas mudanças de endereço, confirmamos o já ressaltado: a cidade à qual nos referimos já não é o amplo e heterogêneo espaço urbano que temos em mente, mas uma zona muito mais delimitada — um bairro, Once, e pior, uma pequena porção dele.

MAPA 1 | Área de maior concentração de editoras, livrarias e gráficas judaicas na cidade de Buenos Aires (1910-1980)

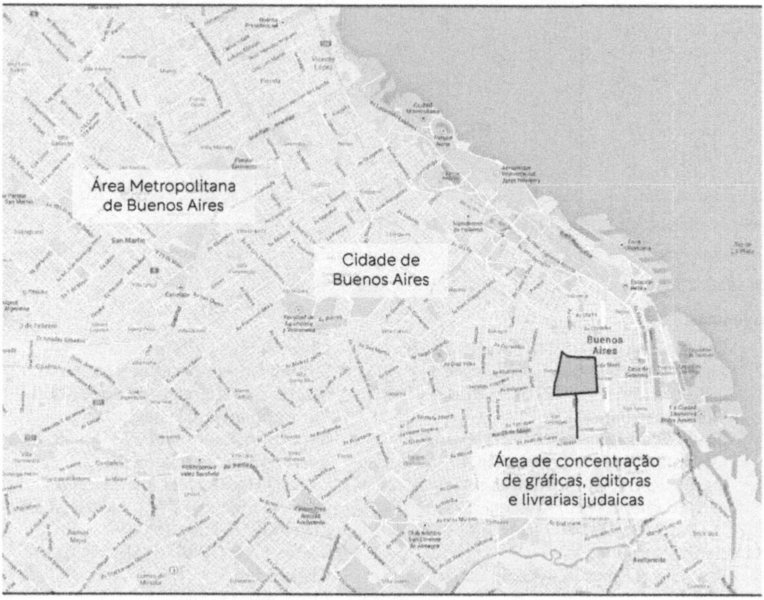

FONTE: Elaboração própria.

MAPA 2 | Detalhamento da área de maior concentração de livrarias, editoras e gráficas (1910-1980)

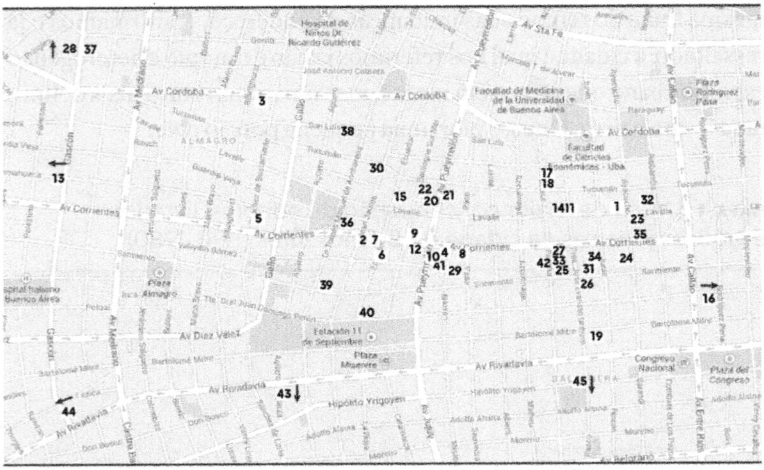

FONTE: Elaboração própria.

REFERÊNCIAS

LIVRARIAS:

1. Der Onfang (1910-1914): Lavalle, 2037;
2. Agência Norte-Americana Ravitch & Berenstein (1910-1920): Bermejo (atual Jean Jaurès), 467;
3. David Gorodisky (1910-1929): Avenida Córdoba, 3358, apartamento 4;
4. David Gorodisky (primeiros anos da década de 1930): Castelli, 395;
5. D. Gorodisky (1934-1940): Sánchez de Bustamante, 551;
6. Regalsky e Fain (1924-1925): Ecuador, 408;
7. G. Kaplansky (anos 1920): Bermejo/ Jean Jaurès, 467;
8. G. Kaplansky (anos 1920 e 1930): Avenida Corrientes, 2614;
9. G. Kaplansky (anos 1940 e 1950): Avenida Corrientes, 2883;
10. G. Kaplansky (anos 1960): Avenida Pueyrredón, 451;
11. Sigal (1926-fim dos anos 1920 ou começo dos anos 1930): Uriburu, 510;
12. Sigal (fim dos anos 1920 ou começo dos anos 1930-): Avenida Corrientes, 2854;
13. Librería ídish y castellano de Shmidt un Kunpenblat [Livraria iídiche e castelhano de Shmidt un Kunpenblat] e, em seguida, Shmidt un Eijenblat (1935-1945): Avenida Corrientes, 4836;
14. Librería Hebrea Milberg [Livraria Hebreia Milberg (1947-): Lavalle, 2223;
15. Idisch (1951): Ecuador, 637;
16. Carlos Hirsch (1947-1951): Florida, 165;
17. Amia, Mês do Livro Judaico (1947-1982): Pasteur, 633.

EDITORAS:

18. IWO/Musterverk: Pasteur, 633;
19. Farlag Idisch: Bartolomé Mitre, 2146;
20. Icuf: Avenida Pueyrredón, 652;
21. Dos Poylishe Idntum: Avenida Pueyrredón, 667;
22. Idbuj: Boulogne Sur Mer, 671-675;
23. Cultur Congres: Ayacucho, 483;
24. Kium: Ayacucho, 352;
25. Sociedade Hebraica Argentina: Sarmiento, 2233;
26. Israel: Sarmiento, 2198;
27. Candelabro: Pasteur, 341, 3° andar;
28. Acervo Cultural: Nicaragua, 4462.

GRÁFICAS QUE PUBLICARAM LIVROS EM IÍDICHE:

29. 29. Krasilovsky e Pertzovsky (1918-1938): Valentín Gómez, 2700;
30. Cultura de Muschkat e Zaslavsky (1931-1932): Tucumán, 3067;
31. Cultura de Muschkat e Zaslavsky (1934-1966): Sarmiento, 2157;
32. Talleres Gráficos A. J. Weiss [Gráficas A. J. Weiss] (1935): Riobamba, 562;
33. Heuman (1946-1954): Pasteur, 333;
34. Julio Kaufman (1936-1951): Junín, 344;
35. Julio Kaufman (1950-1979): Avenida Corrientes, 1976;
36. Poliglotn de M. Perzovsky (1938-1943): Avenida Corrientes, 3114;
37. Zlotopioro Hermanos (1948-1956): Gascón, 1231;
38. Zlotopioro Hermanos (1957-1975): San Luis, 3149;
39. Zlotopioro Hermanos (1975): Sarmiento, 3149;
40. Impresora Baires [Gráfica Baires] (1951-1953): Cangallo, 2981;
41. Talleres Gráficos Optimus SRL [Gráficas Optimus SRL] (1950-1967): Valentín Gómez, 2715-2719;
42. Graficon de N. Zielony (1951-1956): Pasteur, 356;
43. Graficon de N. Zielony (1959): Sánchez de Loria, 618;
44. Talleres Gráficos Kalifón SRL [Gráficas Kalifón SRL] (1954): Miró, 747;
45. Talleres Gráficos México [Gráficas México] (1955): México, 2230.

Da perspectiva econômica, algumas questões parecem evidentes. Uma livraria decide seu ponto em função da demanda potencial que esse entorno lhe provê. Isso explicaria tanto a localização inicial como a decisão acerca do novo ponto quando devem ou optam por se mudar. Quando passaram por essa situação, as livrarias judaicas escolheram fazê-lo dentro do mesmo raio geográfico. Este foi, por exemplo, o caso de Gregorio Kaplansky, que, em todas as suas mudanças, procurou sempre permanecer a não mais de duas quadras do cruzamento das avenidas Pueyrredón e Corrientes.

Algo similar ocorreu com as gráficas iídiches. O bairro do Once as aproximava de um mundo comercial, profissional e cultural judaico (instituições, redações de jornais, empresas, editoras etc.) ao qual ofertavam distintos serviços (desde livros até cartões pessoais e papéis timbrados). Quanto à impressão em castelhano, essa localização lhes permitia estar próximo do centro profissional e comercial da cidade. Mas, embora as editoras de língua iídiche dependessem da existência dessas gráficas especializadas, as editoras judaicas de língua castelhana, tal como assinalamos antes, não se viam condicionadas por essa oferta limitada e podiam recorrer a gráficas não judaicas, talvez mais econômicas, situadas em outros bairros da cidade. A Candelabro, por exemplo, alternou entre gráficas como a Zlotopioro e outras sem nenhuma ligação evidente com o elemento judaico, como a Macland SRL, com sede na Avenida Córdoba, 3965, no bairro de Palermo. Ou, por exemplo, a Editorial Israel, que optou pela prestigiosa Imprenta

López (da qual surgiu também a editora Nova), localizada na Perú, 666, no bairro de Monserrat. Isso revela que a língua funcionava como um limite não só cultural e social, mas também econômico e geográfico.

Não se pode desprezar a intensidade da interação social judaica no bairro do Once nem o valor simbólico de fincar raízes onde funcionava, além das principais instituições sociais, culturais e políticas judaicas, uma miríade de redações de publicações periódicas de diferentes dimensões. No caso das editoras iídiches, isso é muito evidente, porque a maioria pertencia a instituições situadas numa zona do bairro. Nas de língua castelhana, a consideração é outra, já que, à exceção da SHA, os selos mais importantes eram privados. Aqui volta a ganhar relevância o ativismo político e institucional dos incentivadores da Editorial Israel e da Candelabro: estabelecer-se próximo ao centro da vida institucional judaica implicava, além de tudo, reafirmar a incorporação dos selos às estruturas culturais e políticas judaicas. A localização da Acervo Cultural numa zona afastada do centro judaico confirma essa suposição. Abraham J. Weiss, dono do selo, instalou sua editora no mesmo estabelecimento de suas gráficas, que, não casualmente, que não imprimiam em iídiche fazia longo tempo; enquanto isso, seu ativismo institucional se concentrava unicamente na escola judaica integral Martin Buber, que estava, e segue estando, no mesmo bairro que a sede de sua empresa, Palermo.

A partir da convergência desses planos (históricos, sociais, políticos, econômicos e culturais), que expressam relações singulares entre o espaço urbano e a vida judaica, e seguindo Bourdieu em seu estudo do campo editorial francês, poderíamos propor como hipótese a existência de um tipo específico de capital que dotaria de um *plus* de sentido as instituições como resultado de sua identificação com o judaico. Em outras palavras, durante o período em que "o Once" foi o centro material e simbólico da vida comunitária judaica de Buenos Aires, instalar uma instituição no raio de certas quadras supunha reforçar seu caráter judaico. Estar ou não no bairro não parece ter sido inócuo nos modos de valorização de uma instituição como judaica.[15]

---

15 Esse ponto de análise poderia, por exemplo, nos ajudar a entender a ênfase mostrada, no início da década de 1930, pelos líderes da SHA na necessidade de adquirir um novo edifício dentro de um raio delimitado ao bairro Once, cuja localização definitiva foi na Sarmiento, 2233, e cujo prédio foi inaugurado oficialmente em outubro de 1943.

Assim como o mapa reproduzido mostra uma clara tendência à concentração espacial, que se vincula diretamente à centralidade desse bairro na vida comunitária judaica durante grande parte do século XX, é muito provável que, se transferíssemos essa análise aos principais centros da edição judaica no mundo, comprovaríamos que também seria possível "limitá-los" a alguns bairros específicos.

Um conjunto articulado de atores, espaços, interesses e relações possibilitou e definiu que o livro judaico fosse produzido e circulasse em Buenos Aires por boa parte do século XX. Essas instâncias adquirem uma dimensão nova quando situadas num mapa da cidade, possibilitando dar conta da concentração da vida cultural judaica num espaço demarcado e explicitamente delimitado e conjeturar sobre que incidência tinha essa espacialidade em certa valorização e reconhecimento do caráter judaico de um selo ou de uma livraria.

Tentamos demonstrar, com uma perspectiva inovadora, que a disponibilidade e o consumo de livros não eram resultado espontâneo ou evidente de um valor literário ou ideológico intrínseco das obras, mas que suas possibilidades, limites, alcance e, inclusive, a valorização em si eram, em grande medida, definidos por indivíduos, laços sociais e coordenadas urbanas. Assim como os editores, esse conjunto de mediadores contribuiu de maneira decisiva na recriação e modelagem da cultura judaica argentina. Dentre eles, um canal de promoção e venda, o Mês do Livro Judaico, merece uma análise pormenorizada.

I No original, "La tarde del viernes 10 de enero, el tío Petacovsky estaba, como siempre, sentado junto a sus libros, tomando mate. [...] A eso de las cinco y media, un grupo de jóvenes bien vestidos hizo irrupción en la acera del boliche, vitoreando a la patria. [...] Uno del grupo, que divisó el rostro amedrentado del tío Petacovsky, llamó la atención de todos sobre el boliche, y los mozos detuviéronse frente al escaparate.
—¡Libros maximalistas! —señaló a gritos el más próximo—. ¡Libros maximalistas!

II No original, "Si no fuera porque cuando paseas por Corrientes enloqueces libreros a granel, ¡uf!, judíos harapientos, dueños de los libros hermanos a la dicha".

7 A CULTURA JUDAICA PORTENHA DO PÓS-GUERRA SOB O PRISMA DO MÊS DO LIVRO JUDAICO (1947-1973)

Eram dias esperados, com tamanha quantidade de público que muitos precisavam ficar do lado de fora e esperar, na rua, para poder entrar. Era um dos atos mais transcendentes organizados pela AMIA.

GREGORIO FAINGUERSCH, *MIS RECUERDOS: 1940-1990* [MINHAS LEMBRANÇAS: 1940-1990][1]

Com essas palavras, Gregorio Fainguersch, presidente da Amia por dois períodos, descrevia o Mês do Livro Judaico. Essa recordação, que podia parecer agigantada pela nostalgia ou animada pela vontade de destacar sua gestão, se vê corroborada pelas notas jornalísticas da época e por todos os testemunhos que pudemos obter. O Mês do Livro Judaico foi, com efeito, o acontecimento central da vida cultural judaica de Buenos Aires por pouco mais de duas décadas.

Assim como os livros, enquanto objetos produzidos socialmente, oferecem uma via de acesso privilegiada para reconstruir as práticas, relações e representações dos atores envolvidos na cultura de um dado momento, as feiras de livros nos permitem ampliar essas indagações direcionando-as a outros planos do mundo social subjacentes à palavra impressa (Sorá, 2002). Esses eventos são configurações que objetivam o grau de desenvolvimento alcançado por um campo editorial num momento particular, o repertório de interesses e forças — econômicas, políticas e culturais — que estruturam tal campo (e, em certa medida, também o campo intelectual) e as orientações culturais dessa sociedade.

Nesse sentido, o Mês do Livro Judaico não é uma exceção: seu estudo nos permite nos aproximarmos desses aspectos da vida judaica de Buenos Aires. Mas também nos oferece a oportunidade de ir além e recapitular, a partir de um ponto de vista específico, uma série de transformações e tensões políticas, culturais e idiomáticas fundamentais na trajetória de uma comunidade de imigrantes rumo a uma de nativos argentinos, transformações essas implícitas ou manifestas nas iniciativas de recriação da cultura judaica no país.

Sem esgotar as múltiplas facetas que o Mês do Livro Judaico abre para a análise, neste capítulo, abordaremos três aspectos do evento que, respectivamente, põem em primeiro plano distintos fenômenos políticos, idiomáticos e culturais que marcaram o rumo da história judaica argentina do pós-guerra. Em primeiro lugar, situaremos a criação e os primeiros anos dessa feira dentro do cenário político e institucional judaico de Buenos Aires, com o objetivo de compreender as condições que possibilitaram a afirmação do Mês do Livro como o principal acontecimento cultural da agenda judaica anual, e as maneiras como as forças e disputas políticas modelaram sua orientação. Em segundo lugar, mediante a análise das estatísticas de vendas que figuram em seus catálogos anuais, identificaremos uma série de tendências e mudanças culturais e idiomáticas. Por fim, retomaremos a questão sobre o que é um "livro judaico", mas, dessa vez, a partir das controvérsias suscitadas em torno de que tipos de obras deviam ser incluídas na oferta do evento. Como se pode notar, os três problemas são formas de olhar com perspectivas diferentes para questões que já percorremos em distintos trechos deste livro.

O MÊS DO LIVRO JUDAICO E O PROCESSO DE CENTRALIZAÇÃO COMUNITÁRIO

Entre 1947 e o começo da década de 1990, o Departamento de Cultura da Amia organizou uma feira de livros de interesse judaico publicados em iídiche, hebraico, castelhano e, em menor medida, outras línguas. Esse evento anual durava um mês e acontecia entre os meses de agosto e novembro. Para cada ocasião, eram confeccionados de antemão catálogos, que logo eram distribuídos gratuitamente entre os participantes. A exposição e a venda funcionavam em horário noturno, normalmente das 20h às 22h, exceto às sextas-feiras, quando o espaço não abria as portas em respeito ao sabá, e aos domingos, quando o funcionamento se dava pela manhã. No momento de maior auge (1964), chegaram a ser vendidos mais de 23 mil livros.

Seu grande atrativo estava na ampla e variada oferta de títulos (em grande parte importados) a preços promocionais, assim como no programa de conferências e atividades culturais que a nutria. Aos escritores e intelectuais locais que habitualmente ofereciam conferências se somavam, em ocasiões, alguns dos convidados estrangeiros de renome que prestigiavam o acontecimento e o tornavam ainda mais atraente.[1] Com o tempo, a venda de livros foi complementada com a oferta de objetos artísticos e discos.[2] Em entrevistas individuais, o historiador Efraim Zadoff recorda que, quando adquiria livros ali, comprava entre cinco e dez por ano, enquanto o iidichista Avraham Novershtern afirma que todos os anos levava para casa entre 10 e 20 títulos em espanhol e em iídiche.

A organização de uma feira de exposição e venda de livros acompanhada por um programa de atividades culturais não foi uma criação da direção da Amia. A cidade contava já fazia tempo com experiências culturais desse

1 Entre outros, participaram os escritores israelense Aaron Appelfeld e Mordechai Zanin (1967), o Grande Rabino da comunidade romena Moses Rosen (1968), o recitador Herz Grossbart e o secretário cultural da Central Operária Israelense Berl Frymer (ambos em 1970).

2 Por volta de 1963, a Amia pôs à venda discos, quadros e esculturas de artistas judeus, que foram adicionados ao catálogo tradicional de livros. Ecoando essa expansão, a *Mundo Israelita* apontou: "Tudo isso faz com que o 'Mês do Livro Judaico', através de sua exposição, se torne [o] 'Mês do Livro e das Artes'" (*Mundo Israelita*, 14 ago. 1963).

tipo que, possivelmente, lhe tenham servido de inspiração. Por exemplo, em setembro de 1928, ocorreu, no Teatro Cervantes, a Primeira Exposição Nacional do Livro, promovida pelo então presidente Marcelo T. de Alvear. Quatro anos depois foi realizada a Primeira Feira do Livro Argentino na Praça Congresso, com o concurso de distintas editoras locais, entre elas a SHA e o selo de Samuel Glusberg. Em 1943, a Câmara Argentina do Livro — sociedade conhecida por esse nome desde dois anos antes, mas fundada em 1938 — organizou uma feira que se expandiu por pouco mais de um mês na Avenida 9 de Julio, entre as Calles Cangallo (atual Perón) e Bartolomé Mitre, que, tal qual a anterior, se apresentou com "a primeira".

A comunidade judaica também contava com precedentes. As primeiras atividades culturais referentes ao livro se deveram sobretudo à necessidade das bibliotecas de arrecadar fundos para a compra de material e à promoção e à exibição de títulos entre seus sócios. Por exemplo, a Biblioteca Popular do Centro Cultural Juventude Israelita de La Boca e Barracas organizou, em 1922, a Semana do Livro, que, de acordo com seus próprios registros (Almanaque 1911-1931, no arquivo da Fundação IWO), foi "todo um acontecimento".

Em 1931, a SHA fez o mesmo com a Festa do Livro, uma jornada de atividades culturais destinada a difundir a biblioteca entre seus sócios. Igual nome e idêntico fim tinha o evento organizado em 1934 pela Sociedade Israelita Enrique Heine, instituição social e cultural judaica de esquerda. Essa associação, junto a outra entidade similar e sob o novo nome de Clube Israelita Argentino Biblioteca Enrique Heine, organizou, em 1940 e provavelmente durante alguns anos mais, um programa de atividades culturais chamado Mês do Livro, cujo objetivo primordial era arrecadar dinheiro para comprar novas obras. Em 1938, desligada dos propósitos financeiros e de promoção das bibliotecas, foi realizada a Primeira Exposição do Livro e da Imprensa Judaicos da Argentina, organizada por Salomón Resnick e pelo escritor Meilej Ravitch.

Ainda assim, como demonstra a carta que o intelectual e ativista Moisés Senderey (7 maio 1947), principal incentivador do Mês do Livro Judaico, enviou a Máximo Yagupsky durante os preparativos da primeira edição, a organização distava de ser uma ideia compartilhada por todos:

> Equivoca-se [o senhor] quando diz que o mês do livro me dá uma dor de cabeça; oxalá não fossem mais que cinco, que assim daria tudo certo. Deve-se construir do nada e no vazio... Mas não darei o braço a torcer e espero poder organizar essa feira do livro, primeiro degrau para um trabalho fundamental que aspira a devolver a nossos compatriotas as características de legítimos descendentes do povo do livro, traços estes que faz um tempo começaram a se esfumaçar.[11]

Os organizadores do evento também encontraram inspiração na experiência judaica estadunidense, cujo pontapé inicial se deu em 1924, quando uma das filiais da Biblioteca Pública de Boston organizou uma exibição chamada Semana do Livro Judaico. A ideia se propagou velozmente por distintas comunidades judaicas dos Estados Unidos. O êxito alcançado, somado ao paulatino incremento de atividades que a nutriam, fizeram com que, em 1943, se ampliasse a um mês e passasse a se denominar, desde então e até hoje, Mês do Livro Judaico. Na sequência, essa atividade se desenvolveu (e se desenvolve) todos os anos nas cidades mais importantes do país que contavam com uma comunidade judaica de certo peso. O Mês do Livro Judaico dos Estados Unidos foi, e ainda hoje o é, patrocinado pelo Conselho do Livro Judaico, organização que nasceu precisamente com a gestação dessas exposições.

O relatório sobre a Argentina do *American Jewish Year Book* correspondente a 1948-1949 confirma o vínculo entre a iniciativa estadunidense e a local: "A celebração foi delineada a partir da dos Estados Unidos e, em grande medida, o Conselho Nacional de Bem-Estar Judaico e a Organização Central de Cultura Judaica de Nova York foram responsáveis por seu sucesso na Argentina" (*American Jewish Year Book*, 1948-1949, v. 50, p. 275-276). Porém, enquanto, nos Estados Unidos, a exposição se consolidou e se expandiu por toda a extensão do descentralizado mapa geográfico e institucional judaico desse país, pelas mãos de uma organização cultural sem fins lucrativos dedicada fundamentalmente ao "livro judaico", seu homólogo argentino foi assumido pela Amia como uma de suas tarefas culturais de maior importância. Essa "importação" para um contexto cultural e político com características muito distintas lhe proporcionou significados e funções específicas, não coincidentes com as de seu ambiente originário.

A paulatina centralização da vida judaica de Buenos Aires em torno à Jevrá Kadishá Ashkenazi tem, no período de 1941 a 1949, um momento particular de significação. Como já ressaltamos, em 1941, muda o nome para Amia e adequa seu regulamento ao marco legal argentino para, assim, incluir o conjunto de atividades que ao longo dos anos havia somado sob sua responsabilidade. Além da função inicial de prover sepultura a seus membros, administrava um importante fundo de caridade, que distribuía entre várias entidades comunitárias e subsidiava as escolas judaicas da cidade de Buenos Aires por meio de um conselho educacional. Oito anos depois, em 1949, a Amia foi organizada oficialmente como Kehilá Ashkenazi (Centro Comunitário Asquenaze) de Buenos Aires. Isso significava que, à semelhança do modelo de organização da Europa Oriental, passava a ser o centro aglutinante e regente da vida dos judeus portenhos. Para isso, propunha-se, entre outras coisas, a estender as funções que já cumpria e ampliar o âmbito de suas tarefas religiosas e culturais.

Enquanto a vida nacional judaica teve na Amia seu centro diretor, o controle dessa instituição — e, por conseguinte, o da comunidade — se transformou no objetivo primordial das distintas correntes e partidos políticos judaicos locais. A Amia se regia por um sistema eleitoral de lista única que foi reformado em 1954 para permitir a representação proporcional das listas. Chegar à gestão da Amia supunha, fundamentalmente, incidir na orientação da distribuição de fundos e influenciar na definição político-cultural comunitária dos judeus por meio do programa mínimo que se exigia às escolas complementares judaicas que aderiam a essa instituição e do incentivo a certas atividades culturais. Durante esse período, ademais, produziu-se a disputa política que derivou na expulsão dos "progressistas" não sionistas — ou seja, da ala da comunidade que era afim ao Partido Comunista — do conselho educacional da Amia e da Daia.

Portanto, um dos modos de abordar o Mês do Livro Judaico é estudá-lo à luz tanto da gradual centralização da vida judaica de Buenos Aires, organizada em torno da Amia, quanto do crescente controle sionista dessa instituição. Entre 1947 e 1948, anos em que se realizaram o primeiro e segundo Mês do Livro Judaico, a associação mutual estava nas mãos da esquerda não sionista bundista e comunista. Definimo-la como "não sionista" porque, nesse momento, o antissionismo da fração comunista da comunidade judaica se via mitigado (i) pelas posições assumidas pela

União Soviética favoráveis ao Estado de Israel por um breve lapso de tempo, no momento inicial de sua existência, e (ii) pela convicção de que a Palestina era um lugar possível para o assentamento dos refugiados de guerra. Se observamos as organizações estadunidenses que, de acordo com o relatório do AJC, contribuíram para a organização da exposição em 1948, se infere um vínculo fundado mais sobre as relações culturais iídiches que sobre uma conexão ideológico-partidária. Embora desconheçamos as razões pelas quais, em 1949, não se realizou a exposição, o certo é que, no ano seguinte, uma nova mostra se concretizou, nesse momento sob a condução sionista, que se sustentou e consolidou com o passar dos anos.

Por conseguinte, o desenvolvimento e as funções do Mês do Livro Judaico — enquanto evento organizado pela Amia — devem ser lidos em correspondência com o duplo processo comunitário de centralização institucional e de expansão e consolidação do sionismo. Inclusive, se outras instituições judaicas, como o IWO e o Cultur Congres, podiam participar ativamente na mostra, a Amia conservava o controle do evento: definia o lema sob o qual se realizava, delineava o programa cultural, utilizava suas instalações para a exposição e para as atividades centrais, contribuía com verba e ampliava a atividade em direção ao interior do país, organizando mostras em diversas cidades.[3]

Os descontos na compra de livros também podem ser interpretados como parte dessa vontade centralizadora. De 1952 em diante, implementou-se um atrativo desconto de 25%, que se ampliou a 50% para os livros publicados no país entre 1957 e 1963, embora esse período talvez tenha sido mais extenso. O ônus dessa redução de preços era assumido pela Amia mediante um subsídio.[4] Promoções desse tipo eram muito tentadoras, tanto para os leitores como para os editores, que tinham nesse evento um canal de venda excepcional, já que podiam oferecer um grande volume de obras.

---

[3] Em 1957, a direção da Amia, para alcançar um número maior de leitores, decidiu apoiar a organização de exposições semelhantes em Rosário, Córdoba, Moisés Ville e Basavilbaso (*Mundo Israelita*, 27 jul. 1957). Os sefarditas, apoiados pela Amia, organizaram sua própria exposição no final da década de 1960.

[4] Segundo Raúl Novick, secretário de Cultura da instituição em 1957, essa política tinha como finalidade tornar o preço dos livros acessível ao maior número possível de leitores (*Mundo Israelita*, 31 ago. 1957).

A ideologia sionista, que tentava conseguir influência em diversos âmbitos da comunidade, incentivava o ativismo judaico comunitário e a expansão das atividades da Amia. Em termos culturais, o Mês do Livro foi a expressão mais concreta dessa corrente, tanto de maneira explícita como por obra de silêncios e ausências. Assim, por exemplo, na substancial ampliação do catálogo, era notável a persistente ausência de publicações da esquerda não sionista (ou, a depender do período, antissionista) do Icuf. Embora, entre 1946 e 1967, esse selo tenha publicado ao menos 43 livros em iídiche e, em 1960, quatro obras em castelhano, seu nome não figurou entre as editoras participantes. Autores como Sholem Aleijem ou Miguel de Cervantes e Howard Fast, traduzidos ao iídiche e publicados pelo Icuf, tiveram o mesmo destino que as obras abertamente ideológicas. Desse modo, em 1953, a exclusão das instituições comunitárias antes mencionadas teve seu correlato no Mês do Livro. Esse fenômeno também se observa nos critérios de classificação de livros em castelhano: por exemplo, o catálogo de 1972 os organiza nas categorias "Literatura de ficção", "História e ensaios", e "Sionismo e Israel". O mesmo se aprecia nos lemas anuais da feira. Assim, o de 1967 era "LXX aniversário da celebração do Primeiro Congresso Sionista Mundial", e o do ano seguinte, "LXXV anos da existência da Kehilá e XX anos da existência do Estado de Israel".

Outro exemplo que mostra essa posição são os atos de abertura de cada evento, que respeitavam a mesma sequência: o secretário do Departamento de Cultura da Amia pronunciava umas palavras formais e era seguido por um discurso do secretário, do vice-presidente ou do presidente dessa instituição; logo, dependendo do ano, falava um representante da delegação diplomática israelita ou um orador de destaque. Por último, o ato era encerrado com uma apresentação musical. A presença de um representante diplomático israelita, em geral o embaixador, algo feito frequentemente desde 1952, não deixa dúvidas acerca da marca sionista que se imprimiu ao evento.

O MÊS DO LIVRO JUDAICO E A DINÂMICA SOCIAL DAS LÍNGUAS

Em 1947, a *Mundo Israelita* informava com satisfação a realização do primeiro Mês do Livro Judaico. Seus editores viam nessa atividade um princípio de solução para as preocupações que vinham expressando fazia tempo: os efeitos culturais do deslocamento idiomático para o castelhano e a dificuldade de alcançar e interessar o sempre esquivo público jovem. Numa coluna de 23 de agosto desse ano, pode-se ler:

> Trata-se é de chegar ao leitor, e, para conseguir essa finalidade, deve-se pôr ao seu alcance o meio de comunicação mais direto. Em nosso caso, é de particular importância incentivar o livro em castelhano, porque é a língua em que se expressa a juventude. Antes que no idioma tradicional ou no [iídiche], há que interessá-la nas questões judaicas. Por aí é por onde será possível fazê-la retornar às fontes originais. É gratificante registrar que a Comunidade o tenha compreendido cabalmente.[III]

Como foi abordado, os catálogos contavam com informação estatística que detalhava as vendas e o número de visitas do ano anterior. De 1952 em diante, incluem o número de compradores e, a partir de 1953, o de visitantes. No ano seguinte, incorporam-se os montantes em pesos totais das vendas e o número total de livros vendidos de acordo com quatro categorias: religiosos, em hebraico, em iídiche e em castelhano. A análise dessa informação nos permite observar uma série de tendências gerais do período 1952-1973.

Os dados indicam que a quantidade de livros oferecidos ao público entre 1963 e 1973 (primeiro e último ano em que o catálogo a registra) cresceu de maneira constante, ainda que com algumas oscilações. Em 1963, foram oferecidos 2.710 títulos e, em 1973, um total de 4.572. Se dividirmos essa informação por categorias, observamos que até 1969 os títulos em iídiche e em hebraico ocupam respectivamente o primeiro e segundo lugar. A partir do início dos anos 1970, essa relação tende a se inverter, e o hebraico passa a ocupar o primeiro lugar.

TABELA 1 | Títulos oferecidos por ano, divididos por categoria

	CATEGORIAS/QUANTIDADE				
ANO	RELIGIOSOS	HEBRAICO	IÍDICHE	CASTELHANO	TOTAL
1963	225	950	1.070	465	2.710
1964	270	1.020	1.120	480	2.890
1965	256	889	876	343	2.364
1966	231	805	1.259	427	2.722
1967	288	814	1.324	514	2.940
1968	391	1.321	1.444	733	3.889
1969	497	1.476	1.733	795	4.501
1970	642	1.798	1.472	823	4.735
1971	487	1.361	1.543	785	4.176
1972	517	1.315	1.268	906	4.006
1973	625	1.476	1.412	1.059	4.572

FONTE: Elaboração própria baseada nos catálogos do Mês do Livro Judaico.

As mudanças no volume e na composição da oferta não foram um mero reflexo da lógica do mercado. Assim como o interesse comercial de editores e instituições por vender seus títulos durante esse evento não pode estar ausente da análise, tampouco devemos nos esquivar das políticas empreendidas pela Amia, cuja orientação ideológica e cuja força institucional se percebem, explicitamente, no caso da língua hebraica. Dado que Buenos Aires desenvolveu, nas três décadas posteriores à Segunda Guerra Mundial, uma importante produção editorial em iídiche e em castelhano, mas não em hebraico, o incremento de títulos nessa língua supõe um aumento no número — e, sem dúvida, também no volume — de títulos importados, cuja entrada no país era, ao menos em parte, dirigida pelos próprios organizadores da feira.

Desse modo, a sustentação e, a partir de 1968, o incremento de obras foram resultado da ação política e cultural da direção sionista da Amia em favor da afirmação do hebraico como língua nacional judaica e da nova cultura israelita.[5] Tal qual a rede escolar judaica, o livro foi concebido como um meio de difusão do hebraico. De fato, é muito provável que, em sua maioria, os livros tenham sido importados para satisfazer a demanda escolar.[6] Entretanto, o fortalecimento da oferta em hebraico não significou que a Amia descuidasse do repertório de obras em iídiche; isto é, não deixou de importar livros nessa língua nem de subsidiar sua venda. Além da vocação política de sua direção, não se podia desconhecer que um setor importante, se não majoritário, dos sócios da instituição e, mais ainda, da própria direção era composto de falantes de iídiche.

Por último, faz-se relevante observar a relação entre o aumento da oferta de títulos em castelhano (128%) e a produção local das editoras de temática judaica nessa língua durante tal período. Enquanto, entre 1963 e 1973, a oferta de títulos do Mês do Livro aumentou em 594, as principais instituições e selos que estudamos no capítulo 4 publicaram um total de 173 obras novas. Ainda que isso acontecesse porque as estatísticas da Amia consideravam como livros alguns livretos, o que, portanto, escapa ao nosso levantamento da produção editorial local, o hiato não deixa de ser grande. Isso significa que, em sua maioria, os títulos que possibilitaram tal crescimento provieram de selos não especializados na temática judaica,

---

5 O fundamento ideológico de promover o livro em hebraico é verificado no salto acentuado produzido no número de títulos oferecidos nessa língua entre 1967 e 1968. É difícil não ver nesse aumento o resultado da euforia que se produziu entre as linhas sionistas à vitória de Israel na Guerra dos Seis Dias de 1967, na qual se impôs diante de quatro inimigos regionais, ocupou e recuperou diferentes áreas próximas, inclusive Jerusalém Oriental. Por outro lado, a literatura hebraica, que relatava e glorificava a proeza após a construção do novo Estado, era praticamente um gênero em si, altamente valorizado pelos empreendedores culturais sionistas argentinos.

6 A importação de quantidades significativas de livros de Israel foi possível graças aos rápidos acordos comerciais assinados por ambos os países no início da década de 1950. Assim, os livros estavam entre as primeiras licenças de importação de produtos israelenses, que também incluíam laranjas, toranjas, próteses odontológicas, polpas de frutas, diamantes para a indústria da vidraçaria, produtos médicos e químicos e instrumentos cirúrgicos. No nível comercial, o trabalho diplomático israelense favoreceu a disseminação da literatura hebraica. No início de abril de 1953, a delegação desse país e o Instituto Cultural Argentino-Israelense organizaram uma exposição de 700 livros em hebraico, que incluía obras de literatura, poesia, filosofia, ciência, religião, títulos juvenis, dicionários, traduções e Bíblias ("First Exhibition of Hebrew Books Opens in Buenos Aires" [Primeira exposição de livros hebraicos inaugura em Buenos Aires], Agência Telegráfica Judaica, 9 abr. 1953).

que — de forma ou regular, como a Paidós, com uma coleção, ou esporádica, como a Nueva Visión — publicaram obras que os organizadores do evento passaram a considerar como livros judaicos. Tampouco devemos esquecer que, como veremos mais adiante, a literatura em castelhano oferecia um território menos evidente que a em hebraico ou em iídiche, em que o caráter judaico de um texto estava dado de antemão por ter sido escrito numa dessas línguas. Portanto, parte da ampliação da oferta foi realizada sobre a base de livros cujo caráter judaico nem sempre era inequívoco.

Retomemos nossa análise estatística. Durante o Mês do Livro de 1952, foram vendidos 1.083 exemplares (que inclui todas as categorias). Doze anos depois, as vendas chegaram à cota máxima, com 23.427. À exceção de 1966, quando houve uma queda, as cifras se mantiveram altas até 1969. De 1970 adiante começa uma diminuição, que, em 1972, chega a pouco mais da metade da cifra alcançada em 1964. Os gráficos a seguir mostram esses dados compilados. O primeiro ilustra as vendas em unidades, e o segundo apresenta essa informação em termos percentuais, com o objetivo de facilitar a leitura das variações na composição da demanda.[7]

GRÁFICO 1 | Número de volumes vendidos por ano divididos por tipo

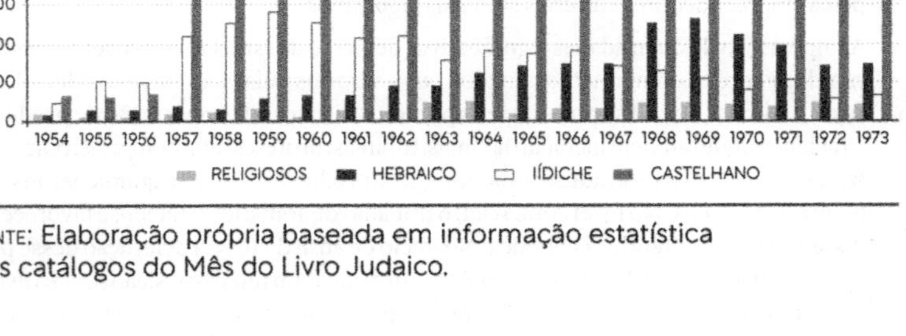

FONTE: Elaboração própria baseada em informação estatística dos catálogos do Mês do Livro Judaico.

[7] Para facilitar a leitura, arredondamos as porcentagens; portanto, em alguns anos, a soma total dá um valor inferior a 100%.

GRÁFICO 2 | Vendas anuais de livros em termos percentuais distribuídos por tipo

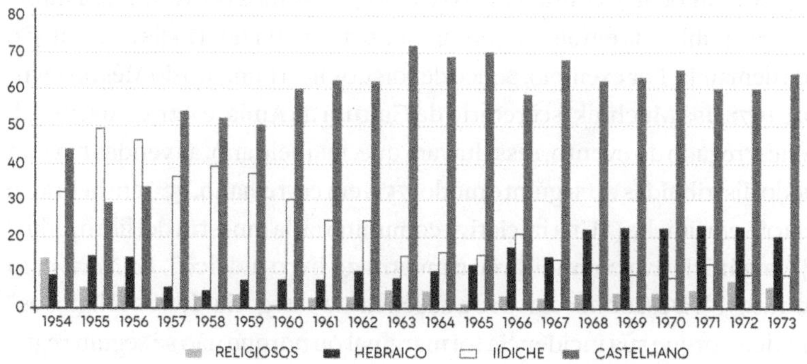

FONTE: Elaboração própria baseada em informação estatística dos catálogos do Mês do Livro Judaico.

Os gráficos revelam que o momento do apogeu ocorreu entre 1961 e 1970 e que, exceto durante dois anos (1955 e 1956), o principal motor das vendas foi o castelhano. Por sua vez, esses dados reconfirmam que a progressão da demanda de títulos em iídiche e hebraico apresenta processos inversos: enquanto o primeiro decaiu, o segundo aumentou com os anos. Embora essas tendências se correspondam com processos gerais da vida judaica de Buenos Aires, o funcionamento da feira teria produzido efeitos específicos. O salto na venda em número absoluto de obras em castelhano e iídiche em 1957, que deixa o hebraico para trás, se deu, em parte, porque, desde esse ano, esteve vigente o desconto de 50% para os textos em castelhano e grande parte dos em iídiche; como já relatamos, os livros importados contavam com descontos de apenas 25%. Logo, as mudanças na demanda responderam a condições específicas da dinâmica do evento.

Assim, mesmo com os subsídios para a compra de obras editadas no país, a presença do iídiche foi diminuindo em termos tanto reais como relativos. Pelo contrário, no caso do hebraico, apesar de provir, na maior parte, do exterior, sua incidência no conjunto aumentou até estagnar numa quota pouco superior a 20% por volta dos últimos anos da década de 1960 e do começo da seguinte. Com relação ao livro religioso, comprovamos que sua demanda se manteve em torno de 4%, o que, em cifras absolutas, significa uma tendência a um leve aumento.

Apesar de não contar com os catálogos de anos posteriores, a informação publicada em alguns jornais nos permite ter uma ideia da evolução da demanda. Por exemplo, pouco depois do encerramento do Mês do Livro de 1978, Isa Muchnik, secretário de Cultura da Amia, e Azriel Aisenstad, encarregado do evento, ressaltavam que, naquele ano, as vendas haviam sido distribuídas do seguinte modo: 75% em castelhano, 15% em hebraico e 10% em iídiche ("Una iniciativa comunitaria: la muestra del libro judío" [Uma iniciativa comunitária: a mostra do livro judaico], *La Nación*, 19 out.1978). Desconhecemos se a ausência da categoria "livros religiosos" se deu porque sua incidência foi marginal ou porque não se seguiu registrando como um tipo à parte.

Como vemos, durante esses anos, aumentou a força do castelhano, diminuiu a do hebraico, e o ídiche se manteve na mesma média desde 1969. O aumento na venda de livros em hebraico, que começa a ser registrada em torno de 1965, a priori demonstraria que as políticas educacionais e de importação do sionismo argentino foram eficazes. Em contrapartida, a baixa no consumo de livros nessa língua perto do fim dos anos 1970, ainda que se possa atribuí-la a distintos fatores cuja análise exigiria mais informação, parece indicar, ao menos como hipótese, a dificuldade de arraigar e difundir o hebraico como língua de leitura. As estatísticas funcionam aqui como índices experimentais para formular hipóteses sobre quais foram os limites da ação política que aspirava a implantar esse idioma que carecia de uma raiz histórica no passado próximo, como teve o iídiche, e não encontrou ressonância ou usos na vida cotidiana dos judeus.

A míngua no total de volumes vendidos se manifestou a partir de 1971 e coincidiu com a forte retração na produção das principais editoras judaicas em castelhano, que examinamos por volta do final do capítulo 4. A instabilidade econômica pareceria explicar a queda geral da demanda de livros judaicos em castelhano, isto é, tanto dentro como fora da feira. Em qualquer dos casos, é provável que essa razão se tenha conjugado ou potencializado com a progressiva mudança de interesses dos leitores e inclusive com mudanças na organização do evento.

MAS O QUE É UM LIVRO JUDAICO?

Durante os anos em que esse evento foi realizado, não pareceu existir uma única resposta à pergunta sobre o que é um livro judaico. Assim como, em certos momentos, as diferentes opiniões a esse respeito surgiram sem entrar em conflito aberto, houve outros em que colidiram; inclusive — felizmente para este estudo — vazaram para a imprensa comunitária. A princípio, os títulos em hebraico ou em iídiche não geravam controvérsia, visto que a língua se antepunha como marca que atribuía o caráter judaico ao livro. O conflito se produzia quanto aos textos em castelhano.

Até o começo da década de 1960, os comentários da *Mundo Israelita* acerca do Mês do Livro Judaico eram invariavelmente elogiosos. O semanário repetia com frequência que o evento contribuía para manter os jovens próximo às raízes judaicas e que funcionava como uma espécie de barreira contra a assimilação. Mas, perto de 1963, essa certeza começou a apresentar algumas fissuras. As críticas começaram a apontar não tanto para a eficácia social e cultural da feira, mas para o fato de que, dentro da oferta de obras em castelhano, começavam a irromper livros cuja pertinência era duvidosa, ou seja, cujo "caráter judaico", do ponto de vista da *Mundo Israelita*, não estava muito explícito.

> Na parte dos livros em castelhano, poderia ser feita uma objeção: nem sempre é feliz o critério da seleção dos livros. A presença de alguns não se justifica ou, em todo caso, se justifica menos que a ausência de outros que foram publicados no país e que versam sobre temas e problemas judaicos. Em todo caso, pode-se passar por alto essa falha, que não deveria voltar a se repetir; a responsabilidade por ela não recai diretamente sobre as autoridades da Amia ("O 'Mes del Libro Judío'" [O "Mês do Livro Judaico"], *Mundo Israelita*, 14 set. 1963).[IV]

Diferentemente do que ocorria no restante do espaço do livro judaico em castelhano, formado por editoras e livrarias, no Mês do Livro existia uma autoridade que, dentro de certas margens, tinha o poder para definir os limites que demarcavam quais obras seriam acomodadas nas mesas e prateleiras e gozariam do subsídio institucional e quais ficariam excluídas. Como se lê na citação anterior, o redator da nota evitava descarregar sua crítica sobre as autoridades da Amia. Na mira estavam tanto os funcionários responsáveis pela organização do evento como, em especial, as empresas editoriais que procuravam vender seus títulos e se beneficiar com os subsídios.[8]

Avraham Novershtern recorda com clareza essas polêmicas e introduz um dos fatores que incidiam na construção da definição:

> Sim, houve um debate muito extenso nos anos 1960, quando, um ano, começaram a vender muitos livros em castelhano de autores judeus, mas livros que não tinham nada a ver com temas judaicos. Entre eles, acredito, havia muitos livros de pedagogia e psicologia da editora Paidós, [...] como sabemos, seu dono era judeu. O debate se centrava sobre o problema de se a Amia devia subsidiar a venda de livros que não tinham nenhuma temática judaica.[V]

A menção à Paidós introduz os selos como variável entre os critérios escolhidos pelos organizadores do Mês do Livro Judaico para definir a pertinência de um livro. Embora seja provável que, em alguns casos, a origem judaica do editor e, em especial, o vínculo que este pudesse manter com a vida institucional judaica tenham tido alguma incidência na escolha das obras que integrariam o catálogo do Mês, é difícil pensar que esses critérios funcionassem como argumentos decisivos no momento de avaliar os títulos de um selo. Havia muitos editores de origem judaica em Buenos Aires que podiam ter algum contato com a vida institucional e cujos livros não figuravam nos catálogos da feira. O certo é que a Paidós ganhou atenção especial mais pela publicação das coleções sobre temática judaica que analisamos no capítulo 4 do que por um de seus editores, Jaime Bernstein, ter mantido proximidade com a comunidade, especialmente por intermédio do seu irmão León. Portanto, é mais factível considerar que, sobretudo, essas coleções — e, enfim, também a identidade e as relações pessoais e institucionais dos diretores da editora — possibilitaram que a

---

8 O iidichista e atual diretor do IWO, Abraham Lichtembaum, enfatiza esse aspecto. De fato, ele ressalta que o mecanismo de subsídios deixou uma margem para que as livrarias e editoras aproveitassem a ocasião e obtivessem maiores benefícios. Lichtembaum estima que é provável que isso tenha gerado um grande interesse em colocar títulos nas mesas da feira, forçando um pouco os critérios de seleção (entrevista oral, 22 set. 2009).

Paidós introduzisse no repertório da feira outras obras em que o aspecto judaico soava mais difuso.

Com relação à presença de editoras "não judaicas", poderíamos estabelecer como hipótese que, além das razões mencionadas, as escolhas responderam a certo pragmatismo em muitos casos. Se a feira procurava ter um relativo sucesso, devia oferecer um número suficiente de livros para atrair a atenção do público, e, se o castelhano era a principal língua demandada pelos participantes, era preciso encher as mesas com obras nesse idioma, aspiração difícil de cumprir incluindo somente as editoras judaicas. Assim, é possível pensar que a incorporação de obras de duvidosa identificação judaica também tenha se dado em parte graças a essa necessidade.

Entrevistado em outubro de 2009, o iidichista Itzjok Niborski, que trabalhou na seção de cultura do Mês do Livro Judaico entre 1966 e 1976, ressaltou outro aspecto que torna o quadro ainda mais complexo:

> O que acontece é que, numa instituição comunitária, era difícil rejeitar o livro de um membro sob pretexto [de] que seu conteúdo não era tão judaico como seu autor. Também estava o fato de que um mesmo autor num romance tratava de coisas judaicas e em outro não. O segundo devia ser excluído? Se me lembro bem, essa controvérsia, quando levada a sério, encobria alguma polêmica de ordem política.[VI]

Como impor um limite taxativo quando o que podia estar em jogo era o vínculo pessoal e institucional? Essa questão deixa à mostra a tensão entre, por um lado, o funcionamento de um evento incentivado e financiado pela maior instituição judaica da Argentina, que, na prática cotidiana, procurava abarcar e conter a maior parte dos judeus de Buenos Aires (com exceção daqueles considerados antissionistas), e, por outro lado, a vontade de seus organizadores de delimitar o significado de "ser judaico". Problema espinhoso quando se enfrentavam escritores que podiam alternar entre tematizar o judaico e não o fazer. A importância atribuída ao critério de autor não era uma questão puramente abstrata que pudesse ser resolvida em termos lógicos; ao contrário, era uma questão complexa à qual, certas vezes, se sobrepunham aspectos sociais e afetivos que não podiam ser simplesmente subestimados.

A indicação de Niborski de que as diferenças dos critérios se tornavam realmente sérias quando se vislumbravam discordâncias políticas remete a dois fenômenos. Por um lado, destaca o já mencionado fato da hegemonia política e cultural sionista nas instituições centrais. É provável que a adesão de um autor judeu argentino ao comunismo — posição que o sionismo interpretava implacavelmente como antissionista —, no mínimo, pusesse em dúvida sua inclusão nas prateleiras ou nas mesas do Mês. Nesse sentido, a mencionada ausência do Icuf se torna mais que eloquente. Por outro lado, leva-nos à questão mais geral no que se refere ao estreito vínculo entre política e cultura na vida pública judaica. No âmbito institucional comunitário, as lutas de poder pelos recursos simbólicos e materiais implicavam, entre outras coisas, concepções culturais sobre a história judaica das línguas, os graus de abertura e integração do judaísmo em sociedades não judaicas. Cada postura política englobava uma posição cultural e vice-versa.

As sucessivas autoridades da Amia que promoveram e respaldaram a organização do Mês do Livro Judaico o consideraram uma estratégia para recriar a identidade cultural judaica dentro de uma comunidade que, ano a ano, se integrava mais a diferentes correntes da cultura argentina. Cientes da assimetria de forças entre a Amia e o poder institucional e simbólico do Estado, e sem pretensões de negar ou se opor ao contexto cultural nacional argentino, esses atores assumiram que era possível sustentar no tempo uma identidade diferenciada somente com a condição de manter a decisão firme de criar, promover e financiar um espaço para afirmar ideias, valores e práticas que primassem pelo judaico — num sentido amplo, ainda que custodiado pelo sionismo. Certamente, isso não significa que a maioria das editoras participantes e do público tenha compartilhado o objetivo de recriação da cultura judaica que guiava os organizadores. O interesse comercial tinha um peso indisfarçável.

Os livros e as atividades do Mês foram, ao menos durante as décadas aqui estudadas, instâncias cruciais para consolidar uma visão hegemônica sobre o judaísmo, própria do sionismo predominante na Amia, ainda que isso não tenha implicado reduzir sua oferta editorial. Gêneros e temas muito diversos conviviam com os limites explícitos de obras, autores e editoras opostas ao sionismo ou mesmo da instável definição de livro judaico.

I No original, “Eran días esperados, con tanta cantidad de público que muchos debían quedar fuera y esperar, en la calle, para poder entrar. Era uno de los actos más trascendentes que organizaba Amia”.

II No original, “Se equivoca [usted] cuando dice que el mes del libro me da un dolor de cabeza; ojalá no fueran más de cinco, que en esta suma transaría gustoso. Hay que construir de la nada y en el vacío... Pero no daré el brazo a torcer y espero poder organizar esta feria del libro, primer peldaño para una labor fundamental que aspira a devolver a nuestra paisanada las características de legítimos descendientes del pueblo del libro, rasgos estos que hace rato comenzaron a esfumarse”.

III No original, “De lo que se trata es de llegar al lector, y para lograr esta finalidad hay que poner a su alcance el medio de comunicación más directo. En nuestro caso, es de particular importancia dar impulso al libro en castellano, porque es la lengua en que se expresa la juventud. Antes que en el idioma tradicional o en el [ídish], hay que interesarla en las cuestiones judías. Por ahí es por donde se la podrá hacer retornar a las fuentes originales. Es grato consignar que la Comunidad lo ha comprendido cabalmente”.

IV No original, “En la parte de los libros en castellano se podría hacer una objeción: no siempre es feliz el criterio de la selección de los libros. La presencia de algunos no se justifica, o, en todo caso, se justifica menos que la ausencia de otros que se han publicado en el país y que versan sobre temas y problemas judíos. En todo caso se puede pasar por alto esta falla que debiera no volver a repetirse; la responsabilidad por ella no recae directamente sobre las autoridades de la Amia”.

V No original, “Sí, hubo un debate muy extenso en los años sesenta, cuando un año empezaron a vender muchos libros en castellano de autores judíos, pero libros que no tenían nada que ver con temas judíos. Entre ellos, creo, había muchos libros de pedagogía y psicología de la editorial Paidós, [...] como sabemos, su dueño era judío. El debate se centraba sobre el problema de si la Amia tenía que subsidiar la venta de libros que no tenían ninguna temática judía”.

VI No original, “Lo que sucede es que, en una institución comunitaria, era difícil rechazar el libro de un miembro so pretexto [de] que su contenido no era tan judío como su autor. También estaba el caso de un mismo autor que en una novela se ocupaba de cosas judías y en otra no. ¿Había que excluir la segunda? Si mal no recuerdo, esa controversia, cuando se de sataba en serio, encubría alguna polémica de orden político”.

CONCLUSÕES

Este livro reconstruiu as alternativas de um conjunto de editores, selos editoriais, gráficas, livrarias e bibliotecas judaicas que, ao longo de sete décadas, deu vida a um intenso e rico universo do livro em Buenos Aires. Nestas páginas, remontamo-nos a seu nascimento e seu crescimento (inicialmente lento e depois vertiginoso) e presenciamos também seu paulatino declínio. Fomos testemunhas das paixões e compromissos que incentivaram esses homens a lançar e sustentar seus projetos e nos transformamos em curiosos espectadores de um mundo cindido em duas línguas que funcionavam em tempos e geografias diferentes. Ao repor essas tramas e situá-las num devir histórico, descobrimos a fé no livro como transmissor de valores, imagens e crenças necessários para afirmar os sentimentos de comunidade, como portador ou recriador último da cultura judaica. Dentro desse universo — lembrado hoje apenas em fragmentos isolados —, resolveu-se parte importante da existência do judaísmo argentino e, em alguma medida, de outros lugares da diáspora.

Indagar sobre a introdução de novos repertórios literários é, em última instância, se perguntar pela delimitação do horizonte do legível, pelos processos de formação de uma cultura, pelos modos como são produzidas e difundidas formas de conceber o mundo que, com isso, são vividas como autoevidentes, como parte da natureza das coisas. Mediante suas escolhas e formas de apresentar os livros, os selos participaram na elaboração de representações coletivas, ao criar, recriar, consolidar, limitar, matizar ou reorientar os discursos políticos e culturais que circulavam na época e que, em alguns casos, ao ocupar posições-chave nas principais instituições comunitárias, alcançaram um amplo domínio na vida comunitária judaica. As iniciativas editoriais estudadas propunham a seus leitores novas maneiras — às vezes convergentes, às vezes contraditórias — de compreender questões como o ser judeu, a cultura iídiche, o sionismo, o Estado de Israel, a religião e, sempre, de modo mais ou menos explícito, de se pensar como argentinos.

O livro constituiu um dos veículos mais importantes para a circulação de ideias entre Buenos Aires e os centros judeus europeus, estadunidenses e israelenses, por um lado, e entre Buenos Aires e a América Latina, por outro. Embora não fosse o único, distinguiu-se de outras formas da palavra impressa e das frequentes missões dos representantes das organizações políticas judaicas, tanto por sua capacidade de conservar uma ideia ou uma mensagem no tempo e permitir o desenrolar de linhas de argumentação mais extensas, como pela autoridade e pelo alto valor atribuído como símbolo de cultura. Em alguns casos, os livros se moveram de uma cidade a outra através de canais e redes políticas ou institucionais preexistentes, ainda que, em outros, o desejo de ler, o interesse comercial ou a aposta político-cultural tenham propiciado a criação e o desenvolvimento de vias alternativas de circulação e difusão.

A análise da produção e circulação do livro aqui proposta abre um espaço de indagação antes inexistente na história da edição na Argentina. Além de inscrever uma minoria cultural no horizonte da cultura impressa, revela as funções que esse grupo atribuiu ao livro em distintos contextos históricos. De um modo ou de outro, grande parte das iniciativas entendeu que era um dos meios mais poderosos para alcançar dois objetivos ao mesmo tempo: recriar a cultura judaica e resistir à tendência à assimilação total. O estudo do livro nos proporciona, por fim, uma chave para explorar os mecanismos pelos quais uma comunidade migrante procurou afirmar, com maior ou menor sucesso, uma diferença cultural que transcendesse a geração que chegou ao país para se constituir numa minoria, seja sob uma forma religiosa, nacional ou cultural. Essa perspectiva introduz matizes a certa concepção da assimilação como um processo linear que se inicia com a chegada do imigrante e culmina, uma ou duas gerações depois, com a substituição total dos esquemas culturais do lugar de origem mediante a adaptação ao entorno majoritário.

Na realidade, propusemos um modelo de pesquisa, baseado em múltiplas escalas e estratégias de análises, que procurou nos aproximar do livro judaico de Buenos Aires sem renunciar às dimensões que o configuraram nem à complexidade que seu estudo demanda. Em primeiro lugar, objetivamos compreender os modos como os sistemas transnacionais de edição — com seus centros dominantes, sua extensa periferia e seus poderes literário e político desiguais — condicionavam de antemão o repertório ao qual os editores argentinos tinham acesso e a partir do qual escolhiam que títulos publicar.

Em seguida, prestamos especial atenção às distintas correntes políticas e culturais judaicas argentinas que orientaram os interesses dos editores, com o objetivo de jogar luz sobre as lógicas que guiaram suas escolhas. Questionamos as trajetórias, as motivações e as sensibilidades que esses atores colocavam em jogo ao tomar uma decisão editorial e também as maneiras como cada editor expressava, em sua individualidade, o universo social em que havia se formado e do qual fazia parte.

Por fim, este livro se propôs a fazer duas entradas complementares que permitiram ampliar o quadro traçado nos primeiros cinco capítulos. Assim, foram incorporados à análise outros atores, fundamentais na conformação de canais de difusão e circulação de livros, com sua inscrição na geografia urbana de Buenos Aires. Por outro lado, tomou-se o Mês do Livro Judaico, um evento-chave no panorama cultural judaico portenho, como um prisma para contemplar, de múltiplos ângulos, os fenômenos estudados nos capítulos precedentes.

Esta análise propôs também uma nova perspectiva para pensar a complexidade e a dinâmica da história judaica argentina. Diferentemente das experiências históricas mais homogêneas e estáveis apresentadas pelas pesquisas — por exemplo, as centradas em partidos políticos ou organizações comunitárias —, nossa opção de seguir a rota do livro nos permitiu detectar universos sociais menos uniformes, compostos por um leque mais heterogêneo de atores, e, ao mesmo tempo, nos mostrou outras formas de conceber e construir limites ou nexos com o conjunto da sociedade argentina.

A circulação de ideias entre Buenos Aires e os principais centros políticos e culturais judaicos não foi resultado natural ou evidente da história. Pelo contrário, foi produto da ativa mediação de um sistema de atores, instituições e projetos culturais, políticos e comerciais, que — em função de suas competências, relações sociais e recursos econômicos — estabeleceram e dinamizaram uma série de circuitos de difusão mediante os quais importaram, traduziram e publicaram um novo repertório de imagens, valores e concepções no que se refere ao judaico. Cada um à sua maneira e segundo suas convicções (liberal-integracionista, iidichista, sionista, comunista, religiosa em suas distintas variantes etc.) procurou fazer desses repertórios culturais o fundamento identitário da comunidade judaica na Argentina e fora dela.

O enfoque adotado permitiu situar a história do livro judaico de Buenos Aires numa geografia cultural mais extensa. A cidade esteve estreitamente vinculada à (e condicionada pela) produção editorial de Varsóvia, Vilnius, Moscou, Nova York e, com maior força após o Holocausto e a fundação do Estado de Israel, Tel Aviv. Observamos também o caráter dinâmico e marcadamente assimétrico da estrutura transnacional de produção e intercâmbio de impressos. Durante o entreguerras, e sem perder de vista as primeiras experiências locais de edição, Buenos Aires foi, sobretudo, um polo receptor de obras em iídiche publicadas no exterior. A situação foi diferente no caso do castelhano, não só porque não existia um acervo literário importante de temática judaica contemporânea ao qual apelar, mas também porque não havia nenhum centro no mundo que editasse livros judaicos nessa língua de maneira regular. E, embora a produção editorial judaica em língua castelhana não tenha chegado a ser tão sistemática e volumosa como os editores tinham desejado, a capital argentina se transformou no principal polo de tradução de obras; ao mesmo tempo, começou a produzir, timidamente, sua própria literatura. De fato, poderia se dizer que os editores e os tradutores, mediante a introdução de ideias, correntes de pensamento e tradições literárias, foram, tanto ou mais que os escritores, responsáveis pela "modernização" do judaico no âmbito da língua castelhana.

A dramática reorganização da geografia da edição judaica provocada pela ascensão do nazismo e do Holocausto impactou profundamente o mundo editorial judaico portenho. Terminada a guerra, ainda que insinuada previamente no caso do castelhano, em parte pelo crescimento do antissemitismo local, Buenos Aires viveu um notável processo de expansão da edição tanto em iídiche quanto em castelhano, assim como uma marcada reorientação dos principais temas publicados em ambos os idiomas. Entre os fatores que possibilitaram essa mudança, figuram um enquadramento institucional sólido, uma massa crítica de atores especializados na palavra impressa, vantagens econômicas comparativas — potencializadas no caso do iídiche pela destruição do centro produtor polonês — e os distintos efeitos culturais e ideológicos do Holocausto e da criação do Estado de Israel.

Nas duas décadas posteriores à Segunda Guerra Mundial, Buenos Aires se destacou como centro de edição de obras escritas em iídiche por autores não residentes no país, ao mesmo tempo que fortaleceu seu papel na tradução de títulos escritos em distintas línguas, judaicas e não judaicas, para o castelhano, algo já iniciado no entreguerras. Em ambos os casos, a produção se orientou tanto para a satisfação do mercado local como para a exportação. Uns chegaram aos centros urbanos que ainda contavam com uma massa relativamente grande de leitores em iídiche, outros alcançaram as livrarias e os lares judaicos das principais cidades da América Latina. Nesse sentido, a expansão editorial teve contornos muito definidos: em vez de centro de publicação da produção literária própria, Buenos Aires foi importador de textos e produtor e exportador de livros.

A pergunta pelo livro nos levou a destacar a importância da distinção idiomática iídiche/castelhano na configuração social do judaísmo argentino até ao menos meados da década de 1960. No âmbito da edição, esta revelou o tipo de pressões que a produção editorial enfrentava. Pelo lado do iídiche, a demanda de livros se viu exposta ao avanço irreversível do castelhano. Entretanto, tal passagem não significou que as coisas foram fáceis para a edição nessa língua. A oferta de "livros de interesse judaico" em castelhano lidou com o desafio apresentado por uma crescente e cada vez mais diversificada oferta de títulos "não judaicos" que atraíam os leitores da comunidade. De fato, o incentivo inicial dado à tradução esteve motivado em parte pela vontade de contrabalancear a força dessa produção. De todo modo, os selos judaicos em castelhano nunca tiveram o monopólio absoluto do que se podia entender como "livro de interesse judaico". Desde o primeiro momento, coexistiram com empresas editoriais não judaicas, locais e estrangeiras, que ofereciam títulos que logo os autores comunitários incorporavam como parte do repertório cultural judaico. Analogamente, embora, em termos de volume, não tenham sido tão importantes, as publicações em castelhano provenientes de Israel possuem certa importância analítica na medida em que se tratou de uma produção realizada por partidos políticos e instituições estatais de um Estado que procurava intervir nos destinos das comunidades judaicas da diáspora — nesse caso, da América Latina.

Para intelectuais, escritores, homens de fortuna, líderes comunitários e ativistas políticos, que se tornariam editores e empreendedores culturais, a edição não foi um meio entre outros: constituiu um laboratório no qual puseram à prova ideias políticas e expressões culturais, e um dos espaços centrais em que ocorreram os combates pela conceituação definitiva, legítima do judaico. A importância das convicções políticas e culturais no incentivo aos distintos projetos editoriais se revelou também no respaldo econômico que possibilitou grande parte das iniciativas. Esse apoio permitiu reduzir a dependência com relação aos vaivéns do mercado e proporcionou uma margem de liberdade maior para escolher o tipo de mensagem a difundir e, por fim, para desencadear uma intervenção política e cultural. Entretanto, deve-se sublinhar que, embora a edição tenha sido um dos espaços de disputa política e de afirmação de poder comunitário, não constituiu um reflexo direto ou mecânico das instituições e forças políticas judaicas. Como vimos, no momento de selecionar uma obra para publicar, isto é, na conformação dos catálogos, articularam-se numerosos fatores que orientaram as preferências dos editores.

Em várias oportunidades, chamamos a atenção à notável ausência de autores locais na edição tanto em iídiche como em castelhano, mais notória ainda no período de expansão editorial dos primeiros anos do pós-guerra, e ensaiamos algumas respostas possíveis. A mais geral, que compreende o conjunto dos universos idiomáticos e diversos períodos, tem a ver com as hierarquias da geografia cultural judaica. Alguns polos eram altamente valorizados, enquanto outros, pelo contrário, não o eram. Embora a força cultural de Buenos Aires dificilmente pudesse se equiparar à de Varsóvia, Vilnius, Nova York ou Tel Aviv, é verossímil supor que essa desvalorização conduziu a uma espécie de profecia autocumprida, segundo a qual os autores locais, ao permanecer num tipo de precariedade editorial, careciam de estímulo e, portanto, de possibilidades para se desenvolver. Talvez isso se acentuasse mais nos autores iídiches que nos que escreviam em castelhano, já que podiam recorrer, ainda que não com facilidade, a selos locais não judaicos para publicar seus textos.

Contudo, seria um erro supor que a função editorial de Buenos Aires como importadora de textos e produtora e exportadora de livros significou a ausência total de marcas do contexto local. Ou seja, ainda quando podia não haver referências explícitas ao espaço argentino, no momento de ler, ponderar a qualidade de uma obra, avaliar seu valor para o catálogo, pensar num público potencial etc., o país e a cidade se faziam presentes. Os pontos de vista dos editores eram resultado de trajetórias que condensavam expressões singulares da história argentina em geral — em especial, a dos judeus no país —, assim como dos contextos históricos específicos em que se tomavam as decisões editoriais.

Este livro deixa proposto um mapa de temas que mereceriam ser desenvolvidos em futuras pesquisas. Entre as direções mais próximas do nosso objeto, encontra-se, em primeiro lugar, uma maior atenção à dimensão econômica: a análise das variações nos custos de produção de livros ou da relação entre o preço de venda dos volumes e a renda média das diferentes camadas de leitores judeus em função de sua inserção econômica, por exemplo, proporcionaria uma chave importante para desenhar alguns pressupostos e propor novas hipóteses acerca das mudanças históricas que a demanda, os poderes aquisitivos diferenciados segundo os estratos sociais e as oscilações interanuais da produção editorial sofreram, entre outras questões. Em segundo lugar, no extremo oposto ao caráter objetivo da dimensão econômica, seria produtivo avançar na análise das estratégias editoriais através do paratexto (capas, prólogos, publicidades etc.), dado que esses dispositivos textuais, gráficos e materiais constituem um componente fundamental nas formas de apresentação de uma obra e, por conseguinte, funcionam como marcos de sentido que condicionam ou orientam as possíveis leituras.

De igual modo, não gostaríamos de deixar de ressaltar algumas das arestas que foram se abrindo no desenvolvimento desta pesquisa, mas que decidimos não seguir. Fazê-lo poderia ter implicado o risco de nos desviarmos do caminho traçado. Mencionaremos, brevemente, três delas: o questionamento com relação a quem eram os leitores e como eram lidas as obras estudadas neste livro; a questão do gênero; e a pergunta pela existência de algum tipo de sensibilidade, disposições e competências culturais judaicas com relação ao livro, cujos efeitos se estenderiam além do âmbito dessa comunidade.

Este livro tocou o complexo e fugidio universo dos leitores de forma tangencial e somente na medida necessária para compreender a dinâmica geral do espaço editorial. Não obstante, a menção ou, no caso do Mês do Livro, a análise sistemática das preferências e das mudanças na demanda nos permitiram dar conta de algumas demarcações sociais e culturais do universo de leitores judeus e de suas transformações ao longo do tempo. Essa entrada provê uma base para, entre outras coisas, avançar no questionamento das formas de recepção dos livros através da identificação dos modos de apropriação por parte de grupos de leitores sociologicamente diferenciados — "comunidades de leitores" no sentido proposto por Chartier e Cavallo (1998) — e de certos indivíduos cuja análise pode resultar altamente produtiva.

No que se refere ao gênero, comprovamos que as mulheres não tiveram uma presença relevante em nenhum dos espaços mais visíveis do mundo do livro durante o período estudado. Entretanto, quando apareceram, foi em instâncias e de formas cuja análise apresentaria a ordem social e cultural judaica de um modo muito distinto. Destacamos o dado de uma biblioteca sobre a notável desproporção entre a grande quantidade de mulheres que solicitava livros e os poucos homens que o faziam. Essa menção abre numerosas perguntas para avançar na análise dos leitores e complexificar o quadro das opções editoriais.

Além dessa referência explícita ao gênero, ressaltamos um fenômeno destacável, ainda que sem nos deter a ele: as duas figuras femininas mais importantes que mencionamos, a escritora Erna Cohen de Schlesinger e a editora Rebeca Trabb, sobre as quais nos pareceu muito difícil obter informação. Acerca da primeira, indicamos que, do seu lugar como esposa do rabino da Cira e com seu ativismo comunitário, pôde publicar livros e pelo menos um deles se tornou o maior best-seller dos selos judaicos em castelhano. No caso de Trabb, sua figura começou a crescer na Editorial Israel com o passar do tempo, até praticamente dirigir o selo, quando tanto Yagupsky como Mirelman se encontravam em Israel. Ambas conseguiram irromper num espaço de forte presença masculina e complementar a formação cultural e as relações sociais em potencial da comunidade com a posse de uma forte formação acadêmica (ambas eram doutoras em Filosofia). A análise da relação entre gênero, capital acadêmico e posição social poderia se estender para além do universo do livro, para questionar a organização e as práticas sociais e culturais das instituições e dos partidos políticos judaicos durante o período estudado.

Por fim, prestamos atenção às trajetórias dos editores dos selos mais importantes e aos motivos pessoais e históricos que os empurraram a dar vida a um projeto editorial. Após essa análise, o livro teceu uma trama menos evidente, embora de enorme significação, que remete a uma disposição mais geral presente na cultura judaica a investir capital no livro, seja esse de caráter judaico ou não. Longe de uma condição de caráter essencial, essa inclinação pela cultura impressa abre uma série de perguntas sobre os sentidos, sensibilidades e competências que foram sendo conformados e absorvidos em torno do livro, os quais nos levam a ampliar o olhar, direcionando-o para fora do campo comunitário para abarcar trajetórias de editores de origem judaica que tiveram e têm uma presença substancial na modernização e no desenvolvimento da cultura argentina. São eles: Jacobo Samet (Samet), Gregorio Weinberg (Solar-Hachette e Lautaro), Ana María Miller e Daniel Divinsky (De la Flor), Gregorio Schwartz (Siglo XX, Leviatán), Jacobo Muchnik (Fabril), Boris Spivacow (Eudeba, Ceal), Jaime Bernstein e Enrique Butelman (Paidós), Isay Klasse (Marymar e distribuidora Tres Américas), Bernardo Lerner (Omeba), Hugo Levín (Galerna), Alejandro Katz (FCE Argentina, Katz) e Leopoldo Kulesz (Del Zorzal), para mencionar só alguns nomes. Dessa apreciação derivam questões de enorme fôlego no que se refere às disposições sociológicas para a cultura impressa, presentes em parte da cultura judaica. Do mesmo modo, uma análise desse tipo poderia se ampliar dirigindo-se a outras categorias de agentes também relacionados com a palavra impressa, como escritores, tradutores, livreiros e gráficos.

Uma das conclusões mais patentes que depreendemos com este livro é o caráter dinâmico da cultura judaica argentina ao longo do século XX. As certezas liberais e integracionistas dos precursores da edição em castelhano dos anos 1920, por exemplo, abriram passagem a novas crenças, que foram transferidas a outros projetos intelectuais no fim da década seguinte e que, fosse pelas dificuldades econômicas, fosse pelo distanciamento dos leitores, logo perderam força. A segunda década do século XXI nos oferece um novo cenário, impensável para o período estudado: na atualidade, seria inadmissível avançar numa pesquisa sobre as lógicas dominantes da edição judaica em Buenos Aires sem estudar detidamente a produção e a circulação de obras de caráter religioso, em especial as ortodoxas. E, na mesma medida dessa observação, caberia se perguntar se hoje a palavra impressa preserva algo do papel e da influência que teve durante grande parte do século XX na esfera pública e privada da vida judaica, se o espaço do livro continua sendo um dos âmbitos privilegiados em que se resolve o futuro da cultura judaica argentina.

É pouco provável que os pais de Hebe, aquele casal de judeus de Mina Clavero com o qual comecei este texto, imaginassem o universo social e histórico que guardava cada um dos livros que zelosamente preservavam em suas estantes. Tampouco provável é soubessem que, por trás de cada uma de suas escolhas, que eram vividas como atos puros de liberdade, se escondiam sucessivas escolhas prévias, longas disputas políticas e culturais e diferentes estruturas editoriais transnacionais e locais que delimitaram o caminho para que esse conjunto de obras estivessem à sua disposição. Para que esses volumes lhes permitissem prolongar e afirmar à distância seu sentimento de comunidade. Este livro quis justamente começar a recuperar esse universo.

LISTA DE INTITULATIVOS

Agência Norte-Americana Ravitch & Berenstein | *Agencia Norte-Americana Ravitch & Berenstein*

Agência Telegráfica Judaica | *Jewish Telegraphic Agency*

Associação Amigos da Universidade Hebraica de Jerusalém e Amigos Argentinos da Histadrut | *Asociación Amigos de la Universidad Hebrea de Jerusalén y Amigos Argentinos de la Histadrut*

Associação Beneficente Argentina B'nai B'rith | *Asociación Benefactora Argentina B'nai B'rith*

Associação Central Alemã de Cidadãos de Fé Judaica | *Central-Verein deutscher Staatsbürger jüdischen Glaubens*

Associação de Apoio às Escolas Laicas Israelitas na Argentina | *Asociación Pro-Escuelas Laicas Israelitas en la Argentina*

Associação de Colonização Judaica | *Jewish Colonization Association (JCA)*

Associação de Cursos Religiosos Israelitas da República Argentina | *Asociación Cursos Religiosos Israelitas de la República Argentina*

Associação Hebraica | *Asociación Hebraica*

Associação Juventude Israelita Argentina | *Asociación Juventud Israelita Argentina (Ajia)*

Associação Mutual Israelita Argentina | *Asociación Mutual Israelita Argentina (Amia)*

Associação Pró-Cultura Judaica | *Altveltlejer Idisher Cultur-Congres (Cultur Congres)*

Associação Racionalista Judaica | *Asociación Racionalista Judía*

Banco Israelita do Rio da Prata | *Banco Israelita del Río de la Plata, Idisher Folks-Bank*

Biblioteca Nacional da República Argentina | *Biblioteca Nacional de la República Argentina*

Biblioteca Popular do Centro Cultural Juventude Israelita de La Boca e Barracas | *Biblioteca Popular del Centro Cultural Juventud Israelita de La Boca y Barracas*

Câmara Argentina do Livro | *Cámara Argentina del Libro*

Central Operária Israelense | *Central Obrera Israelí*

Centro Comunitário Asquenaze | *Kehilá Ashkenazi*

Centro de Difusão de Israel para América Latina | *Centro de Difusión de Israel para América Latina*

Centro de Documentação e Investigação da Cultura das Esquerdas | *Centro de Documentación e Investigación de la Cultura de Izquierdas (CeDInCI)*

Centro Juventude Israelita Argentina | *Centro Juventud Israelita Argentina (Cjia)*

Clube Israelita Argentino Biblioteca Enrique Heine | *Club Israelita Argentino Biblioteca Enrique Heine*

Comissão Judaica Estadunidense de Distribuição Conjunta | *American Jewish Joint Distribution Committee (JDC)*

Comissão para a Reconstrução da Cultura Judaica Europeia | *Commission on European Jewish Cultural Reconstruction* (CEJRC)

Comitê Argentino para o Estudo da Situação da Minoria Judaica | *Comité Argentino para el Estudio de la Situación de la Minoría Judía*

Comitê Central para a Educação Hebraica na Argentina | *Comité Central para la Educación Hebrea en Argentina, Vaad Hajinuj Harashi*

Comitê Israelita de Ajuda | *Comité Israelita de Ayuda*

Comitê Judaico Americano | *American Jewish Committee* (AJC)

Companhia Argentino-Palestinense para o Intercâmbio e Turismo | *Compañía Argentino-Palestinense para el Intercambio y Turismo (Arpalsa)*

Companhia Estadunidense de Israel | *American Israel Corporation*

Conferência sobre Reivindicações Materiais Judaicas contra a Alemanha | *Conference on Jewish Material Claims Against Germany*

Congregação Israelita da República Argentina | *Congregación Israelita de la República Argentina (Cira)*

Congresso Judaico Latino-Americano | *Congreso Judío Latinoamericano*

Conselho Central Sionista | *Consejo Central Sionista*

Conselho Central Sionista Argentino | *Consejo Central Sionista Argentino (Agência Judaica)*

Conselho do Livro Judaico | *Jewish Book Council*

Conselho Nacional de Bem-Estar Judaico | *National Jewish Welfare Board*

Conselho Nacional de Investigações Científicas e Técnicas | *Consejo Nacional de Investigaciones Cinetíficas y Técnicas (Conicet)*

Delegação de Associações Israelitas Argentinas | *Delegación de Asociaciones Israelitas Argentinas (Daia)*

Editora Universitária de Buenos Aires | *Editorial Universitaria de Buenos Aires (Eudeba)*

Escritório Central do Keren Kayemet Le Israel | *Oficina Central del Keren Kayemet Le Israel*

Escritório Latino-Americano do Conselho Mundial de Sinagogas | *Oficina Latinoamericana del Consejo Mundial de Sinagogas*

Escritório Sul-Americano do Congresso Judaico Mundial | *Oficina Sudamericana del Congreso Judío Mundial*

Faculdade de Direito da Universidade de Buenos Aires | *Facultad de Derecho da Universidad de Buenos Aires*

Federação Cultural Judaica | *Idisher Cultur Farband (Icuf)*

Federação de Instituições Culturais Hebraicas da Argentina | *Federación de Instituciones Culturales Hebreas de la Argentina (Ficha)*

Federação Sionista Argentina | *Federación Sionista Argentina*

Festa do Livro | *Fiesta del Libro*

Fundação IWO | *Fundación IWO*

Fundo de Cultura Econômica | *Fondo de Cultura Económica*

Fundo Nacional Judaico | *Fondo Nacional Judío*

Gráfica Baires | *Impresora Baires*

Gráfica Heuman | *Talleres Gráficos Heuman*

Gráficas A. J. Weiss | *Talleres Gráficos A. J. Weiss*

Gráficas Kalifón SRL | *Talleres Gráficos Kalifón SRL*

Gráficas México | *Talleres Gráficos México*

Gráficas Optimus SRL | *Talleres Gráficos Optimus SRL*

Instituto Cultural Argentino-Israelense | *Instituto Cultural Argentino-Israelí*

Instituto de Desenvolvimento Econômico e Social | *Instituto del Desarrollo Económico y Social (Ides)*

Instituto Judaico de Cultura e Informação | *Instituto Judío de Cultura e Información (IJA)*

Instituto Judaico de Pesquisa | *Idisher Visnshaftlejer Institut (Yivo ou IWO)*

Instituto Judaico do Peru | *Instituto Judío de Perú*

Instituto Superior de Estudos Religiosos Judaicos | *Instituto Superior de Estudios Religiosos Judaicos*

Junta de Apoio às Vítimas da Guerra | *Junta de Ayuda a las Víctimas de la Guerra*

Liga da Cultura | *Kultur-Lige*

Liga dos Trabalhadores Judeus da Rússia, Lituânia e Polônia | *Liga de los Trabajadores Judíos de Rusia, Lituania y Polonia (Bund)*

Livraria Hebreia Milberg | *Librería Hebrea Milberg*

Mês do Livro | *Mes del Libro*

Movimento Conservador | *Movimiento Conservador*

Nova Organização Sionista | *Nueva Organización Sionista*

Nova Organização Sionista na Argentina | *Nueva Organización Sionista en la Argentina*

Organização Central de Cultura Judaica | *Central Jewish Cultural Organization*

Organização Israelita Argentina | *Organización Israelita Argentina*

Organização Judaica Argentina | *Organización Judía Argentina*

Organização Sionista Argentina | *Organización Sionista Argentina*

Organização Sionista Feminina Argentina | *Organización Sionista Femenina Argentina (Osfa)*

Organização Sionista Mundial | *Organización Sionista Mundial (OSM)*

Organização Sionista Sefardita | *Organización Sionista Sefardí*

Primeira Exposição do Livro e da Imprensa Judaicos da Argentina

Primera Exposición del Libro y de la Prensa Judíos de la Argentina

Primeira Exposição Nacional do Livro | *Primera Exposición Nacional del Libro*

Primeira Feira do Livro Argentino na Praça Congresso | *Primera Feria del Libro Argentino na Plaza Congreso*

Segunda Convenção Sionista Sul-Americana | *Segunda Convención Sionista Sudamericana*

Semana do Livro | *Semana del Libro*

Semana do Livro Judaico | *Semana del Libro Judío*

Seminário Rabínico Latino-Americano | *Seminario Rabínico Latinoamericano*

Sociedade Amigos do Livro Rioplatense | *Sociedad Amigos del Libro Rioplatense*

Sociedade de Amigos Argentinos da Universidade Hebraica de Jerusalém | *Sociedad de Amigos Argentinos da Universidad Hebrea de Jerusalén*

Sociedade de Escritores e Jornalistas Israelitas da Argentina H. D. Nomberg | *Idisher Literatn un Zhurnalistn Fareyn in Argentine H. D. Nomberg*

Sociedade de Escritores e Jornalistas Judeus de Varsóvia | *Sociedad de Escritores y Periodistas Judíos de Varsovia*

Sociedade Estadunidense de Publicações Judaicas | *Jewish Publication Society of America (JPS)*

Sociedade Hebraica Argentina | *Sociedad Hebraica Argentina* (SHA)

Sociedade Hebraica de Ajuda ao Imigrante | *Hebrew Immigrant Aid Society (Hias)*

Sociedade Israelita Enrique Heine | *Sociedad Israelita Enrique Heine*

Sociedade Pró-Colonização Israelita em Biro-Bidyan | *Sociedad Pro Colonización Israelita en Biro-Bidyan*

União Central dos Judeus Poloneses na Argentina | *Unión Central de los Judíos Polacos en la Argentina*

Universidade Nacional de Córdoba | *Universidad Nacional de Córdoba (UNC)*

Universidade Nacional de General Sarmiento | *Universidad Nacional de General Sarmiento (Ungs)*

REFERÊNCIAS

FONTES PRIMÁRIAS CONSULTADAS

BIBLIOTECAS E ARQUIVOS INSTITUCIONAIS CONSULTADOS

Biblioteca Nacional da República Argentina
Centro Marc Turkow, Amia
Seminário Rabínico Latino-Americano
Fundação IWO
Sociedade Hebraica Argentina

BIBLIOTECAS PRIVADAS CONSULTADAS

Tobías Kamenszain (1920-Polônia-2000, Buenos Aires)
Boris Vainstoc (1910-Bessarábia-2002, Buenos Aires)

PRINCIPAIS CATÁLOGOS DA BIBLIOTECA E DOS ARQUIVOS CONSULTADOS NA INTERNET

Biblioteca Real da Bélgica, Bruxelas
Biblioteca do Congresso, Washington, DC
Biblioteca Pública de Nova York, Nova York
Biblioteca Judaica Nacional e Universitária, Jerusalém
Centro Nacional do Livro Iídiche, Amherst, Massachusetts

PRINCIPAIS CATÁLOGOS DE LIVROS PARA VENDA ESPECIALIZADOS NA ÁREA JUDAICA NA INTERNET

Abebooks.com (não é especializado, mas tem uma quantidade considerável de livros sobre temas judaicos em diferentes línguas)
Bibliothèque Medem, Paris (catálogos de vendas)
Daniel Wyman, Springfield, Massachusetts
Henry Hollander Bookseller, São Francisco
The Book Gallery, Jerusalém

FONTES PRIMÁRIAS EM GERAL

PUBLICAÇÕES RELEVANTES

Boletín da Sociedade Hebraica Argentina
Comentario
Heredad
Judaica
Juventud
Mundo Israelita
Nueva Sión
Vida Nuestra

CARTAS

MIRELMAN, José. [*Carta*]. Destinatário: Máximo Yagupsky. Buenos Aires, 4 dez. 1945.

SENDEREY, Moisés. [*Carta*]. Destinatário: Máximo Yagupsky. Buenos Aires, 7 maio 1947.

TRABB, Rebeca. [*Carta*]. Destinatário: Máximo Yagupsky. Buenos Aires, 8 abr. 1946.

YAGUPSKY, Máximo. [*Carta*]. Destinatário: Salman Schocken. Nova York, 24 jun. 1946.

______. [*Carta*]. Destinatário: José Mirelman. Nova York, 14 ago. 1946.

______. [*Carta*]. Destinatário: José Mirelman. Nova York, 10 jan. 1948.

ENTREVISTAS

Em Buenos Aires

Abraham Lichtembaum (22 set. 2009)
David Mibashan (6 jun. 2008)
Claudia Schwartz (23 jun. 2008)
Ariel Sigal (24 fev. 2010)
Eliahu Toker (15 jul. 2009)

Alejandro Weiss (24 fev. 2010)
Guido Yagupsky (6 jul. 2008)
Alberto Zlotopioro (11 jan. 2010)

Por e-mail

Eduardo "Edy" Kaufman, Jerusalém (25 abr. 2009)
Natan Lerner, Tel Aviv (2 mar. 2010)
Itzjok Niborski, Paris (15 out. 2009)
Avraham Nowershtern, Jerusalém (31 out. 2009)
Efraim Zadoff, Jerusalém (27 out. 2009)

ARQUIVOS E COLEÇÕES PRIVADAS

Arquivo pessoal de Máximo Yagupsky, Fundación IWO, Buenos Aires
Entrevista com Máximo Yagupsky, Centro Marc Turkow, Amia
Entrevista com Samuel Glusberg, Centro Marc Turkow, Amia

LIVROS, MEMÓRIAS, ANUÁRIOS E PANFLETOS

American Jewish Year Book. Nova York: American Jewish Committee; Filadélfia: Jewish Publication Society of America, 1899-2008. 1910-1979.

BARON, Salo. "Tentative List of Jewish Publishers of Judaica and Hebraica in Axis-Occupied Countries". Relatório apresentado pela Comissão para a Reconstrução da Cultura Judaica Europeia. *Jewish Social Studies*, Indiana, v. 10, .n 2 p. 1-56 [anexo], 1948.

BENSHALOM, Benzion. *Con los ojos abiertos*: observaciones y reflexiones sobre la vida judía, el sionismo y los movimientos juveniles en América Latina. Jerusalém: Departamento de la Juventud y del Jalutz de la Organización Sionista Mundial, 1954.

BISTRIZKY, Natan. *Del judaísmo y el sionismo en Latinoamérica*. Buenos Aires: Edições de Keren Kayemet LeIsrael, 1949.

Catálogos do Mes del Libro Judío. Buenos Aires: Amia, 1947-. 1950-1973.

Comunidades Judías de Latinoamérica. Buenos Aires: Comité Judío Americano; Instituto de Relaciones Humanas, s. d. 1966/1968/1970/1973-1975.

Convención Sionista Sudamericana, 2., 1950, Buenos Aires. [*Anales*]. Buenos Aires: Oficina Sudamericana de la Agencia Judía para Palestina, 1951.

CUCURTO, Washington. "Día tras día, un trío de mujeres". *In*: ______. *La máquina de hacer paraguayitos*. Buenos Aires: Mansalva, 2005.

DIAMENT, Mario. *Conversaciones con un judío*. Buenos Aires: Timerman Editores, 1977.

DRAJER, Saúl. "El ídish también existe". *In*: SNEH, Perla (org.). *Buenos Aires Ídish*. Buenos Aires: Gobierno de la Ciudad de Buenos Aires, 2006. (Temas de Patrimonio Cultural, 19).

ESPINOZA, Enrique [Glusberg, Samuel]. "Mate amargo". *In*: ______. *La levita gris: cuentos judíos de ambiente porteño*. Buenos Aires: B.A.B.E.L., 1924.

FAINGUERSCH, Gregorio. *Mis recuerdos*: 1940-1990. Buenos Aires: Milá, 1992.

FEIERSTEIN, Ricardo (org.). *Alberto Gerchunoff, judío y argentino*. Buenos Aires: Milá; Amia, 2000.

Panfletos do Concurso Anual Escolar da Asociación Pro Cultura Judía. Buenos Aires: Cultur Congres, s. d. 1966-1967.

GERCHUNOFF, Alberto. *El pino y la palmera*. Buenos Aires: SHA, 1952.

GLUSBERG, Leonardo. "Editores judíos de libros argentinos". *Comentario*, [*s. l.*], p. 38, 1964.

GONZÁLEZ TUÑÓN, Enrique. "Un retazo de Judea en Buenos Aires". *Caras y Caretas*, Buenos Aires, 2 jan. 1926.

GRÜNBERG, Carlos. "A Alberto Gerchunoff". *Davar*, [*s. l.*], número especial, p. 31-33, abr. 1951.

Guía Anual Israelita. Buenos Aires: [*s. n.*], 1946/1948/1951.

KATZ, Pinie. *Páginas escogidas*. Buenos Aires: Icuf, 1982 [1939].

KIBRIK, Salvador. *Mi paso por la vida*. Buenos Aires: Acervo Cultural, 1978.

KLEIN, Alberto. *Cinco siglos de historia argentina*: crónica de la vida judía y su circunstancia. Buenos Aires: edição do autor, 1980.

KOVADLOFF, Jacobo. "La Sociedad Hebraica Argentina de Buenos Aires". *In*: Comunidades Judías de Latinoamérica. Buenos Aires: Comité Judío Americano; Instituto de Relaciones Humanas, 1966.

LANDORFF, Gabriel. "La producción literaria idisch en la Argentina en 1967". *In*: Comunidades Judías de América Latina. Buenos Aires: Instituto Judío de Cultura e Información, 1967.

MIRELMAN, José. "La función de nuestros templos". *Mundo Israelita*, Buenos Aires, 22 maio 1937.

______. "Carta abierta a don Jacobo Saslavsky". *Mundo Israelita*, Buenos Aires, 7 maio 1938.

______. "Ha sido inaugurada la biblioteca judía de la Bene Berith Argentina". *Mundo Israelita*, Buenos Aires, 27 jul.1940.

MIRELMAN, Simón. *Autobiografía*. Buenos Aires: edição do autor, 1971.

PÉREZ, León S. "La literatura judeoargentina: su evolución". *In*: *Estudios y ensayos sobre tópicos judíos*. Buenos Aires: IWO, 1958. Vários autores.

RESNICK, Salomón. "A mayor desarrollo, mayor responsabilidad". *Judaica*, Buenos Aires, p. 153, mar. 1946.

______. *Cinco ensayos sobre temas judíos*. Buenos Aires: Judaica, 1943.

SCHALLMAN, Lázaro. "Historia del periodismo judío en la Argentina" *In*: Comunidades Judías de Latinoamérica. Buenos Aires: Comité Judío Americano, 1977.

______. "Introduction: Life and Work(s) of Iedidio Efron". Tradução de Nelson R. Orringer para o inglês a partir de: Efron, Iedidio. *Amdur, mayn geboyrn-shtetl*. Buenos Aires: [*s. n.*], 1973. Disponível em: <https://www.jewishgen.org/yizkor/indura/indo05.html>.

SCHWARZ, R. *As ideias fora do lugar*. Estudos Cebrap, nº 03, 1973, São Paulo. p. 151-161.

SHATZKY, Jacob. *Comunidades judías en Latinoamérica*. Buenos Aires: American Jewish Committee, 1952.

TOKER, Eliahu. "Don Máximo Yagupsky". *Eliahu Toker*, [s. d.]. Disponível em: <www.eliahutoker. com.ar>.

WALD, Pinie. *Pesadilla*. Buenos Aires: Ameghino, 1998 [1929].

WEIL, Adolfo. *Orígenes del judaísmo conservador en la Argentina*. Buenos Aires: Seminario Rabínico Latinoamericano, 1988.

YAGUPSKY, Máximo. "Daguerrotipo de un judío de las colonias: el cura Froike". *In*: *Cien años de narrativa judeoargentina*: 1889-1989. Buenos Aires: Milá, 1990. p. 126-138. Vários autores.

______. "Discurriendo con las sombras". *Mundo Israelita*, Buenos Aires, 9 jul. 1938.

______. "Introducción". *In*: ______ (org.). *Florilegio de prosistas hebreos modernos*. Buenos Aires: Editorial Israel, 1943. Vários autores.

______. "La educación hebrea en el interior del país". *Judaica*, Buenos Aires, p. 93, mar. 1941.

______. "Prólogo". *In*: Schlesinger, Erna C. *Tradiciones y costumbres judías*. Buenos Aires: Editorial Israel, 1967 [1942].

BIBLIOGRAFIA GERAL

ABREVAYA STEIN, Sarah. *Making Jews Modern: The Yiddish and Ladino Press in the Russian and Otoman Empires*. Bloomington; Indianápolis: Indiana Universtity Press, 2004.

ABRAHAM, Carlos. *La Editorial Tor*. Buenos Aires: Tren en Movimiento, 2012.

AGUADO, Amelia. "La consolidación del mercado interno". *In*: Diego, José Luis de (dir.). *Editores y políticas editoriales en Argentina* (1880-2000). Buenos Aires: Fondo de Cultura Económica, 2006.

AIZENBERG, Edna. "Gerchunoff y la representación gráfica de la Shoá". *Hispamérica*, College Park, v. XXXVIII, n. 114, p. 75-84, dez. 2009.

______. "Lenta biografía: Chejfec's Post-Holocaust, Postcolonial Had Gadya". *In*: SHEININ, David; BARR, Lois Baer (org.). *The Jewish Diaspora in Latin America*. Nova York: Routledge, 1996.

ANDERSON, Benedict. *Comunidades imaginadas*. Buenos Aires: Fondo de Cultura Económica, 2000.

ANDERSON, Benedict. *Comunidades imaginadas*. Trad. Denise Bottman. São Paulo: Companhia das Letras, 2008 [1983].

ARENDT, Hannah. *La tradición oculta*. Buenos Aires: Paidós, 2004.

ASTRO, Alan. "Más allá de la represión: la literatura ídish de América Latina". *In*: HUBERMAN, Ariana; METER, Alejandro (org.). *Memoria y representación*: configuraciones culturales y literarias en el imaginario judío latinoamericano. Rosário: Beatriz Viterbo Editora, 2006.

_____ (org.). *Yiddish South of the Border*: An Anthology of Latin American Yiddish Writing. Novo México: University of New Mexico Press, 2003.

AVNI, Haim. *Argentina y la historia de la inmigración judía* (1810-1950). Buenos Aires: Editorial Universitaria Magnes (Universidad Hebrea de Jerusalén); Amia, 1983.

______. "Sionismo en la Argentina: el aspecto ideológico". *Judaica Latinoamericana*, Jerusalém, v. 5, p. 145-168, 2005.

BACCI, Claudia. "Las políticas culturales del progresismo judío argentino: la revista Aporte y el ICUF en la década de 1950". *Políticas de la Memoria*, Buenos Aires, n. 5, p. 159-168, verão 2004-2005.

BAKER, Zachary. "Yiddish Publishing after 1945". *In*: Sherman, Joseph (org.). *Yiddish After the Holocaust*. Oxford: Boulevard, 2004.

BARGMAN, Daniel. "Judíos oriundos de Polonia en la Argentina: construcciones identitarias y asociacionismo étnico hasta la segunda posguerra". *In*: Kahan, Emmanuel; Schenquer, Laura; Setton, Damián; Dujovne, Alejandro (comp.). *Marginados y consagrados*: nuevos estudios sobre la vida judía en la Argentina. Buenos Aires: Lumiere, 2011.

BAUMAN, Zygmunt. *Legisladores e intérpretes*. Buenos Aires: Universidad Nacional de Quilmes, 1997.

BAUMAN, Zygmunt. *Legisladores e intérpretes*. Trad. Renato Aguiar. Rio de Janeiro: Zahar, 2010.

BELL, Lawrence D. *The Jews and Perón*: Communal Politics and National Identity in Peronist Argentina, 1946-1955. Tese (Doutorado em Filosofia) — OSU, Columbus, 2002.

BERGER, Shlomo. "An Invitation to Buy and Read: Yiddish Paratexts in Amsterdam 1650-1800". *Book History*, Washington, DC, v. 7, p. 31-61, 2004.

______. "Functioning within a Diasporic Third Space: The Case of Early Modern Yiddish". *Jewish Studies Quarterly*, Princeton, v. 15, n. 1, p. 68-86, 2008a.

______. "The Early Modern Yiddish Book and the Fostering of an Ashkenazi Identity". *In*: Oxford Centre for Hebrew and Jewish Studies. *Report of the Oxford Centre for Hebrew and Jewish Studies 2007-2008*. Oxford: OCHJS, 2008b.

______. "Yiddish Book Production in Amsterdam 1650-1800: Local and International Aspects". *In*: KAPLAN, Yosef (org.). *The Dutch Intersection*: The Jews and The Netherlands in Modern History. Leiden: Brill, 2008c.

______; Pomerance, Aubrey; Schatz, Andrea; Schrijver, Emile. *Speaking Jewish — Jewish Speak*: Multilingualism in Western Ashkenazic Culture. Leuven: Peeters, 2003. (Studia Rosenthaliana, 36).

BLANCO, Alejandro. *Razón y modernidad*: Gino Germani y la sociología en Argentina. Buenos Aires: Siglo XXI, 2006.

BOURDIEU, Pierre. "Campo del poder, campo intelectual y habitus de clase". *In*: ______. *Intelectuales, política y poder*. Buenos Aires: Eudeba, 2000a.

BOURDIEU, Pierre. "Campo do poder, campo intelectual e habitus de classe". *In*: ______. *A economia das trocas simbólicas*. Org. Sergio Miceli. Trad. Sergio Miceli, Silvia de Almeida Prado, Sonia Miceli e Wilson Campos Vieira. São Paulo: Perspectiva, 2007.

______. "Existe-t-il une littérature belge? Limits d'un champ et frontières politiques". *Etudes de Lettres*, Lausanne, v. 4, p. 3-6, 1985.

______. "Existe uma literatura belga? Limites de um campo e fronteiras políticas". *Repocs*, São Luís, v. 17, n. 34, p. 249-252, jul./dez. 2020.

______. "La ilusión biográfica". *In*: ______. *Razones prácticas*: sobre la teoría de la acción. Barcelona: Anagrama, 1997.

______. "A ilusão biográfica". *In*: FERREIRA, Marieta de Moraes; AMADO, Janaína (org.). *Usos & abusos da história oral*. 8. ed. Trad. Luiz Alberto Monjardim, Maria Lucia Leão Velloso de Magalhães, Glória Rodriguez e Maria Carlota C. Gomes. Rio de Janeiro: Editora FGV, 2006.

______. "Las condiciones sociales de la circulación de las ideas". *In*: ______. *Intelectuales, política y poder*. Buenos Aires: Eudeba, 2000b.

______. "As condições sociais da circulação internacional das ideias". Trad. Fernanda Abreu. *Enfoques*, Rio de Janeiro, v. 1, n. 1, p. 6-15, 2002.

______. *Las reglas del arte*: génesis y estructura del campo literario. Barcelona: Anagrama. 1996.

______. *As regras da arte*: gênese e estrutura do campo literário. Trad. Maria Lucia Machado. São Paulo: Companhia das Letras, 1996.

______. "Una revolución conservadora en la edición". *In*: ______. *Intelectuales, política y poder*. Buenos Aires: Eudeba, 2000c.

______. "Uma revolução conservadora na edição". Trad. Luciana Salazar Salgado e José de Souza Muniz Jr. *Política & Sociedade*, Florianópolis, v. 17, n. 39, p. 198-249, maio/ago. 2018.

BRENNER, Michael. *The Renaissance of Jewish Culture in Weimar Germany*. New Haven: Yale University Press, 1996.

BUENO, Mónica; TARONCHER, Miguel Ángel (coord.). *Centro Editor de América Latina*: capítulos para una historia. Buenos Aires: Siglo XXI, 2006.

BUONOCORE, Domingo. *Libreros, editores e impresores de Buenos Aires*: esbozo para una historia del libro argentino. Buenos Aires: Bowker, 1974.

CARTOLANO, Ana María. "Editoriales en el exilio: los libros en lengua alemana editados en la Argentina durante el período 1930-1950". *In*: LANGBEHN, Regula Rohland de (org.). *Paul Zech y las condiciones del exilio en la Argentina: 1933-1946*. Buenos Aires: Facultad de Filosofía y Letras-Universidad de Buenos Aires, 1999.

CASANOVA, Pascale. *La república mundial de las letras*. Barcelona: Anagrama, 2001.

CASANOVA, Pascale. *A república mundial das letras*. Trad. Marina Appenzeller. São Paulo: Estação Liberdade, 2002.

CENTRO DE ESTUDIOS PARA LA PRODUCCIÓN. "La industria del libro en la Argentina". *Notas de la Economía Real*, Buenos Aires, n. 48, p. 53-82, 2005.

CHARTIER, Roger. *A história cultural*: entre práticas e representações. Rio de Janeiro: Bertrand Brasil, 1990.

______. *El mundo como representación*. Barcelona: Gedisa, 1992.

______. *Inscribir y borrar*. Buenos Aires: Katz, 2006.

CHARTIER, Roger. *Inscrever e apagar*. Trad. Luzmara Curcino Ferreira. São Paulo: Editora Unesp, 2007.

______; CAVALLO, Guglielmo (dir.). *Historia de la lectura en el mundo occidental*. Madrid: Taurus, 1998.

______; CAVALLO, Guglielmo (org.). *História da leitura no mundo ocidental*. Trad. Fulvia M. L. Moretto, Guacira Marcondes Machado e José Antônio de Macedo Soares. São Paulo: Ática, 1998. v. 1.

______; ______ (org.). *História da leitura no mundo ocidental*. Trad. Cláudia Cavalcanti, Fulvia M. L. Moretto, Guacira Marcondes Machado e José Antônio de Macedo Soares. São Paulo: Ática, 1999. v. 2.

CHINSKI, Malena. "Un catálogo en memoria del judaísmo polaco: la colección 'Dos Poylishe Yidntum', Buenos Aires, 1946-1966". *In*: Kahan, Emmanuel; Schenquer, Laura; Setton, Damián; Dujovne, Alejandro (comp.). *Marginados y consagrados*: nuevos estudios sobre la vida judía en la Argentina. Buenos Aires: Lumiere, 2011.

______; FISZMAN, Lucas. "'A biblyotek vos felt': Planning and Creating the Book Collection Musterverk fun der yidisher literatur (Buenos Aires, 1957-1984)". *Journal of Jewish Identities*, Baltimore, v. 10, n. 2, p. 135-153, jul. 2017.

COHEN, Robin. "Diasporas and the Nation-State: From Victims to Challengers". *International Affairs*, Oxford, v. 72, n. 3, p. 507-520 1996.

DARNTON, Robert. *Edición y subversión*: literatura clandestina en el Antiguo Régimen. Cidade do México: Turner; Fondo de Cultura Económica. 2003.

DARNTON, Robert. *Edição e sedição*: o universo da literatura clandestina no século XVIII. Trad. Myriam Campello. São Paulo: Companhia das Letras, 1992.

______. *Gens de lettres, gens du livre*. Paris: Odile Jacob, 1992.

______. "'La France, ton café fout le camp!': de l'histoire du livre à l'histoire de la communication". *Actes de la Recherche en Sciences Sociales*, Paris, v. 100, p. 16-26, 1993.

DIEGO, José Luis de. "La 'época de oro' de la industria editorial". *In*: ______ (dir.). *Editores y políticas editoriales en Argentina* (1880-2000). Buenos Aires: Fondo de Cultura Económica, 2006.

______. "Políticas editoriales y políticas de lectura". *Anales de la Educación Común*, La Plata, ano 3, n. 6, p. 38-44, jul. 2007.

DE SAGASTIZÁBAL, Leandro. *La edición de libros en Argentina*: una empresa de cultura. Buenos Aires: Eudeba, 1995.

DEVOTO, Fernando. *Historia de la inmigración en la Argentina*. Buenos Aires: Sudamericana, 2009.

DIÁLOGO CON DOS EDITORES JUDÍOS. OSFA, revista da Organização Sionista Feminina Argentina, jan.-mar. Buenos Aires: 1978.

DUJOVNE, Alejandro. "Cartografía de las publicaciones periódicas judías de izquierda en Argentina, 1900-1953". *In*: Jornadas de Historia de las Izquierdas, 4., 2007, Buenos Aires. *Prensa politica, revistas culturales y emprendimientos editoriales de las izquierdas latinoamericanas*. Buenos Aires: CeDInCI, 2007.

______. "Cuando Buenos Aires fue Varsovia: la diáspora transnacional ídish y el arribo de refugiados judíos a la Argentina en 1952". In: BURELLO, Marcelo G.; ROMANDINI, Fabián Ludueña; TAUB, Emmanuel (org.). *Políticas del exilio*: orígenes, permanencias y presente de un concepto. Buenos Aires: Eduntref, 2011.

______. "Einstein y la comunidad judía argentina". *In*: BRUNO, Paula (coord.). *Visitas culturales en la Argentina*: 1898-1936. Buenos Aires: Biblos, 2014.

______. *"Hay que ganar la calle judía"* — Diáspora y política: un análisis etnográfico de la izquierda judía en Argentina. Dissertação (Mestrado em Antropologia) — UNC, Córdoba, 2006.

Encyclopaedia Judaica. 2. ed. Org. Fred Skolnik. Farminghton: Thomson Gale, 2007.

ESTRAIKH, Gennady. "Vilna on the Spree: Yiddish in Weimar Berlin". *Aschkenas*, [*s. l.*] v. 16, n. 1, p. 103-127, 2006.

______. "Yiddish Vilna: A Virtual Capital of a Virtual Land?". *Zutot: Perspectives on Jewish Culture*, Leiden, v. 3, n. 1, p. 135-141, 2003.

EVEN-ZOHAR, Itamar. "Aspects of the Hebrew-Yiddish Polysystem: A Case of Multilingual Polysystem". *Poetics Today*, Durham, EUA, v. 11, n. 1, p. 121-130, 1990.

______. "El nacimiento de una cultura hebrea nativa en Palestina: 1882-1948". *In*: SANTOS, Montserrat Iglesias (org.). *Teoría de los polisistemas*. Madrid: Arco, 1999.

______. "Language Conflict and National Identity". *In*: ALPHER, Joseph. *Nationalism and Modernity*: A Mediterranean Perspective. Nova York: University of Haifa, 1986.

______. "The Role of Literature in the Making of the Nations of Europe: A Socio-Semiotic Study". *Applied Semiotics/Sémiotique Appliquée*, Toronto, v. 1, n. 1, p. 39-59, 1996.

EVERS, Renate. "Contemporary German-Jewish Writing and Publishing in Germany". *In*: Annual Conference of the Association of Jewish Libraries, 40., 2005, Oakland. [*Anales*]. Oakland: AJL, 2005.

FAINSTEIN, Daniel. "'¡Al gran pueblo argentino, shalom!': el proyecto integracionista de Judaica frente al nacionalismo argentino, 1933-1943". *In*: *Ensayos sobre judaísmo latinoamericano*. Buenos Aires: Milá, 1990. Vários autores.

FEBVRE, Lucien; MARTIN, Henri-Jean. *La aparición del libro*. Cidade do México: Fondo de Cultura Económica, 2005.

FEBVRE, Lucien; MARTIN, Henri-Jean. *O aparecimento do livro*. Trad. Fulvia M. L. Moretto e Guacira Marcondes Machado. São Paulo: Edusp, 2017.

FEIERSTEIN, Ricardo. *Historia de los judíos argentinos*. Buenos Aires: Ameghino, 1999.

FISHMAN, David E. *The Rise of Modern Yiddish Culture*. Pittsburgh: University of Pittsburgh Press, 2005.

FISHMAN, Joshua A. *Yiddish*: Turning to Life. Ámsterdã; Filadélfia: John Benjamins Publishing Company, 1991.

FRAENKEL, Josef. "La Presse juive dans la Diaspora". *Dispersion et Unité*, Jerusalém, v. 3, 1963.

FRITZSCHE, Peter. *Berlín 1900*: prensa, lectores y vida moderna. Buenos Aires: Siglo XXI, 2008.

GENETTE, Gérard. *Umbrales*. Cidade do México: Siglo XXI, 2001.

GERCHUNOFF, Pablo; AGUIRRE, Horacio. *La economía argentina entre la gran guerra y la gran depresión*. Buenos Aires: Cepal, 2006.

GILMAN, Sander L. "Primo Levi: 'Si no hablan ídish, no son judíos'". *In*: MENDES-FLOHR, Paul; ASSIS, Yom Tov; SENKMAN, Leonardo (org.). *Identidades judías, modernidad y globalización*. Buenos Aires: Centro Internacional para la Enseñanza Universitaria de la Cultura Judía (Universidad Hebrea de Jerusalem); Lilmod, 2007.

GLICKMAN, Nora. "Jewish Women Writers in Latin America". *In*: BASKIN, Judith R. (org.). *Women of the Word*. Detroit: Wayne State University Press, 1994.

GOCIOL, Judith. *Libros para todos*: colecciones de EUDEBA bajo la gestión de Boris Spivacow (1958-1966). Buenos Aires: Biblioteca Nacional. Org., 2012.

GOCIOL, Judith; BITESNIK, Esteban; RÍOS, Jorge; ETCHEMAITE, Fabiola. *Más libros para más*: colecciones del Centro Editor de América latina. Buenos Aires: Biblioteca Nacional, 2007.

GOLDENBERG, Raquel. "Manuel Gleizer: un editor 'legendario' y el 'último de los románticos'" *In*: *Ensayos sobre judaísmo latinoamericano*. Buenos Aires: Milá, 1990. Vários autores.

GOLDSMITH, Emanuel S. *Modern Yiddish Culture*: The Story of the Yiddish Language Movement. Nova York: Fordham University Press, 1997.

GOLDSTEIN, Yosef. "El movimiento hebraísta en la Argentina (1948-1959)". *Judaica Latinoamericana*, Jerusalém, v. II, p. 171-187, 1993.

______. "Israel in Jewish Communal Life-South America". *In*: BEN-RAFAEL, Eliezer; GORNY, Yosef; RO'I, Yaacov. (org.). *Contemporary Jewries*: Convergence and Divergence. Leiden: Brill, 2003.

GONZÁLEZ VELASCO, Carolina. *Gente de teatro*: ocio y espectáculos en la Buenos Aires de los años veinte. Buenos Aires: Siglo XXI, 2012.

GREENBAUM, Abraham. "Yiddish Language Politics in the Ukraine, 1930-1936". *In*: KERLER, Dov-Ber (org.). *Politics of Yiddish*: Studies in Language, Literature, and Society. Walnut Creek; Londres; Nova Delhi: Altamira Press, 1998.

GRIES, Zeev. "Printing and Publishing before 1800". *In*: HUNDERT, Gershon David (org.). *The YIVO Encyclopedia of Jews in Eastern Europe*. New Haven: Yale University Press, 2008. v. I.

______. *The Book in the Jewish World*: 1700-1900. Oxford; Portland: Littman Library of Jewish Civilization, 2007.

GUTIÉRREZ, Leandro; ROMERO, Luis Alberto. *Sectores populares, cultura y política*. Buenos Aires: Siglo XXI, 2007.

HALKIN, Simon. *Literatura hebrea moderna*. Cidade do México: Fondo de Cultura Económica, 1981.

HANSMAN, Silvia; SKURA, Susana; KOGAN, Gabriela. *Oysfarkoyft, localidades agotadas*: afiches del teatro ídish en la Argentina = *Sold out*: Yiddish Theater Posters in Argentina. Buenos Aires: Del Nuevo Extremo, 2006.

HEFFES, Gisela (org.). *Judíos/argentinos/escritores*. Buenos Aires: Atril, 1999.

HEILBRON, Johan. "Towards a Sociology of Translation: Book Translations as a Cultural World-System". *European Journal of Social Theory*, [*s. l.*], v. 2, n. 4, p. 429-444. 1999.

______; SAPIRO, Gisèle. "La Traduction littéraire, un objet sociologique". *Actes de la Recherche en Sciences Sociales*, Paris, v. 144, p. 3-5, 2002.

______; SAPIRO, Gisèle. Outline for a sociology of translation: Current issues and future prospects. In: FUKARI, Alexandra; WOLF, Michaela (orgs.). *Constructing a Sociology of Translation*. Amsterdã: Benjamins Press, 2007, p. 93-107.

HEILBRON, Johan; SAPIRO, Gisèle. Por uma sociologia da tradução: balanço e perspectivas. *Revista Graphos*, João Pessoa, v. 11, n. 2, p. 13-28, 2009.

JURT, Joseph. "Le Devoir de mémoire: la Shoah". *In*: BOHLER, Danièle; PEYLET, Gérard. *Le Temps de la mémoire II*: soi et les autres. Bordeaux: Presses Universitaires de Bordeaux, 2007a.

______. "Préface: Champ littéraire et nation". *In*: ______ (org.). *Champ littéraire et nation*. Friburgo: Frankreich-Zentrum, 2007b.

KAHAN, Emmanuel Nicolás. *Entre la aceptación y el distanciamiento*: actitudes sociales, posicionamientos y memoria de la experiencia judía durante la última dictadura militar (1973-2007). Tese (Doutorado em História) — UNLP, La Plata, 2010.

KARADY, Victor. *Los judíos en la modernidad europea*: experiencia de la violencia y utopía. Madrid: Siglo XXI, 2000.

KATZ, Dovid. "Yiddish". *In*: HUNDERT, Gershon David (org.). *The YIVO Encyclopedia of Jews in Eastern Europe*. New Haven: Yale University Press, 2008. v. I.

______. *Words on Fire*: The Unfinished Story of Yiddish. Nova York: Basic Books, 2004.

KAY, Devra. *Seyder Tkhines*: The Forgotten Book of Common Prayer for Jewish Women. Filadélfia: Jewish Publication Society of America, 2004.

KINOSHITA, Dina. "O ICUF como uma rede de intelectuais". *Universum*, Talca, n. 15, p. 377-398, 2000.

KLICH, Ignacio. "El primer acuerdo comercial argentino-israelí: consideraciones políticas y económicas". *Desarrollo Económico*, Buenos Aires, v. 37, n. 145, p. 117-138, abr./jun. 1997.

KORN, Francis. *Buenos Aires*: los huéspedes del 20. Buenos Aires: Sudamericana, 1974. [Há reedição pelo Grupo Editor Latino-Americano (GEL), com ilustrações adicionais].

KRUPNIK, Adrián. "Cuando camino a Sión vieron pasar al Che. Radicalización política y juventud judía: Argentina 1966-1976". *In*: KAHAN, Emmanuel; SCHENQUER, Laura; SETTON, Damián; DUJOVNE, Alejandro (comp.). *Marginados y consagrados*: nuevos estudios sobre la vida judía en la Argentina. Buenos Aires: Lumiere, 2011.

KUGELMASS, Jack; BOYARIN, Jonathan. "Yizker Bikher and the Problem of Historical Veracity: An Anthropological Approach". *In*: GUTMAN, Yisrael; MENDELSOHN, Ezra; REINHARZ, Jehuda; SHMERUK, Chone (org.). *The Jews of Poland between the Two World Wars*. Hanover: New England University Press, 1989.

LESSER, Jeffrey; REIN, Raanan. "New Approaches to Ethnicity an Diaspora in Twentieth-Century Latin America". *In*: ______; ______. *Rethinking Jewish-Latin Americans*. Albuquerque: University of New Mexico Press, 2008.

LEVIN, Yehuda. "Bibliotecas y lectores en la aurora de la colonización en la Argentina (hasta fines de la Segunda Guerra Mundial)". *In*: Congreso Mundial de Estudios Judíos, 15., 2009, Jerusalém. [*Anales*]. Jerusalém: Asociación Israelí de Investigadores del Judaísmo Latinoamericano, 2009.

LEWIS, Mollie. *Con Men, Cooks, and Cinema Kings*: Popular Culture and Jewish Identities in Buenos Aires, 1905-1930. Tese (Doutorado em História) — Emory University, Atlanta, 2008.

LINDSTROM, Naomi. *Jewish Issues in Argentine Literature*: From Gerchunoff to Szichman. Missouri: University of Missouri Press, 1989.

______. "Oral Histories and the Literature of Reminiscence: Writing up the Jewish Argentine Past". *In*: SHEININ, David; BARR, Lois Baer (org.). *The Jewish Diaspora in Latin America*. Nova York: Routledge, 1996.

______. "The Role of Jewish Editors in Argentine Publishing, 1920-1940". *Judaica Latinoamericana*, Jerusalém, v. III, p. 371-383, 1997.

LOTERSZTAIN, Israel. *La historia de un fracaso*: la religion judeo comunista en los tiempos de la URSS (La prensa del ICUF en Argentina entre 1946 y 1957). Tese (Doutorado em Ciências Sociais) — Ungs, Buenos Aires, 2014.

LÖWY, Michael. *Redención y utopía*: el judaísmo libertario en Europa central. Un estudio de afinidad electiva. Buenos Aires: El Cielo por Asalto, 1997.

LÖWY, Michael. *Redenção e utopia*: o judaísmo libertário na Europa central (um estudo de afinidade eletiva). Trad. Paulo Neves. São Paulo: Perspectiva, 2020.

LVOVICH, Daniel. "La derecha argentina y las prácticas antisemitas". *In*: ROCK, David *et al. La derecha argentina*: nacionalistas, neoliberales, militares y clericales. Buenos Aires: Javier Vergara, 2001.

______. *Nacionalismo y antisemitismo en la Argentina*. Buenos Aires: Javier Vergara, 2003.

MARK, Yudel. "Yiddish Literature". *In*: FINKELSTEIN, Louis (org.). *The Jews*: Their Religion and Culture. Nova York: Schocken Books, 1975.

MARSHALL, Adriana. "La composición del consumo de los obreros industriales de Buenos Aires, 1930-1980". *Desarrollo Económico*, Buenos Aires, v. 21, n. 83, p. 351-374, out./dez. 1981.

MARTEN-FINNIS, Susanne. *Vilna as a Centre of the Modern Jewish Press, 1840-1928*: Aspirations, Challenges, and Progress. Berna: Peter Lang Publishing, 2004.

MCGEE DEUTSCH, Sandra. "La derecha durante los gobiernos radicales". *In*: ROCK, David *et al. La derecha argentina*: nacionalistas, neoliberales, militares y clericales. Buenos Aires: Javier Vergara, 2001.

MCKENZIE, Donald F. *Bibliografía y sociología de los textos*. Madrid: Akal, 2005.

MCKENZIE, D. F. *Bibliografia e a sociologia dos textos*. Trad. Fernanda Veríssimo. São Paulo: Edusp, 2018.

MCNAMARA, Katherine. "A Conversation about Schocken Books, Part I: with Altie Karper and the Editor of Archipelago". *Archipelago*, [*s. l.*], v. 5, n. 3, p. 64-82, verão 2001.

MENDELSOHN, Ezra. *Jewish Politics in East Central Europe between the World Wars*. Cambridge, EUA: Harvard University Press, 1984.

______. *On Modern Jewish Politics*. Oxford: Oxford University Press, 1993.

MIRELMAN, Victor A. *En busqueda de una identidad*: los inmigrantes judíos en Buenos Aires, 1890-1930. Buenos Aires: Milá, 1988.

MORETTI, Franco. *Atlas de la novela europea*. Cidade do México: Siglo XXI, 2001.

MORETTI, Franco. *Atlas do romance europeu 1800-1900*. Trad. Sandra G. Vasconcelos. São Paulo: Boitempo, 2003.

______. "Conjeturas sobre la literatura mundial". *New Left Review*, [*s. l.*], n. 3, p. 65-76, 2000.

______. "Conjeturas sobre a literatura mundial". Trad. José Marcos Macedo. *Novos Estudos*, São Paulo, ed. 58, v. 3, p. 173-181, nov. 2000.

______. "Más conjeturas sobre la literatura mundial". *New Left Review*, [*s. l.*], n. 20, p. 83-92, 2003.

MOSS, Kenneth. "Printing and Publishing after 1800". *In*: HUNDERT, Gershon David (org.). *The YIVO Encyclopedia of Jews in Eastern Europe*. New Haven: Yale University Press, 2008. v. I.

MURASKIN, Bennett. "Yiddish Literature in English Translation: An American Tale". *Jewish Currents*, Nova York, mar./abr. 2009. Disponível em: <https://archive.jewishcurrents.org/2009_mar_murash.htm>.

NATH, Holger. "The First Conference of the Catalan Language in Barcelona (1906): A Spiritual Precursor to Czernowitz (1908)?" *In*: KERLER, Dov-Ber (org.). *Politics of Yiddish*: Studies in Language, Literature, and Society. Walnut Creek; Londres; Nova Delhi: Altamira Press, 1998.

OJEDA BÄR, Ana. "Manuel Gleizer: el último de los editores románticos". *La Nación*, Buenos Aires, 2 abr. 2006.

PONTES, Heloisa. "Ciudades e intelectuales: los 'neoyorquinos' de Partisan Review y los 'paulistas' de Clima entre 1930 y 1950". *Prismas*, Bernal, v. 8, n. 2, p. 183-204, jul./dez. 2004.

PRAGER, Leonard; Greenbaum, A. A. "Introduction". *In*: ______; ______. *Yiddish Literary and Linguistic Periodicals and Miscellanies*: A Selective Annotated Bibliography. Darby: Norwood, 1982.

PRIETO, Adolfo. *El discurso criollista en la formación de la Argentina moderna*. Buenos Aires: Siglo XXI, 2006.

REIN, Raanan. *Argentina, Israel y los judíos*: encuentros y desencuentros, mitos y realidades. Buenos Aires: Lumiere, 2001.

______. *Argentine Jews or Jewish Argentines?* Essays on Ethnicity, Identity, and Diaspora. Leiden: Brill, 2010.

RESNICK, Rosa Perla. "Salomón Resnick, pionero de la cultura judía en lengua castellana en Latinoamérica". *Noaj, Revista Literaria*, Jerusalém, n. 12/13, p. 4-12. 1997. [Número especial, em homenagem a Salomón Resnick e à revista *Judaica*].

RIVERA, Jorge B. *Apogeo y crisis de la industria del libro*: 1955-1970. Buenos Aires: Ceal, 1981a. (Capítulo: La Historia de la Literatura Argentina, 99).

______. *El auge de la industria cultural* (1930-1955). Buenos Aires: Ceal, 1981b. (Capítulo: La Historia de la Literatura Argentina, 95).

______. *El escritor y la industria cultural*. Buenos Aires: Atuel, 1998.

ROMERO, Luis Alberto. "Buenos Aires en la entreguerra: libros baratos y cultura de los sectores populares". *In*: ARMUS, Diego (org.). *Mundo urbano y cultura popular*. Buenos Aires: Sudamericana, 1990.

ROSKIES, David. "What is Holocaust Literature?". *Studies in Contemporary Jewry*, Nova York, v. 21, p. 157-212, 2005.

RUBEL, Yacov. "La población judía de la ciudad de Buenos Aires según el Censo Nacional de 1895". Trabalho apresentado ao Núcleo de Estudios Judíos del Desarrollo Económico, Buenos Aires, 2012.

SADOW, Stephen (org.). *King David's Harp*: Autobiographical Essays by Jewish Latin American Writers. Albuquerque: University of New Mexico Press, 1999.

SAPIRO, Gisèle. "L'Importation de la littérature hébraique en France: entre communautarisme et universalisme". *Actes de la Recherche en Sciences Sociales*, Paris, v. 144, p. 80-98, 2002.

______. "La Traduction comme vecteur des échanges culturels internationaux". In: ______ (dir.). *Translatio*: le marché de la traduction em France à l'heure de la mondialisation. Paris: CNRS Éditions, 2008.

______. "The Literary Field between the State and the Market". *Poetics*, [*s. l.*], v. 31, n. 5/6, p. 441-464, 2003.

SARLO, Beatriz. *El imperio de los sentimientos*. Buenos Aires: Siglo XXI, 2011.

SCHENKOLEWSKI-KROLL, Silvia. "Cambios en la relación de la Organización Sionista Mundial hacia la comunidad judía y el movimiento sionista en la Argentina, hasta 1948". *Judaica Latinoamericana*, Jerusalém, v. I, p. 149-166, 1988.

______. *El movimiento sionista y los partidos sionistas en la Argentina*. Jerusalém: Magnes Press-Hasifria Hazionit, 1996a. [Título traduzido do hebraico].

______. "La conquista de las comunidades: el movimiento sionista y la comunidad ashkenazi de Buenos Aires (1935-1949)". *Judaica Latinoamericana*, Jerusalém, v. II, p. 191-201, 1992.

______. "La prensa judía de izquierda en Argentina: los periódicos en ídish hasta mediados del siglo XX". *In*: Jornadas de Historia de las Izquierdas, 4., 2007, Buenos Aires. *Prensa politica, revistas culturales y emprendimientos editoriales de las izquierdas latinoamericanas*. Buenos Aires: CeDInCI, 2007.

______. "Los comunistas y los no sionistas en la Argentina y la ayuda a las víctimas de la Segunda Guerra Mundial desde el prisma del Joint". *Judaica Latinoamericana*, Jerusalém, v. VI, p. 337-350, 2009.

______. “The Influence of the Zionist Movement on the Organization of the Argentinian Jewish Community: The Case of the DAIA 1933-1946”. *Studies in Zionism*, Tel Aviv, v. 12, n. 1, p. 17-28, 1991.

______. “Zionist Political Parties in Argentina from the Revolution of 1943 to the Establishment of the State of Israel”. *In*: SHEININ, David; Barr, Lois Baer (org.). *The Jewish Diaspora in Latin America*. Nova York: Routledge, 1996b.

SCHWARZ, Jan. “A Library of Hope and Destruction: The Yiddish Book Series, Dos Poylishe Yidntum (Polish Jewry), 1946-1966”. *Polin: Studies in Polish Jewry*, Oxford, v. 20, p. 193-216, 2007.

SENKMAN, Leonardo. *Argentina, la Segunda Guerra Mundial y los refugiados indeseables, 1933-1945*. Buenos Aires: Grupo Editor Latinoamericano, 1991.

______ (org.). *El antisemitismo en la Argentina*. Buenos Aires: Ceal, 1989.

______. *La identidad judía en la literatura argentina*. Buenos Aires: Pardés, 1983.

______. “Ser judío en Argentina: las transformaciones de la identidad nacional”. *In*: MENDES-FLOHR, Paul; ASSIS, Yom Tov; SENKMAN, Leonardo (org.). *Identidades judías, modernidad y globalización*. Buenos Aires: Centro Internacional para la Enseñanza Universitaria de la Cultura Judía (Universidad Hebrea de Jerusalem); Lilmod, 2007.

SHNEER, David. “Who Owns the Means of Cultural Production? The Soviet Yiddish Publishing Industry of the 1920s”. *Book History*, Washington, DC, v. 6, p. 197-226, 2003.

SIMMEL, Georg. “El extranjero”. *In*: ______. *Sobre la individualidad y las formas sociales*. Buenos Aires: Ed. Universidad Nacional de Quilmes, 2002.

SINAY, Javier. *Los crímenes de Moisés Ville*. Buenos Aires: Tusquets, 2013.

SINGERMAN, Robert. “Bloch & Company: Pioneer Jewish Publishing House in the West”. *In*: KABAKOFF, Jacob (org.). *Jewish Book Annual*. Nova York: Jewish Book Council, 1994/1995. v. 52.

SKURA, Susana. "'A por gauchos in chiripá...'. Expresiones criollistas en el teatro ídish argentino (1910-1930)". *Iberoamericana*, Berlim, v. 7, n. 27, p. 7-23, 2007.

______. *Usos y representación de la lengua de origen en la construcción de la identidad socio-étnica*: el idish en la comunidad judía de Buenos Aires. Monografia (Licenciatura em Ciências Antropológicas) — UBA, Buenos Aires, 1998.

SKURA, Susana; SLAVSKY, Leonor. "El teatro ídish como patrimonio cultural judío argentino". *In*: FEIERSTEIN, Ricardo; SADOW, Stephen A. (org.), *Recreando la cultura judeoargentina* 2. Buenos Aires: Milá, 2004. t. 2

SLAVSKY, Leonor. *La espada encendida*: un estudio sobre la muerte y la identidad étnica en el judaismo. Buenos Aires: Milá, 1993.

SNEH, Perla (org.). *Buenos Aires Ídish*. Buenos Aires: Gobierno de la Ciudad de Buenos Aires, 2006. (Temas de Patrimonio Cultural, 19).

______. *Palabras para decirlo*: lenguaje y exterminio. Buenos Aires: Paradiso, 2012.

SOFER, Eugene. *From Pale to Pampa*: A Social History of the Jews of Buenos Aires. Nova York: Holmes and Meier, 1982.

SORÁ, Gustavo. *Brasilianas*: José Olympio e a gênese do mercado editorial brasileiro. São Paulo: Edusp, 2010a.

______. "El libro y la edición en Argentina: libros para todos y modelo hispanoamericano". *Políticas de la Memoria*, Buenos Aires, n. 10/11/12, p. 125-142. 2011.

______. "Frankfurt y otras aduanas culturales entre Argentina y Brasil: una aproximación etnográfica al mundo editorial". *Cuadernos de Antropología Social*, Buenos Aires, n. 15, p. 125-143, 2002.

______. "Misión de la edición para una cultura en crisis: el Fondo de Cultura Económica y el americanismo en Tierra Firme". *In*: ALTAMIRANO, Carlos. (org.). *Historia de los intelectuales en América Latina*: los avatares de la "ciudad letrada" en el siglo XX. Buenos Aires: Katz, 2010b. t. II.

______. *Traducir el Brasil*: una antropología de la circulación internacional de ideas. Buenos Aires: Del Zorzal, 2003.

______. "Translation". *In*: IRIYE, A.; SAUNIER, P. (org.). *The Palgrave Dictionary of Transnational History*. Londres: Palgrave Macmillan, 2009.

SOSNOWSKI, Saúl. *La orilla inminente*: escritores judíos argentinos. Buenos Aires: Legasa, 1987.

STEINER, George. "El texto, tierra de nuestro hogar". *In*: ______. *Pasión intacta*. Madrid: Siruela; Norma, 1997 [1991].

TARCUS, Horacio. *Mariátegui en la Argentina o las políticas culturales de Samuel Glusberg*. Buenos Aires: El Cielo por Asalto, 2002.

THIESSE, Anne-Marie. *A criação das identidades nacionais*. Braga: Temas e Debates. 2000.

TOKER, Eliahu (org.). *El ídish es también Latinoamérica*. Buenos Aires: Desde la Gente; Instituto Movilizador de Fondos Cooperativos, 2003.

______. *Un diferente y su diferencia*: vida y obra de Carlos M. Grünberg. Madrid: Mario Muchnik, 1999.

______; WEINSTEIN, Ana E. *Sitios de la memoria*: protagonistas y forjadores de la comunidad judía argentina. Buenos Aires: Milá, 2005.

TRAVERSO, Enzo. *Los marxistas y la cuestión judía*. Buenos Aires: Ediciones del Valle, 1996.

VISACOVSKY, Nerina. "*Di idishe froi*: imágenes de la mujer judeoprogresista argentina durante el peronismo". *In*: Jornadas de Historia de las Izquierdas, 4., 2007, Buenos Aires. *Prensa politica, revistas culturales y emprendimientos editoriales de las izquierdas latinoamericanas*. Buenos Aires: CeDInCI, 2007.

______. *El tejido icufista*: cultura de izquierda judía en Villa Lynch (1937-1968): Judíos, comunistas y educadores. Tese (Doutorado em Ciências da Educação) — UBA, Buenos Aires, 2009.

WEINREICH, Max. *History of the Yiddish Language*. Chicago: The University of Chicago Press, 1980.

1ª edição — maio 2021
impressão — meta
papel miolo — pólen soft 80g/m^2
papel capa — cartão supremo 300g/m^2
tipografia — freight e rotunda